浙 江 省 社 科 普 及 全 额 资 助 项 目

浙江省社科规划一般课题

—15KPCB02YB—

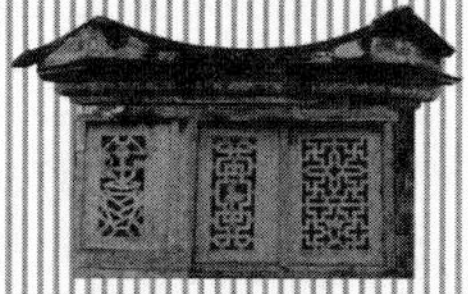

台州非物质文化遗产通俗读本

汪小倩 编著

图书在版编目(CIP)数据

台州非物质文化遗产通俗读本 / 汪小倩编著. —杭州 ：浙江工商大学出版社，2016.12

ISBN 978-7-5178-1842-7

Ⅰ. ①台… Ⅱ. ①汪… Ⅲ. ①非物质文化遗产—台州—通俗读物 Ⅳ. ①K295.53—49

中国版本图书馆 CIP 数据核字(2016)第 237307 号

台州非物质文化遗产通俗读本

汪小倩 编著

责任编辑 王黎明
封面设计 林朦朦
责任印制 包建辉
出版发行 浙江工商大学出版社
(杭州市教工路 198 号 邮政编码 310012)
(E-mail：zjgsupress@163.com)
(网址：http://www.zjgsupress.com)
电话：0571－88904980，88831806(传真)
排　　版 杭州朝曦图文设计有限公司
印　　刷 杭州五象印务有限公司
开　　本 710mm×1000mm 1/16
印　　张 23.5
字　　数 410 千
版 印 次 2016 年 12 月第 1 版 2016 年 12 月第 1 次印刷
书　　号 ISBN 978-7-5178-1842-7
定　　价 46.80 元

浙江工商大学出版社营销部邮购电话 0571-88904970

前 言

从我国的两河文明到河姆渡文化,从原始石器时代到互联网时代,在改造自然、征服自然的活动中,在从简单生产关系到复杂生产关系的构建中,人类创造了繁若星辰的文明瑰宝。这些人间创造,承载了人类的智慧和探索,见证了人类从原始时期到电子时代的华丽转身。

时空变幻,朝代更替,人类不断繁衍生息。留下了一批又一批文化结晶,其中有积淀而成的民俗,有人们喜闻乐见的歌舞、戏剧、丝竹乐曲,还有巧夺天工的民间技艺、撼人心魄的民间杂耍、令人叹服的工艺美术,等等。这些民俗与艺术世代流传,有的流传区域极小,仅限于某一村落;有的流传广泛,辐射至周边县区,并在流传过程中不断地演变,我们把这些民俗与艺术统称为非物质文化遗产。

非物质文化遗产以独特的传承方式来实现其历史价值和意义,它就在我们的身边,与我们的生活休戚相关,如春节、清明节、端午节等传统节日,从古流传至今。各地的非物质文化遗产形式多样,内容丰富,与中华民族源远流长的悠久历史一脉相承,不仅构成了中华民族深厚的文化底蕴,也承载着中华民族文化渊源的基因,是一份宝贵的精神文化。

非物质文化遗产所有的形式都是与孕育它的民族、地域生长在一起的,构成文化综合体,并且,这样的文化综合体不可拆解。以我国的古琴艺术为例,作为非物质文化遗产,古琴艺术的价值不只在于古琴这种乐器本身,亦不限于古琴曲目或弹奏技术,最为重要的在于以古琴为聚合点而构建的传统美学特质及哲学意味,贯穿于中华雅文化的发展当中。其中最显著的,我们可以称之为“知音文化”。

任何一个地方都有其独有的文化积淀,越是民族的就越是世界的。台州历史悠久,5000 年前就有先民在此生息繁衍。先秦时为瓯越地。秦代,属闽中郡。

汉初,先后有东海王、东越王封立于这块神奇的土地上。从地理环境看,台州一半濒临东海,一半是连接内陆的山区。厚重的历史和独特的山海文化使台州的非物质文化遗产既有大山的大气,也有大海的灵气。其中既有被列入国家非物质文化遗产的临海黄沙狮子、仙居无骨花灯,又有耳熟能详的温岭大奏鼓、三门石窗,还有喜闻乐见的黄岩采茶舞、临海花鼓戏、玉环灯塔鱼灯等。起源于明末清初的黄岩采茶舞是当地农民每次庙会、集市或逢年过节都会表演的传统节目;玉环坎门则荟萃了船模、灯彩、舞蹈等多种艺术门类,成为当之无愧的民族民间艺术之乡。

台州的玻璃艺术雕刻和温岭石雕、天台佛像木雕、仙居彩石镶嵌等工艺声名远播。台州还是中国戏曲南戏的主要发源地。南戏形成于清朝的"台州乱弹"戏腔,是浙江著名的四大乱弹之一,被文化部列为中国 318 个地方剧种之一。流传至今的民间歌舞艺术还有评书、鼓词、词调坐唱、道情、狮舞、船舞、大奏鼓、抬台阁、高跷、龙灯等。独特的风韵,使台州在群星璀璨的非遗天空成为一颗闪烁的明星。

自 2003 年开始,台州就着手开展非物质文化遗产的普查,2006 年被列为全省唯一非物质文化遗产保护综合试点,在全面收集非遗线索 42 万多条,实地调查项目近 1.6 万项的基础上,公布了五批共 299 个市级非物质文化遗产代表项目,其中台州乱弹、天台济公传说等 15 个项目入选国家级非物质文化遗产保护名录,台州玻璃雕刻和台州刺绣等 93 个项目入选省级保护名录,入选国家和省级保护名录的项目数量均位居我省前列。

非物质文化遗产,是具有重要价值的文化信息资源,也是历史的真实见证。保护和利用好非物质文化遗产,对于实现可持续的经济、文化全面协调发展意义重大。随着全球化趋势的加强和现代化进程的加快,非物质文化遗产的生存状况受到了比较大的冲击,所以加强对于我国非物质文化遗产的保护已经刻不容缓。非物质文化遗产是各族人民世代相承、与群众生活密切相关的各种传统文化的表现形式和文化载体。非物质文化遗产既是历史发展的见证,又是珍贵的、具有重要价值的文化资源。我国各族人民在长期生产生活实践中创造的丰富多彩的非物质文化遗产,是中华民族智慧与文明的结晶,是联结民族情感的纽带和维系国家统一的基础。非物质文化遗产与物质文化遗产共同承载着人类社会的文明，是世界文化多样性的体现。我国非物质文化遗产所蕴含的中华民族特有的精神价值、思维方式、想象力和文化意识，是维护我国文化身份和文化主权的基本依据。加强非物质文化遗产保护，不仅是国家和民族发展的需要，也是国际社会文明对话和人类社会可持续发展的必然要求。

非物质文化遗产有学术的价值、见证的价值、历史文化的价值、审美的价值、欣赏的价值，但最终的价值还是它的精神价值。我们之所以传承文化遗产，最终的目的就是传承我们民族的独特文化，就是把我们的民族身份、民族基因传承下来。随着全球化趋势的加强和现代化进程的加快，我国的文化生态发生了巨大变化，非物质文化遗产受到越来越大的冲击。一些依靠口授和行为传承的非物质文化遗产正在不断消失，许多传统技艺濒临消亡，大量有历史、文化价值的珍贵实物与资料遭到毁弃或流失境外，随意滥用、过度开发非物质文化遗产的现象时有发生。加强我国非物质文化遗产的保护已经刻不容缓。

宣传保护好非物质文化遗产已在全世界达成共识，联合国教科文组织专门成立了保护非物质文化遗产政府间委员会，我国文化部也成立了非物质文化遗产司，各省市相继成立非物质文化遗产保护中心。为了更好地保护台州的非物质文化遗产，我们编写了一本介绍台州已经进入国家级、省级及部分市级“非物质文化遗产名录”的通俗读物。希望以此引起全社会对非遗保护的重视，传承民族魂脉，守望精神家园。旨在让更多的人特别是非遗保护的基层工作者了解台州的非物质文化遗产概貌，从而增强民族自豪感和对家乡的热爱，增强参与保护工作的使命感和责任感，指导非遗保护基层工作者开展普查、整理、研究、利用等活动，为从事非遗保护工作的人士、团体、机构之间的交流提供方便。

本书精选了 193 项非物质文化遗产项目，其中国家级项目 15 个，省级项目 93 个，同时收录了部分影响较大的市级项目。在内容上分为民间文学、传统音乐、传统舞蹈、传统美术、传统医药、传统戏剧、曲艺、民俗、传统技艺、传统体育游艺与竞技等十大类。每一大类以原汁原味、图文并茂的形式鲜活呈现，力求为各群体展现我市非物质文化遗产丰富多彩、异彩纷呈的面貌，提高人们对非物质文化遗产的认识，为更好保护非物质文化遗产奠定良好基础。在编撰上分为三种，一是依据国家、省、市发表的关于台州市非物质文化遗产的名录，分门别类收录资料，充实资料；二是有些台州市非物质文化遗产并没有列入国家、省级的名录，但是在当地影响很大，我们将根据实际情况精选入编，为今后入选国家、省级的非遗名录做准备；三是分门别类，史论结合，以故事或叙事的形式介绍非物质文化遗产。

经济的发展，社会的变迁，当前非物质文化遗产的生存环境十分严峻。在普查、保护和研究工作中，我们痛心地发现不少项目正处于濒危状态。一个文化艺术符号的消失也许对人们影响并不大，可一批一批的艺术绝迹就将成为人类的悲哀，更是该艺术起源地的悲哀。世界是五彩缤纷的，是多元的，人人都有责任保持艺术的多元性。无论是从国际主义出发，还是从国家民族振兴出发，或者从地方文化事业大发展大繁荣考虑，都该携起手来，共筑我们的精神家园，守护艺术奇葩，让多姿多彩的艺术之花纵情绽放。

CONTENTS | 目录

三、传统舞蹈

九、传统技艺

民间文学

济公传说

济公传说是以南宋禅宗高僧道济的故事发展演变而来的一种民间口头文学，以天台为中心分布于浙江省境内，并由此辐射全国。六朝隋唐时期，天台就流传着许多罗汉、癞僧的传说。明清以来，济公传说广泛流传于全国各地，成为家喻户晓的民间故事。

济公俗姓李，名修元，生于南宋绍兴十八年(1148 年)，卒于嘉定二年(1209 年)，天台城北永宁村人，出身于世代仕宦之家。相传济公父母年过三十尚无子嗣，于是双双前往天台国清寺伽蓝殿求子，回来后其母就有了身孕。十个月之后，大殿降龙罗汉像崩倒之日，亦正是其母临产之时。由于恰逢戊辰之日，方丈为让他恒修本命元辰，乃肇赐佳名，称作“修元”。(《济公出世》)同时也暗喻济公是降龙罗汉转世，与佛门有宿世之缘。

济公童年时既聪慧又活泼。他在赭溪边捕鱼抓蟹，清溪桥下捉蟋蟀，在田野上放歌，捉迷藏翻筋斗，随父母进寺观听经礼佛。至今民间盛传着他疾恶如仇的故事和自少神功叵测的特异功能。济公小时候看见赭溪里的螃蟹横行霸道，追食小鱼虾米。他恨极了，就逮住蟹，捣成肉酱，撒入水中，让那些平日受欺凌的鱼虾美餐一顿。(《捣蟹酱》)小济公有时也帮父母干活。一天中午,家里做糊拉汏,等着他洗好苋菜下锅。谁知他却在石墙桥下手握菜梗,蘸水朝东北方向甩去,边甩边喊:“钱塘县失火啦!”人们感到莫名其妙,还以为他有神经病呢。可不久就传来了杭州大火的消息,说是火势猛救不灭,突然从东南方飞来一朵乌云,降下大雨灭了火。事后人们还在溪岸地上发现了新长出来的苋菜呢。(《洒苋菜水救火》)济公上赤城山悟空洞读书,见到一个恶少调戏少女,拍案而起。随着一声“佛道圣地,岂容白日横行!”一块石砚飞掷出去,这个纨绔子弟的绸衫上顿时墨污狼藉,只得在游客的谴责声中灰溜溜地下了山。(《济公读书赤城山》)

修元在双亲亡故守孝三年期满之后,母舅为他操办了与自己女儿的婚事。可他却在新婚之日逃到国清寺做了沙弥僧。有个智清和尚嫌他六根不净,强要他在一条板凳下面来回钻六次,以便脱胎换骨。这出闹剧被方丈制止了。(《修元出家》)

灵隐寺天台的济公传说内容涉及降龙济公出世传说,神童李修元、少年济公传说,济公癫狂济世、惩恶扬善、扶危济困、戏佞降魔的传说等。与济公相关的民俗风物传说也十分丰富。

济公传说依附于真实的历史人物,具有地域的原生性,同时突出神秘的超自然力,具有情节的神奇性。传说广泛涉及生活的各个层面,内容丰富多样,反映了民众的喜怒哀乐,具有鲜明的人民性和道德指向性。主人公的所作所为也折射了禅宗思想和罗汉信仰。

八百多年来,济公传说已成为文学艺术取之不尽的素材,在小说、书画、雕塑、影视等领域都有生动体现。同时,济公传说作为一种独特的文化现象,深深地印在民众的心里,对推进当代道德教育和中华民族精神的传承必将产生积极的促进作用。

2006 年 5 月,济公传说被列入国家首批非物质文化遗产名录。2006 年 6 月,济公传说被列入台州市第一批非物质文化遗产名录。2007 年 6 月,济公传说被列入浙江省第二批非物质文化遗产名录。

刘阮传说

刘阮传说讲述了刘晨、阮肇两人入桃源采药遇仙、结缘成亲、修炼得道等一系列传奇故事。传说与天台的道教文化、自然景观紧密联系，深受人们喜爱。

刘阮传说发生在东汉永平五年(62 年)，距今已有 1954 年历史，流传于剡县(包括新昌和嵊州)和天台等地。据传，刘晨、阮肇入天台采药，山高路远，一时难以回家。就这样风餐露宿地度过了 13 天。饿了，就摘山上的桃子吃；渴了，就喝山泉水。下山时途经一条大溪，看见溪边有俩绝色姑娘，见刘阮二人拿着喝山泉水的杯子，便笑着跟他们打招呼，竟然直唤刘晨、阮肇二人姓名。刘、阮两人大吃一惊，从来都没见过的两位姑娘怎么能叫出他俩名字，好像以前认识的一样，竟还问他俩："来何晚也?"。因俩姑娘的盛情邀请，刘、阮二人就随她们回家。到了姑娘家后，刘、阮两人发现她们家南东二壁各有绛罗帐，帐角悬铃，上有金银交错，并各有数名侍婢服侍，还拿出胡麻饭、山羊脯、牛肉等美食款待他俩。显而易见是富庶人家，吃完美食，再饮美酒。更有侍女手拿桃子，笑曰："贺汝婿来！酒酣作乐。"就这样，刘、阮二人过了 10 天神仙般的日子后，想告辞回家，但还是被俩姑娘苦留半年。半年后，春暖花开，百鸟啼鸣，思乡情绪更浓。女主人也善解人意，指点归途，送他们回家。回家后竟发现物是人非，乡邑零落，子孙已过七代。后来重入天台山访女，结果踪迹渺然，遂留下千年惆怅，思念化作溪水涓涓流淌。

刘阮传说在汉代就在天台一带民间口耳相传，后经文人记述而流传更广。唐代以后，民间口头文学与各类通俗文艺改编相互融合，成为戏曲、曲艺、绘画、雕刻等文艺形式的题材，使这一传说影响更加广泛。

刘阮传说丰富了我国民间艺术的宝库，故事的神奇和浪漫色彩浓厚，人物生动丰满。故事以人仙的爱情为主线，表达了人们对美好生活的向往，具有重要的人文价值。故事的传奇性与自然景物相互映衬，天台山的神山秀水孕育了这一优美传说，使传说更富有生命力。

2006 年 6 月，刘阮传说被列入台州市第一批非物质文化遗产名录。2009 年 6 月，刘阮传说被列入浙江省第三批非物质文化遗产名录。2014 年 12 月，刘阮传说被列入国家第四批非物质文化遗产名录。

寒山拾得传说

唐代天台山国清寺隐僧寒山与拾得是文殊、普贤菩萨的化身，其传说由来已久。在我国民间被称为“和合二仙”，是相亲相爱、情深义重的象征。在民间，他们多以童子形象出现，表示祥和、圆满的意思。

寒山，又叫寒山子、贫子。相传在唐代时，寒山放弃读书，独自一人跑到浙江天台翠屏山隐居起来，当时住在天台山的寒岩寺里，自号为“寒山子”。有一天他离开寒岩到国清寺去，见在路旁的乱草丛中，有一个被人遗弃的婴儿，当时寒山便将他抱在怀中。说来也怪，这个婴儿见风就长，寒山一条岭还没走完，婴儿已经长成了小孩。寒山问他为何被抛弃在路旁？小孩说我在等候一位诗仙。寒山问他的名字，他说自己没有名字。寒山因其拾自路旁，就给他取名为“拾得”。以后，这条小岭也因此叫作“拾得岭”。

寒山和拾得一起来到国清寺，只见古刹幽静，佛像庄严，香客如云，一派鼎盛兴旺之像，就舍不得离去，要求方丈让他们留在寺里烧火做饭。

寒山与拾得在寺中形影不离，情同手足，成了莫逆之交。有一年，有位越州的汪氏，由女儿芙蓉陪同来寺进香。不料汪氏进香完毕，突生一病，临终前她指派芙蓉，请来了寒山和拾得两个人。汪氏对他们说："眼看我的病已难治愈，我把芙蓉托付给你们两位，望你们今后能以手足相待，最好能与你们中的一个结为夫妻。"说罢，她就离开了人世。

从此以后，他们两人对待芙蓉更是情同手足，拾得与芙蓉的年龄相仿，后来就渐生爱慕之情。而有的人见寒山年长无妻，却希望寒山与芙蓉结为夫妻。

一天清早，寒山出外砍柴回来，看见芙蓉的房间灯还亮着，感到有些奇怪，他走近窗边一听，原来芙蓉在房间里伤心地哭泣，拾得正在旁边劝说。寒山正准备进去问个究竟，只听得拾得对芙蓉说："芙蓉，不要哭了，我们暗暗相好，寒山并不知道，他如果知道了，一定会成全我们的。我和你虽然不能结为夫妻，但你永远是我的好妹妹。"

寒山一听，才知道拾得与芙蓉早就相爱了，他当即打定主意，离寺远走，以成全他们两人的美事。寒山收拾好自己的破衣烂被，走出了小院，忽然一想，自己就这样不明不白地离去，一定会把拾得、芙蓉急坏的。想到此，他又转身回到院里，拿起一块小石头，在院落的墙壁上画了一个光头和尚，又在旁边留了一首五言诗："相唤采芙蓉，可怜清江里。……此时居舟楫，浩荡情无已。"写完后，寒山就悄悄地离开了国清寺。

拾得和芙蓉在寺院等了很久，一直不见寒山回来，心里纳闷，后来在院落的墙壁上，看到了寒山留下的诗和画，才知道他已经出家做和尚去了。拾得明白事情缘由以后说："我一定要把他找回来，哪怕是找到天涯海角。如果找到了，我就与他一起出家；如果找不到，我也就不会回来了。"芙蓉听罢，知道寒山和拾得的真情厚意，也只好忍着心中的痛苦，哭着与拾得分别了。

拾得为了寻找寒山，不怕山高路远，不怕饥寒风险，他日夜奔走，找了很多地方，可是一直不见寒山的踪迹。有一天他找到苏州古城，听说姑苏城外的枫桥，有一座小巧别致的寺院，来了一个衣着破烂、疯疯癫癫的和尚，其相貌与寒山相像。他不顾饥渴疲劳，立即精神抖擞、快步前往。快走进枫桥时，拾得想，我不能空手去见寒山呀，就在这时，他看到旁边荷塘里有许多盛开的荷花，就赶忙跑到荷塘旁边，伸手摘了一朵又红又大的荷花，捧在手里走进了寺院。

寒山听说拾得千里迢迢而来，想必腹中饥饿，急忙从房中捧出一只盛着素饼的竹编食盒。二人相见，寒山送盒，拾得献荷。从此传为佳话，后人把捧荷的拾得称为“和”(谐音)，把捧盒的寒山称为“合”。称两人为“和合二仙”。

从此以后，寒山和拾得更加亲密无间，互敬互助，几年以后，拾得外出传道，云游各地。据说他后来东渡到了日本，如今日本还建有“拾得寺”和“寒山寺”。而寒山一直在苏州枫桥镇上施药舍茶，最后在枫桥寺院圆寂。

苏州枫桥这座寺庙原名“妙利普明塔院”，因寒山和拾得在此居住而出了名，后人称为“寒山寺”。直到现在，寒山寺里还塑着和合二仙相助相敬的塑像，寺院里面还有一块寒山和拾得画像的碑刻。

2006 年 6 月，寒山拾得传说被列入台州市第一批非物质文化遗产名录。2007 年 6 月，寒山拾得传说被列入浙江省第二批非物质文化遗产名录。

路桥气象谚语

台州路桥地处东南沿海，常有狂风暴雨侵袭，农民为此叫苦不迭。以林志尧为代表的当地农民从一场水灾后，开始关注天气变化，收集各种气象书刊，并且开始记起了天气日记。林志尧经常向老渔民、老闸工、老船工、老农民请教天气问题，并结合自己的细心观察，收集并琢磨出了390多条民间气象谚语和92条物候谚语。其中“东方架起猪头云，台风要来临”“天上豆芽云，地下晒死人”“上午阵雨云，下午晒死人”等气象谚语被制作成挂图120余幅。

1964年，毛主席号召“大办农业、大办气象”。当时掀起“一村办一个气象哨”的热潮，林志尧也在这一年成立了气象哨，依靠动植物这个“土方法”来判断气象，并在实践过程中逐渐获得了当地农民的支持与信任。

1972年2月，美国总统尼克松访华，希望到“上有天堂，下有苏杭”的杭州来看看。为确保尼克松来杭州时气象状态良好，省气象局召集了100多名气象工作者对当时的天气进行分析、预测，林志尧便是其中之一。他根据旬率预报法，大胆提出尼克松来杭州时的24号是个好天气，日照雪止。这个预测，很多同仁都表示了怀疑。但事实证明林志尧的推测十分准确。为此，林志尧受到了周总理的接见。

随着我国气象事业的发展，电脑、雷达、卫星、天气云图等现代气象设备的运用，气象预报越来越准确。但民间长期积累的气象谚语，是人民群众实践与智慧的结晶，是珍贵的民间知识，而且仍被广泛传播与运用。保护与传承这一知识类的民间文学，具有重要的历史意义。

2009 年 6 月，路桥气象谚语被列入浙江省第三批非物质文化遗产名录。2009 年 6 月，路桥气象谚语被列入台州市第三批非物质文化遗产名录。

台州府城民谣

台州府城民谣是流传于台州府城临海城关民间的口头文学。自西汉立回浦县以来，临海古城居民在长期的生产生活中，用短小精悍、易于传颂、针砭世事的语言加工概括，利用民谣这种口头文学形式表达对生活和社会的一种认识、一种情绪和一种智慧。它既能吟诵，又能抒情，有一定的韵律，折射出特定历史条件下的意识形态和风俗表征。

台州府城民谣内容丰富，主要可分知识教育类如《麦杆谣》《燕谣》等，劳动生活类如《斗虫谣》《哄囡谣》等，游戏娱乐类如《摸盲谣》等，地名景别类如《走八寺》《行路谣》等，一般均保持鲜明的台州府土话特征。这些民谣显示了台州府土著居民对生活及社会环境的深刻认识和理解，得到了广大人民的充分肯定，广泛流传，能歌能吟，和“国遗”临海词调一样，是台州府城的社区历史、时代生活和风土人情发展的一面镜子。故俗语说得好“上山下山问渔樵，要知民意听民谣”。总之，经过挖掘和整理的台州府城民谣具有很高的审美价值和历史价值。

民谣内容丰富。有些是对不良言行的讽刺：“识窝拂识，须壶（尿壶）当酒瘪，大街头乱沏。”讲有的人不懂装懂，拿个尿壶当酒壶，提到大街上，有人好意提醒，仍不悔改还到处乱洒;有些是根据天气和身体部位作的民谣:“冷呀冷,牙齿打相打,口舌拔解劝,鼻头做知县。耳朵去告状,两眼白令郎。”还有些来自于日常生活:“东风凉,西风凉,囡囡吃了会快长。东风吹,西风吹,囡囡吃了好读书。”“斗斗虫,虫麦米,小虫望乌里(家里),大虫高山屈(吃)白米。嘟啊飞开啊。”就是人们在家哄小孩吃饭或逗小孩做游戏时常用的民谣。

老百姓创造的民谣,还有质朴的生活哲理:“做上(好)一世,做落(坏)一记;吃勿穷,脚勿穷,划算不好一世穷;王百万,也要向人借雨伞;穷得清,富得明……”等民谣无不告诉人们做人的道理。

台州府城民谣是爱乡教育、传承生活的重要载体,对于研究江南地区生活习俗发展、沿袭,探索其内在联系有着重要的研究价值。

2009 年 6 月,台州府城民谣被列入浙江省第三批非物质文化遗产名录。2009 年 6 月,台州府城民谣被列入台州市第三批非物质文化遗产名录。

戚继光抗倭传说

戚继光是我国明代中叶杰出的军事将领和民族英雄,他戎马一生,曾任台州、金华、严州参将,其中驻守抗倭前线台州七年有余,与名臣谭纶携手御敌,带领戚家军获得九战九捷的辉煌战绩,肃清了浙江境内倭寇,彪炳史册,流芳千古。在临海、椒江一带留下了许多历史遗迹。400 多年来,民间口耳相传、不断丰富的戚家军抗倭故事更是传诵不衰、脍炙人口。

嘉靖四十年(1561 年),倭寇大举侵犯台州,戚继光率领所部九战九捷,取得举世闻名的台州大捷。倭寇心惊胆战,给戚继光取了个名字叫"戚老虎"。次年夏,他率戚家军南下福建,荡平倭寇在横屿、牛田、林墩的三大巢穴。嘉靖四十二年(1563 年),与福建总兵俞大猷、广东总兵刘显显等人取得平海卫大捷。次年,升总兵官,镇守福建全省及浙江金华、温州两府。是年 11 月,倭寇 2 万人围攻仙游,戚继光"用寡击众,一呼而辄解重围;以正为奇,三战而收全捷"。从此,戚家军威震中国海疆,倭寇望风而逃,危害已久的倭患终被荡平。

戚继光斩子的故事在台州广为流传。戚继光率领戚家军在浙江抗击倭寇,几次大的战役都连战连捷,打得倭寇是闻风丧胆。有一次,戚继光率领军队在台州府围剿一股倭寇,倭寇与戚家军接战之后,很快大败,有一股残敌想绕道城北的大石退守仙居。为了彻底消灭这股倭寇,戚继光立即命自己的儿子戚印为先锋,率领军队抄近路在白水洋常风岭一带伏击。临行前戚继光一再交代戚印,与倭寇接战之后,不要急于求胜,要佯装失败,将敌人诱至仙居城外再予以反击,以迫使城中的倭寇出援,一举歼灭。违反军令者要按军法处置。戚印率军到达常风岭之后,将军队埋伏在山道两旁的树丛中,此时,倭寇的队伍也沿着这条山道开了过来,前面还押着一些抢掠来的妇女和牛羊等,戚小将见后,气愤万分。再也沉不住气,马上下令军队展开总攻,一时间矢石齐飞,刀枪猛舞,喊声震天。戚印只顾了奋勇杀敌,竟然忘记了父亲临行前"只许败不许胜"的交代。霎时就将敌人全歼在山道之上。后来戚印率军回营,将士们都言戚印作战勇敢,杀敌有功。但戚继光却在听完儿子禀报之后,勃然大怒。说他违反军纪,不服从指挥,应该以军法处置,便命将校将其绑出辕门外正法。诸将虽然苦苦求情,说戚印虽然是触犯了军令,但其大败倭寇,也是有功之臣,可将功抵罪。但戚继光却认为戚印明令故犯，贻误军机，不容不诛！若是不杀则军纪难以严明如初。最终，还是斩了儿子。后来当地的百姓怀念戚公子，便在常风岭上为他建造了一座太尉殿，据说这座大殿的残迹至今犹存。

戚继光抗倭传说以他和戚家军的征战历程为“原料”，融入民间对他们的崇敬之情，遂成为人们日常传诵的奇闻故事，传播既广，形成了包括他的治军传说，智慧破敌传说，军事创新传说，民间习俗、形象传说以及神话等多层面的传说系列。目前，椒江、临海、温岭等地搜集了戚继光抗倭传说40余篇。

戚继光抗倭传说有一个很重要的特点就是它每每可与史迹、史实相映照，或与民间文化形式相呼应，因而它不仅在文学、美学，也在史学和民俗学等方面都具有独特的价值。

2009年6月，戚继光抗倭传说被列入浙江省第三批非物质文化遗产名录。2009年6月，戚继光抗倭传说被列入台州市第三批非物质文化遗产名录。

临海民间谜语

临海民间谜语流传在古台州府临海一带，是以斗智取巧炫才耀能为主要内容，以游戏娱乐为目的的口头民间文学。临海民间谜语的产生，或出自文人墨客之手，或出自乡老村夫之口，或用之斗巧斗智，或用之启迪智慧，教育儿童，千百年来口口相传，代代相承。

临海民间谜语采用的是临海方言，具有很强的地域特点。它内容非常丰富，形式多样，劳作用物、禽鸟虫鱼、花草树木等，无所不具。即使是常人不屑提及的内容，也有较为直率的描述。不管是田头地角、街头巷尾，还是天井阁楼、陋室华堂，都可见到谜语的影子，尤其是冬日的火炉旁，夏晚的星空下，都是当地群众利用谜语娱乐的场所。

那些传统的生产工具，如田圈、铁犁、木耙、水车、风车等，在谜语中都有所记录；那些简陋的日常用物，如油灯、饭箩、火坛、草鞋等，在谜语里都有所描写；那些古老的民风民俗，如供灶王爷、包细脚、抲蟋蟀、舞狮子、做木头戏等，在谜语里也有所刻画;而那些给当时的人民带来深重苦难、现如今已极为少见的疾病,如黄胖、麻面、驼背、癞头等,在谜语中也都有所反映。

如今,临海由于传统生活方式改变,致使临海谜语的生存状态十分艰难,为此急需保护。

2012 年 6 月,临海民间谜语被列入浙江省第四批非物质文化遗产名录。2012 年 6 月,临海民间谜语被列入台州市第四批非物质文化遗产名录。

赵康王南渡传说

台州民间流传着许多关于赵康王南渡的故事，如“泥马渡康王”等，就是根据赵构南渡的史料演变而来的。南宋建炎三年(1129年)，金兵再度南侵，先后攻陷临安、宁波，康王被迫仓皇从海路往南向温州逃难，途中为避台风，船队开进台州湾内，暂泊于章安金鳌山下。宋高宗驻跸椒江期间，章安金鳌山祥符寺、海门枫山清修寺等处均留有他的踪迹，且有诗作流传。由赵康王南渡而(在台州)演绎出的各种民间传说，流传于椒江沿海一带，主要在章安、海门、葭芷、黄岩江口等处，《泥马渡康王》《蘸金洞》就是其中的两个故事。

金兵侵犯，宋高宗赵构，带领随从近臣乘船逃离杭州。船至三门湾，见后面金兵没有追来，就在章安上岸，来到了华景村。因为路上受尽惊吓，一天没有进食，康王饥肠辘辘，随从敲开一家农户的门，想讨碗水喝。不料这户人家只有一个生病的少女躺在床上，桌上放着一些麦碎粒和半碗鸡汤，随驾人员立即帮他做成麦碎饭拌鸡汤送给赵构吃。饿着肚皮的赵构，觉得味道好极了，一下子吃了个精光，正要问这是什么美味佳肴时，这边又响起了呐喊声，康王以为是金兵追来了。放下碗筷向南就逃，没有几步见有一条大江横在面前，正在万分危急之际。忽然，背后响起了沓沓的马蹄声，一转身，只见一匹白马在嘶鸣，沿着江边大道朝他跑来。他二话没说抓住马鬃立即跳上马背。这匹白马似乎懂得康王心思，立即跃入江中，飞快地朝椒江南岸游去。上得岸来下了马，正要回头观看后面有没有金兵时，猛回首白马却无影无踪了。他趁天黑继续赶路，一直来到了海门的枫山顶上，见有一座寺庙叫清修寺，就在这里躲了起来。

几年后宁波一战金兵败回塞北。康王留恋台州美丽，又一次来到了章安，把御座设在金鳌山。为了追思当年的逃难情景，在金鳌山写下了《金鳌阻潮》等两首诗和一副对联。同时也在寻找病中给他“麦碎饭”吃的少女。结果一打听，这位姑娘已经过世了。康王念她救驾有功，追封她为“麦碎娘娘”。后来当地群众为了纪念“麦碎娘娘”，为她在金鳌山立庙塑造金身。还在康王殿麦碎娘娘座前，写下一副有趣的对联。上联是：大难时刻麦碎拌鸡汤觉得津津有味；下联是：太平年间日尝山珍海味仍然念念不忘。这副对联至今仍然保留。又说康王在去清修寺游览时，路经白云山的山脚下，在一所寺庙中见到一尊菩萨身旁塑着一匹白马。觉得似曾相识。想起来当年载自己渡江的就是这尊泥马了。为了纪念它救驾有功，就吩咐随从在白云山和凤凰山之间的山岙里，盖了一座“泥马庙”。可惜，这座庙宇在“文革”时已经被作为四旧给捣毁了。

“蘸金洞”位于金鳌山的山脚下。据说，宋高宗赵构南逃至三门湾，在椒江口的章安上岸。见后面金兵紧追不舍，随从人员都已逃散无人保驾，就只身逃到了华景村的金鳌山。见山脚下有一个山洞可以躲藏，他就倒退入洞，躲避敌人的搜查。当时金兵已经赶到，见洞中都是走出的脚印，洞口又布满了蛛网。以为康王已从此洞逃出，遂向山上追赶，康王逃过一劫。因为“喜结蛛网，帮助康王脱险”有功，封蜘蛛为“喜”。所以黄岩的蜘蛛，后人都叫它为“喜”。

康王赵构为了与民同乐，还在葭芷至海门一带的椒江河面上，放了一夜的桔灯，成为佳话。

2008 年 6 月，赵康王南渡传说被列入台州市第二批非物质文化遗产名录。

蔡缸爿故事

蔡缸爿是蔡荣名的外号，为台州民间文化的重量级人物。他的故事在台州广为流传。

话说蔡缸爿在地方上已经小有名气了，前后三乡都知道他足智多谋，善解难题，只要有求于他，他总是乐于助人的，所以人们有疑难，总喜欢找蔡缸爿来帮忙。一日，来了一个十几岁的小男孩请求蔡先生的帮助。

小孩话未出口泪珠先滚落下来，蔡先生一看这情景，马上非常同情地对孩子说："别急别急，别哭别哭。什么事，你就慢慢讲来，叔叔一定帮你忙。"孩子止住了眼泪说："我爸喜欢赌博，家里被赌博害得不成样子了。有时，他带着一大帮朋友来家里搓麻将，从白天打到夜里，从夜里打到天亮。他们一会儿大声喧哗，一会儿用力地拍打着桌子，我和娘怎么也睡不着觉。我娘担心影响我第二天的学习，去和他说：'别打了，孩子要睡觉！'可他瞪大眼睛朝我娘吼：'去去，你快给我走开。要睡觉啊，铜锣在耳边敲也能睡着。'我娘的眼泪簌簌地流下来。我很伤心，后来我迷迷糊糊地睡着了。半夜，也许是凌晨，我被我爸的吼声惊醒：'快把钱给我拿来！''家里已经没钱了。'这时，我爸已经把我娘从床上拉起来了。一听我娘不给钱，我爸的眼睛里露出可怕的凶光，'你到底给不给钱？'我娘有些害怕了,无奈地拿出了家里所剩不多的钱。这样的事不止一次了。叔叔,请你一定帮帮我,帮我劝劝我爸别再赌了。再赌,我家就……就要完了。”

蔡先生见孩子哭,说:“好吧,我帮你劝劝你爸。你爸今天在家吗?”“在呢。昨晚他们搓到天亮,现在还在呢。”“好,今天我就去你家。”

蔡先生带上两瓶老酒出发了。来到小男孩家,小男孩的爸爸和几个“砌墙手”还在搓麻将呢。见蔡先生到来,还真有点面子,大家停下手中“活”,招呼起来:“蔡先生好,哪阵风把您给吹来了?”“嗨呀,是你们桌子上的东南西北风呀!你们辛苦了,我带来了两瓶老酒,大家先喝上几盅,然后再继续。”

麻将终于暂时停下来了。酒盅也摆开了。蔡缸爿说:“大家喝酒前,先看我变个戏法。”“好好好,蔡先生就是才华横溢,什么都会。”

只见蔡先生取两个酒盅来,一个酒盅里倒满酒,另一个酒盅是空的。蔡先生说:“我让你们看看我的绝技。”

只见蔡先生两手各端一只酒盅,把这酒盅里的酒倒进那个空酒盅里,接着,又把那酒盅里的酒倒进这空酒盅里,如此反复不停地倒。不大一会儿,两只酒盅里都没有酒了。四周观看的人都面面相觑。蔡缸爿此时苦笑一下,最后,把眼光落到小男孩他爸身上。“你懂了吗?”“先生,我懂了。先生,您是不是说:我们赌钱,就好像在这两个酒盅里倒酒。钱像着酒一样,今天他赢了去,明天我又赢回来,如此反复来回,到头来大家的腰包都空了,都落得个穷光蛋的下场。”“聪明,是聪明。可就是有点‘聪明反被聪明误’啊!”“嘿嘿,先生。道理我懂,就是手痒痒的,熬不住啊!”“熬不住,就搓啊,你们四个人,熬不住,就搓啊,搓麻将,别赌钱,不就行了吗?”“是啊,搓麻将,不赌钱。好办法,好办法。以后就这样。”大家附和着说。“好,为大家找到了好办法,不赌钱,干杯。喝!”“喝,喝,喝。”

喝完酒,蔡缸爿说:“这可是你们自己说的话‘不赌钱’。大丈夫说话,可要算数喽。这戏法可是我花心血考究出来的,让你们看了。老酒也让你们喝了。好好记住我的戏法,别忘了自己的话啊!”说完,他向众人作揖道别,走了。

蔡缸爿劝赌的故事也就这样传扬开了。几百年来,台州地域流传着很多蔡缸爿的故事。

2008 年 6 月,蔡缸爿故事被列入台州市第二批非物质文化遗产名录。

黄岩蜜橘传说

据说很久以前，东海边有一位老药农，他心地善良，体格健壮，经常到海岛采药，为老百姓治病。

有一年秋天的早晨，老药农摇着一叶扁舟来到一个无名岛，走着走着，忽然被远处山谷里的一棵绿树吸引住了。这棵树像一把大伞，绿叶层层，金黄点点，已经秋天了，依然生机勃勃。

他沿着嶙峋的岩石来到谷底，发现那棵树跟自家屋边种的橙子差不多，枝头缀满了小巧的累累金果。他随手摘了个果子放到嘴里，感觉汁多味甜香气扑鼻，比那橙子还可口。老药农高兴极了，就把树上果子统统摘下来带回家去。

老药农发现金果的消息在村里传开了，许多人还登门拜访看稀奇，老药农殷勤地接待，并拿果子叫大家尝尝，只是不敢叫他们多吃，他自己也不知道这果子的特性。几天后，奇迹出现了，两个邻居的孩子，原来面黄肌瘦，吃了果子后，脸色变得红润了。老药农心里捉摸，这果子不但味道好，而且是良药呐。

转眼间，到了大年初一，四方邻居给老药农拜年，大家发现今年与往年不同，供桌上摆着一盘新时货，金光灿烂，就是他从无名岛摘来的果子。当大家手中拿到一只无名果时，七嘴八舌，议论不休。有说是上天所赐的吉祥果，有说是金果、甜果的。老药农听了很高兴，挥挥手对大家说："你们讲得很好，今天我这些果子招待大家，不是白吃的，就是要为这新时货取个名字。现在我请识文断字的老先生定名。"一位书院老先生擦擦眼镜站起来了，他在这一带很有威望，他说："甜者甘也，天降吉祥，简而言之就是吉，甘、吉取其音，木旁取其形，这果就叫柑橘（桔），大家以为如何？"众人一致称好，从此世上就有了"柑橘"这一果品称谓。

立春洒雨水，惊蛰响雷鸣，江南春暖花开的季节就要到了。在一个和风吹拂、丽日融融的日子里，老药农带了几名青年扬帆驾船向无名岛进发。傍晚那棵无名岛移过来的“柑橘”终于根植在老药农的家门口。

光阴如箭，日月如梭，又不知多少年多少代过去了，老药农与当年移植柑橘的人都已作古，但东海之滨黄岩却种上了铺天盖地的柑橘林。滨海黄岩人先是用果核、果枝繁殖橘树，后来还发明枝接、芽接的方法，东海之滨黄岩成了柑橘之乡。

2009 年 6 月，黄岩蜜橘传说被列入台州市第三批非物质文化遗产名录。

九峰民间故事

九峰，位于黄岩市区以东 1.5 公里处，因四周自南至北呈弧形排列着灵台、华盖(又名紫云)、文笔(又名阜云)、接引、宝鼎、灵鹫、双阙、卧龙、翠屏等九座奇峰而著称。在台州流传着诸多九峰民间故事。

九峰是个风景秀丽的好地方。有一天，有九个仙女私自下凡游玩。她们一下子就看中了这个山清水秀的好地方，就一起在这儿住下来，不再回天上去了。

她们终日栽花种草，日子过得很快活，不知不觉地竟过去了几年。一天，王母娘娘到织房查看，发现这九个仙女不见了，于是大怒，她恨九仙女私自下凡，说她们目无天规，就发誓一定要把她们抓回来，并且要重重地罚她们。

王母娘娘查来查去，终于查到了九个仙女在九峰这个地方，就派天兵天将捉拿她们。九个仙女都不愿回天上过没有自由的生活，就同天兵天将斗了起来。天兵天将大败而回，报告了王母娘娘，王母娘娘气得要死，只得告诉玉帝。玉帝就把九个仙女站的地方连同她们一起变成九座山。

这九峰山连在一起就像九个仙女手拉手一样。

九峰山中有一口米筛井，黄岩城里的人们都喜欢喝这口井中的水。很久很久以前，黄岩闹旱灾，稻谷颗粒无收，太阳每日仍毒辣地晒着，就是一碗清水大家也要分着喝。人们挖了几十口井，一口也没有水。九峰山下住着兄妹俩，哥哥叫玉敏，妹妹叫青筛。母亲刚生下他们就死了，父亲把他们拉扯大了以后，也死了，只剩下兄妹两人相依为命。他们俩见父老乡亲这样痛苦，就在山上四处找泉水。

他们来到一个山洞，发现有一个老婆婆，身上锁着铁链。玉敏忙上去问："老婆婆，什么人把你锁在这儿？我们帮你解下来好不好？"老婆婆说："你们是解不开的，只有你们拾到九九八十一张芭蕉叶，用火烧七七四十九天，铁链就会自动解开。哎！你们是不会有这样的耐心的。"兄妹俩说："我们有这样的耐心！"

因为正在闹旱灾，很难拾到芭蕉叶。兄妹俩历尽千辛万苦，终于找到八十一张芭蕉叶。连忙来到老婆婆那里，点起火开始烧起来。浓烟把兄妹俩眼睛熏得血红，他们终于累倒了。

不知过了多少时间，他们醒来了，只见老婆婆在面前慈祥地看着他们，就连忙起来。老婆婆告诉兄妹俩："我是龙婆，因为触犯天规，被贬下凡，关在这里。多谢你们相救，你们有什么要求，我尽力满足。"兄妹俩说："救救我们父老乡亲吧，给我们下几天雨。"龙婆却皱起眉头说："这可不行，私自下雨要受惩罚的。"兄妹俩说："那怎么办？"龙婆说："办法倒有，但有个条件，只怕你们不答应。"兄妹俩说："只要能救大家，我们做什么都情愿。"龙婆说："只有把你们变成龙。"兄妹俩毫不犹豫一口答应了。龙婆从自己口中吐出龙珠来说："我用了三千年的时间，才炼成了两颗龙珠，给你们俩一颗分着吃。要知道这一颗龙珠就是我一千五百年的修行啊！"

兄妹俩于是各人分吃了半颗龙珠。一会儿，他们觉得全身难受，不久，就都昏倒了。醒来时，只见哥哥成了青龙，妹妹成了玉龙。两条龙腾空而起，来到自家的水井，吐起水来。百姓们见了水，像黑暗中见到启明星，个个都高兴地喝起清甜的水来。

后来，人们知道是玉敏、青筛做的好事，所以，就叫它"敏筛井"。

因为有两条龙在下面长年累月地吐水，所以这井水永不干涸。

"敏筛井"传出去以后，人们都到这里挑水。因为这个传说太过久远，后来这口井被人们误叫为"米筛井"。

2009 年 6 月，九峰民间故事被列入台州市第三批非物质文化遗产保护名录。

黄岩民间儿歌

民间儿歌，也称童谣、儿语、小儿语、小儿谣、孺子歌等，是流传在民间的、符合儿童心理特点、儿童乐于传诵的短小韵文体。儿歌陪伴着孩子出生，伴随着孩子长大，成为儿童不可缺少的精神食粮。优美的儿歌给人留下深刻的印象，许多人在头发斑白时都还记得幼时所唱的儿歌。许多优秀的儿歌经历了无数代的口耳相传流传至今，受到一代又一代儿童的喜爱。

黄岩民间儿歌语言优美，音韵和谐、节拍明快、修辞精当、童趣盎然。儿歌歌词节奏鲜明，韵律和谐，读起来朗朗上口，唱出来有抑扬顿挫的音乐之美，便于传唱和记忆的儿歌语言精练、浅近、明白，语汇简单，多用短句，结构和层次较简单，词语较少。如《黄胖嘴笃》歌：黄胖嘴笃，困到饭熟。听见碗响，爬起乱抢。抢抢无份，倒落转困。困困困勿开，爬起后门口拉屎。屎拉拉勿出，跑到台门头一趟咄（骂）。咄咄没人应，跑到隔壁借饭蒸。饭蒸借勿来，走去学种田。种田怕蚂士（蝗），走去压蕃莳。蕃莳压个二株半，走去种大蒜。大蒜勿抽芯，走去卖灯芯。灯芯难卖，学做老大。

民间儿歌中的母歌，其首要价值是育儿。这种价值首先体现在民间儿歌母歌中蕴含的情感上。其次，黄岩民间儿歌都具有广义上的游戏性与可操作性。母子身体接触并让孩子手或身子有规律地运动，可通过成人与婴孩身体之间的接触和儿歌哼唱的影响，使孩子对成人产生信赖与依恋的情感。可以说，娱乐与审美是黄岩民间儿歌育儿价值的核心之所在。此外，黄岩民间儿歌对于促进儿童语言能力的发展也是极有价值的。黄岩儿歌以方言传唱，口语化程度高，韵律感强，押韵上口，易使儿童产生念诵的兴趣，更有助于儿童增强语言的表达能力。黄岩民间儿歌集对儿童的情感教育、审美教育、语言教育于一体。黄岩民间儿歌中出现的都是乡土气息特别浓郁的人或事，儿童沉浸在儿歌所描述的生活情景之中时，与儿歌中所蕴蓄的情感发生共鸣，对其以后的教育和人生都会产生深远的影响。

随着社会的发展和生活的变化，黄岩的一些风俗习惯已悄悄地发生了变化，而黄岩民间儿歌中岁时风俗、婚丧嫁娶、生产方式等各种内容都有，因此保留了大量黄岩历史生活的痕迹。

黄岩民间儿歌是一笔十分丰富的宝贵的文化遗产，现在被记录保存下来的儿歌大多能反映儿童的生活和感情，极富儿童情趣，更多地反映了黄岩地区劳动人民的思想和古朴的民风民俗。

2009 年 6 月，黄岩民间儿歌被列入台州市第三批非物质文化遗产保护名录。

方国珍故事

方国珍(1319—1374年)元末割据浙东的武装首领。台州黄岩(今浙江黄岩)人。世以贩盐浮海为业。

在打败了陈友谅与张士诚以后,朱元璋本可长驱北伐,扫荡元朝。南方所剩下的方国珍、陈友定、何真、也儿吉尼,则分别占据着浙江的庆元(宁波)、台州、温州,与福建、广东、广西的若干地点,皆非朱元璋的敌手,似乎不足为患。然而朱元璋是一个谨慎小心的人,一面命徐达向北推进,作北伐以前的"试攻",一面调兵遣将,先解决这南方的四雄。

方国珍对元朝时叛时服,终于混得了"浙江行省左丞相"一品大官,然而既不对元朝死心塌地效忠,也不敢像陈友谅、张士诚那样称帝称王。对于朱元璋,他也常常表示恭顺,心里自然全没有那回事。此人的大毛病,是"不诚"。他倚仗自己船多,胜则掠地,败则入海,不曾料到朱元璋会用水军来收拾他。

至正二十七年,九月,朱元璋在攻破平江(苏州),俘虏张士诚的前七天,下令对方国珍用兵。不到一个月,台州(临海)及其属县均被朱元璋的浙江行省参政朱亮祖完全拿下。次月,温州也落入朱亮祖之手。而且,庆元(宁波)的父老在方国珍的"院判"徐善的带领之下,向朱元璋的征南将军汤和,开城迎降。方国珍本人,先期逃亡入海,扎营在海岛。

朱元璋早就料到了方国珍的这一着,便命令水寇出身的廖永忠以"征南副将军"的名义,率领水军,到海上去搜捕他,在盘屿打了一仗,收降了他的不少部队。汤和派人送一封信给他,"谕以朝廷威德,及天命所在"。

方国珍得到了汤和的信,知道机会难得,叫帐下的一位文士詹鼎,写了一张很委婉的降表,派亲生儿子方关,送给汤和转呈。表里有这么几句动人的话:"孝子之于亲,小杖则受,大杖则走。臣之情事,适与此类。即欲面缚,待罪阙下,复恐婴斧钺之诛,使天下后世不知臣得罪之深,将谓主上不能容臣,岂不累天地大德哉!"

这一张表,别人看了,会骂他"无耻"。朱元璋看了,却十分满意,便复他一道"上谕",说"汝违吾谕,不即敛手归命,次且(踟蹰)海上,负恩实多。今者穷蹙无聊,情词哀恳,吾当以汝此诚为诚,不以前过为过。汝勿自疑。"

结果，方国珍鼓起勇气来应天(南京)，不仅没有被杀，而且有官做，以“广西行省左丞”的名义，留在应天领俸禄，不做事，又活了好几年，才寿终正寝。儿子方关，被任为“虎贲卫千户所镇抚”；另一个儿子(长子)方礼，被任为“广洋卫指挥佥事”。

2009 年 6 月，方国珍故事被列入台州市第三批非物质文化遗产保护名录。

琴江传说

琴江原名健跳江，古称浮门江，后因南宋康王赵构逃至浮门，投琴入江，遂更名为琴江。这里有一个美丽的传说。

兀术得知宋康王渡江后建都临安，当起皇帝来了，又气愤，又不安。于是，亲率精兵百万，浩浩荡荡地向江南杀来。

这可把宋康王吓坏了，他一面命岳飞等一班战将率兵迎敌，一面暗中派秦桧与金议和，一面又匆匆召见朱国师，商议继续南迁。一旦议和不成，临安失守，也可有个退路。

朱国师一口气说出了数十个地名，均未中宋康王之意。最后，他指着地图上位于三门湾畔的健跳村奏道："陛下，这是一块风水宝地，在她的西南，有湫水山为天然屏障，相传观音菩萨曾养青、黄二龙于此山中，山中紫雾长绕，麒麟时现。健跳村坐落在一只金凤身上，与正西五里地凤凰山的银凤遥相呼应。金、银二凤翱翔其间。扼守健跳港出口处的一山一岛，是一龙一虎。站在健跳后面瞭高山上，可远眺北面的平川和东南一望无际的海疆。这里，进可以从陆路挥师北上，直伐中原；退可以取道水路，直下东京，是历朝兵家必争之地。陛下可降旨在这虎踞龙盘、龙凤呈祥之地修建行宫，以图安乐。"

宋康王大喜，忙传旨给台州知府，限期在健跳修建行宫，督造皇城。

这可苦坏了台州的老百姓，方圆百里的树木砍光了，石块抬光了，连老百姓祖坟上的墓碑也挖来筑了城。这一年又遇百年未逢的大旱，筑城的民工在皮鞭的抽打下，吃不饱、穿不暖，死伤无数，怨声载道。

这时，宋康王却带了一批文臣武将，嫔妃宫女，出钱塘、过会稽，到健跳游玩来了。

宋康王完全被健跳江两岸的景色迷住了，他游兴大发，命朱国师连夜准备龙舟，夜游健跳江，他们顺江而上，向双龙山脉进发。

朗朗月色，映着粼粼江水，轻轻的薄雾，宛如在江面上罩上了一层轻纱。江两岸大堤上，到处是点点火把，与水中的星星交相辉映。龙舟所到之处，两岸的歌女，轻歌曼舞，宋康王犹如身临仙境，陶醉在欢乐之中。他命内侍捧出一架古琴，放到船首，乘兴弹了一曲《西江月》。兴犹未尽，又将酒食移至舱外，一面弹琴饮酒，一面欣赏两岸夜景。

龙舟行至沙木渡，宋康王见江南的小山上有一块巨石，如同一个美貌的妇人，背着包裹面对大江，坐着小憩，那形态栩栩如生，呼之欲出。心中大喜，就问朱国师这是什么地方。朱国师奏道："陛下，臣学浅识寡，这当地名胜，容臣向老艄公问个清楚。"

可老艄公不卖朱国师的账，非要面见皇帝，才讲巨石来历。这时的宋康王，急欲知道那美女石是怎么回事，就宣老艄公来至面前，破例赐坐，要他讲述美女与沿江一带的名胜古迹。

这老艄公原是一个饱学之士，因不满朝政，无心为官，隐居民间，当了一名艄公。他面对宋康王,不卑不亢,问道:“万岁爷可知孟姜女送寒衣的故事?”

“这家喻户晓的传说,朕怎不知?”

“好!万岁,这块巨石,就叫孟姜女石。”老艄公指着那块巨石说道。

宋康王十分好奇地问道:“孟姜女送寒衣在北方,怎么跑到南方来了?”

老艄公说道:“那孟姜女哭倒长城,惊天动地。太白金星为了让她夫妻团聚,叫她背了丈夫的尸骨,到三门湾的仙岩洞,求取八洞大仙的仙水,洒在尸骨上,让万喜良恢复人形。但孟姜女忘了太白金星的话,在大宅山回了一下头,就化成岩石了。”

老艄公激动地站起来,继续说道:“每筑一座皇城,男人们就说起孟姜女送寒衣的苦,妇女们就唱起孟姜女送寒衣的歌。多少男子成了万喜良,多少妇女要流孟姜女的泪,走孟姜女的路!万岁,健跳江两岸,为筑皇城,饿殍遍野,悲歌动地啊!”

老艄公继续说道:“金兵百万,犯我中原,人地生疏,军需不足。而我大宋,兵精粮足,百姓们同仇敌忾,地利人和。以我之利,攻敌之忌,歼敌之生力军,复我之中华地,直捣黄龙,迎回二帝。而筑城只不过是一种被动的防御,若金兵攻破临安,入侵江南,健跳这弹丸之地,自然朝夕难保。请万岁以社稷为重,用忠良、远奸臣,解生灵之涂炭,除苛捐而慰万民,则江山甚幸,百姓甚幸!”

宋康王拂袖而起,将桌上的古琴,抛入江中。

船到健跳江口时,天也快亮了。宋康王在朦胧中,只见一只黑虎,向自己所乘的龙舟扑来,大吃一惊,连忙抓起身边的金印向黑虎掷去,只听“轰”的一声,一道金光,黑虎被镇住了。从此以后,人们就把这座山叫作“印”。据说这金印至今还陷在山中呢!

自宋康王把古琴掷入江中后,不知怎的,健跳江的江水流起来更动听了,犹如拨动的琴弦,叮叮咚咚,如诉如泣,永不停息地弹奏着历史的乐章,诉说着人间的不平。从此,健跳江也改叫琴江了。

宋康王在健跳的行宫没有建成,琴江两岸的故事却一代代地传了下来。2009 年 6 月,琴江传说被列入台州市第三批非物质文化遗产保护名录。

传统音乐

仙居山歌

仙居山歌历史悠久，种类繁多，内容丰富，风格独特，是仙居山民文化的精髓所在，也是浙江省乃至中国民间音乐的标本。20 世纪 80 年代收集整理的 65 首仙居山歌被《中国民间文学集成·浙江仙居卷》收录，其中的《柴爿花鸟》《天下歌》《穷人歌》《阿西圆圆》等 7 首被《中国民间歌曲集成·浙江卷》选录。

作为古越国的属地，仙居山歌具有越地山歌“越调”的共有特性，同时又兼具鲜明的地方特色。从歌唱形式分，有劳动号子，如《打夯号子》《石匠号子》；对歌，如《牧童呼牛》《对花》；小调，如《采茶歌》《十采茶》；说唱，如《道情》《莲花》《铜钿鞭》。若细分之，单就《道情》和《莲花》就可分六七种。从歌唱主体分，可分为儿歌与郎调两种，郎调多为成年男性唱的山歌。

仙居山歌从曲调特点讲，或清脆悠扬，或高亢激越，或婉转，或奔放，风格多样，颇具地域文化特色，具有重要的历史文化价值。其中当地俗称的“木鱼调”是一种流行范围广、普及面较大的基本曲调。许多山歌都是这种基本曲调的变异或衍生，其典型形态如例：

柴爿花鸟

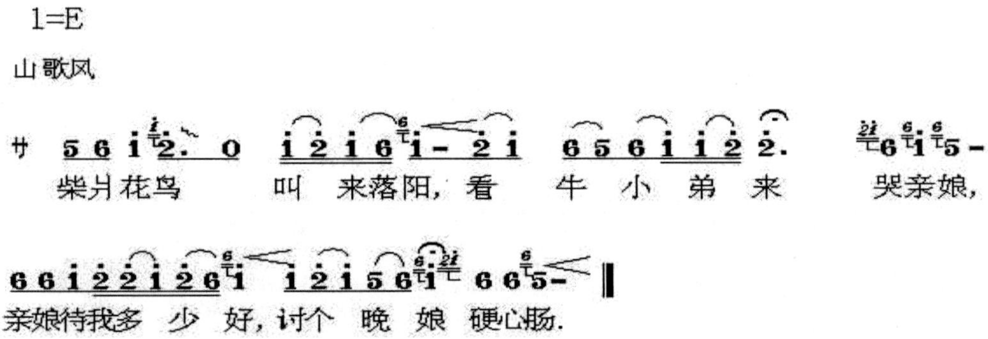

1=E

山歌风

柴爿花鸟 叫 来落阳，看 牛 小 弟 来 哭亲娘，

亲娘待我多 少 好，讨个 晚 娘 硬心肠.

演唱者：城郊社员
记录者：徐河川

这种曲调比较独特，与《柴爿花鸟》同类题材的民歌在周边县市也有，如临海市的《杜鹃鸟》，但曲调迥然不同。

在歌唱风格上，仙居山歌吟诵性较强，以歌说事、以歌道理，语言直白、动声长言、粗犷豪爽。有粗犷而高昂的劳动号子，有清雅别致的采茶对花，有真挚感人的《和尚和妇人》《十守孝》《十望郎》等，有粗俗而风趣的《问你表妹爱不爱》。其手法也多变，但多以比兴见长，如《十望郎》《采茶》。

仙居山歌的题材内容，以描写广大农村的乡居生活为主，尤其是山区山民的生活，多角度地反映了他们的生活以及他们对生活的认识和态度，反映了他们的喜怒哀乐，感情真实，质朴感人，“私情”“长工”“童养媳”和“晚娘”是其中最常见的四种题材。

仙居山歌为世代相承，口耳相传，现存的主要传唱人陈建青演唱的《打夯号子》，获首届南北民歌擂台赛“歌王”称号。

2007 年 6 月，仙居山歌被列入浙江省第二批非物质文化遗产名录。2008 年 6 月，仙居山歌被列入台州市第二批非物质文化遗产名录。

天台山道教南宗洞经音乐

天台山道教南宗洞经音乐，是由开创中国道教南宗的宋代高道张伯端创立的桐柏宫全真龙门派十六韵诵经曲调音乐。历代道士口传身授，代代相传。

天台道教南宗洞经音乐可诵经文有 75 篇。主要用于颂赞神仙、祈福禳灾、超度亡灵和修持养炼，曲调形式上有“阳韵”和“阴韵”之分。“阳韵”多用于早课和祈福性法事；“阴韵”多用于晚课和超度法事。表演形式多种多样，包括独唱、齐唱、伴奏等形式。它分颂、赞、步虚、偈、吟咏等格式。它以道教南宗的经文为基础，根据经文词意，赋予其轻重缓急、高低不同的音韵曲调。曲调中的经文表达了进行法事的人们的愿望与乞求，或求助于神界，或颂赞于天仙，韵味贯通、幽深典雅、含蓄平和。曲调与经文和谐统一，各种曲式贯通搭配，组成了整个法事活动。

为了使音乐产生悦耳动听的效果，除了鼓、钟、大磬、铛子、钹、铃、木鱼等法器外，还配有二胡、箫、笛子、笙等乐器伴奏。体现了中国道教南宗提倡内丹炼养、道禅合流的思想，着重内修，追求人与自然的和谐、人的身心和谐。其中用于修持养炼的音乐，清新悠扬而又不失典雅，是中国养生音乐的渊源之一。它汲取佛家的平和，儒家的文雅，以及当地民间音乐的土韵，使之成为有天台山特色的道教音乐，这对当地民间音乐发展都有深远的影响。

由于其传承方式均由历代道士口耳相传，传承人日渐稀少，更由于道士个人的音乐素质、方言等影响而走形，处于濒危状态，因此对道教南宗洞经音乐的保护迫在眉睫。

2006 年 6 月，天台山道教南宗洞经音乐被列入台州市第一批非物质遗产名录。2012 年 6 月，天台山道教南宗洞经音乐被列入浙江省第四批非物质遗产名录。

天台山佛教音乐

天台山佛教音乐以佛教天台宗音乐为代表,是天台山文化的一个组成部分。早在公元六世纪,天台宗创始人智者大师(538—598年),在形成独立、完整的天台宗哲学思想的同时,为了使由他制定并口传心授的仪轨符合教义需求,从而创作了天台宗特有的佛教音乐。经过千余年的传承和发展,天台宗佛教音乐不但成为天台山佛教音乐的代表,还影响了早期民间戏剧的风格并传播海外。

天台山佛教音乐以庄严、肃穆、典雅、平和为基调。天台山佛教可唱诵的经文约95篇,其中赞偈类22篇、朝暮课诵39篇、忏类9篇、瑜伽焰口9篇、水陆法会16篇(含乐器曲牌)。特别是唐代大书法家颜真卿写的《天台智者大师画像赞》(附有曲谱),文辞优美,悦耳动听,是研究佛教音乐的珍贵资料。

天台山佛教音乐的形式,主要是声乐。包括独唱、领唱与齐唱组合、齐唱、轮唱四种。唱词有赞、偈、文、咒四种格式。曲调又分歌唱型、吟咏型、念诵型三种。配唱的乐器或称法器有梵鼓、钟、大磬、铛子、铃、钹、木鱼等,配器的制式、大小各异,用于不同的仪轨场合。表演形式多样,声腔抑扬顿挫,庄严平和,给人以“不同凡响”的听觉感受。

天台山佛教音乐对民间戏曲的影响很大，如早期流行江南的南戏，就以干唱为主。在明代，南戏基本不含管弦，顺口而歌，这种“清讴”的干唱唱法可能源于天台山的佛教音乐。唐代以降，日本僧人相继来天台山求学，也带去了天台山的佛教音乐，产生了日本室町幕府时期的戏剧——能乐。在能乐中就有《天台山之事》的表演段子。1982 年 3 月，日本佛教音乐研究人员组团到天台山寻根访问。

近年来，天台山佛教音乐还走出寺庙登上舞台，多次做专场演出，受到社会各界的欢迎和关注。在配乐上也有所发展，尝试增加了一些民族乐器，以提高听觉效果。为了使天台山佛教音乐后继有人，天台山佛学院专门开课，请老维那向学僧传授天台山佛教音乐。

2006 年 6 月，天台山佛教音乐被列入台州市第一批非物质文化遗产名录。2009 年 6 月，天台山佛教音乐被列入浙江省第三批非物质文化遗产名录。

作铜锣

作铜锣是流传在台州市黄岩区宁溪镇的民间大型器乐合奏曲。“作”是敲的意思，即演奏铜锣曲。

据宁溪《王氏宗谱》记载，此乐曲自南宋时就已流行，系宁溪王氏第十一世祖南峰公（南峰公姓王名所，字叔喻，号南峰，1220—1283 年，宋咸淳乙酉进士，高邮知军）所作，亦说是南峰公在外做官时传入的，至今已有 700 多年的历史。新中国成立后“二月二灯会”停办，作铜锣随之匿迹，1955 年上海音乐学院来黄岩宁溪采风时，发现其独特性，对其进行了挖掘；1985 年当地“二月二灯会”恢复，宁溪镇重新组建铜锣会，举办培训班，开展演奏活动，使作铜锣进一步发扬光大。

作铜锣的演奏乐器由打击乐器（大小乳锣、大鼓、小钹、叫锣、碰钟、木鱼、云锣等）、丝弦乐器（板胡、二胡、中胡、大胡、三弦、阮、琵琶、扬琴、古筝等）、吹奏乐器（笛、箫、笙等）三大部分组成。

现今演奏的作铜锣乐曲，是由现年 74 岁的宁溪镇桥亭居冯仲宇哼唱记谱。在汉民族地区的民间演奏中，以大、小乳锣（铓锣）为主演奏乐器是比较罕见的。

作铜锣乐曲有其自身的特点。它采用四分之四节拍，在主导乐句的引导下，旋律发展平和大度，音程起伏不大。作铜锣乐曲的演奏，由两个击鼓人来指挥，除一人击鼓外，另一人站在大鼓旁，用竹鞭“作”和“断”的声响，配合大鼓击打，在

鼓点||作同同同|断同同同|……的节奏的击打中，整个乐曲显得平稳庄重，乐曲中间加上其他响器如锣、钹、铃、木鱼等穿插演奏，与丝弦、吹管乐交融在一起，使整个乐曲更显得古色古香、优雅动听，表达了人们对美好生活的追求和向往。

作铜锣作为宁溪“二月二灯会”活动的必奏音乐，过去在灯会结束以后，乐队仍然沿街游奏，打击乐之音庄重而肃穆，笛音清越而悠扬，丝弦之音幽雅而动听，令人心旷神怡，万虑俱消。铜锣曲虽简而不感其陋，连续反复而不觉其烦。

宁溪铜锣会，是以演奏民间大型乐曲作铜锣为主的民间业余乐队，演奏人员少则 30 人，多则不限，以老带新，世代相传，队伍组织严密。目前，宁溪镇铜锣会把作铜锣作为经常性演奏的曲目，除了参与“二月二灯会”等节日活动外，还曾多次参加区、市的文艺比赛并获奖。

但因受经济大潮的冲击，作铜锣也与其他民间艺术一样，面临着演奏艺人青黄不接、后继无人的局面，仍然面临着失传的严峻考验。

2006 年 6 月，作铜锣被列入台州市第一批非物质文化遗产名录。

细吹亭

细吹亭是临海闹元宵时颇受城区居民喜爱的民间艺术。它造型优美，制作精巧，而且配有清丽婉转的江南丝竹，显得华丽典雅而不失其大方。细吹亭形制有两种：一种是长方形的，四角边，如“成文社”；另一种是八边八角，如“近圣社”“昭德社”为正方角。不论哪一种，均造型优美，制作精巧。

亭结构分上、中、下三部分。底盘有四腿虎脚落地，四面雕龙狮图。中间是四面(或八面)花窗，窗两边是琉璃片，书上四副对联(或小副)，以示吉祥如意。四面窗楣有四条精雕的金龙，神态如生；窗内有香炉一樽，出游时点燃檀香，芳香缭绕。上部为顶架，真丝绣成丹凤牡丹图，四面角挂十六盏明珞灯，并用绣有芝兰芳草或山水人物的锦缎做霞帔。整体间架全用名贵红木所制，全亭结构精巧，制作考究。

细吹亭出游时，配有一支乐队，计有二胡四把、京胡两把、笙两支、横笛两支、箫两支、碰钟两副、琵琶一架、扬琴一架、三弦两把，共十八人。常用本地曲种临海词调的曲目，如《步步高》《娱乐升平》《将军令》《霓裳曲》《梅花三弄》《木兰词》等二十余曲吹奏。元宵之夜，玲珑剔透的细吹亭姗姗而来，赏心又悦目；乐曲自远而近，不舒不缓，不轻不重，文雅又悦耳。

细吹亭是临海的独创。据考证，最早的细吹亭为清嘉庆间绅士刘梦奎、于恭宗等所创。道光年间的张晓山，组织“昭德社”，从事细吹亭的制作，尔后又有“成文社”“近圣社”等民间社团，元宵时竞相献艺。其用意皆取于元宵为一年之始，制亭作庆，预示年丰人寿、国泰民安。

2006 年 6 月，细吹亭被列入台州市第一批非物质文化遗产名录。

莲子行

天台莲子行，又名莲花落、莲花乐口，源于唐代的佛曲“落花”，五代时亦称“散花乐”，最早是僧侣募捐化缘时所唱的警世歌曲。南宋时在民间流传，成为贫人乞食时所唱之曲。明代中叶，以说唱故事情节的曲艺形式，流传于天台城关、白鹤、平桥、街头等地。清光绪年间更是盛行一时。每逢元宵灯会、庙会、迎神、送水等重大活动都有莲子行表演。清代的莲子行皆由十四五岁的男性少年表演，后来出现女子表演的女队，由男子表演的则称男队。至 20 世纪 40 年代，多由女队表演。

每逢有重大活动，各村便挑本村少男少女组成莲子行班，请师傅教唱。待表演结束，莲子行班即解散，下次活动，则另行组织训练。表演期间，各村的莲子行班竭尽所能，力争出彩，被公认优胜的莲子行班在群众中广为称颂，村民们亦以此为荣。平桥镇伍佰村的张氏祖先根据“八仙传说”，创制了由 8 人组成的莲子行形式，很有影响力。

莲子行由16～20余名少女或少男组成，分成人数相等的两队，每列由一位莲子行头率领。莲子行头左手执铜钿鞭，右手拿“刹啦啦签”，后面每人（称莲子行尾）手执小竹板和串儿。表演时由莲子行头领唱，唱词一般用七言，变有九言、十一言，每节分为四句，讲究对偶与押韵，莲子行尾在其间插入衬句，衬句多用具有代表性的衬词，如“刹啦啦啦啦啦啦”和“哎，荷花花儿开，嗳得儿家中一朵荷花呀荷花开”等，还可在上下句或句后插白。

“莲子行头”就是走在最前领头的人，莲子行表演成功与否，莲子行头最为关键。首先要挑选那些长相俊俏、聪明灵活、善于应变、口齿伶俐的孩子来担当，由“先生头”传授演唱。“先生头”还要特别面授应急本领。因为莲子行是见什么唱什么，民间称为“撞”。

天台莲子行的唱词大致分两种。一种是庙会期间在神庙前演唱的固定曲目，如平桥三义庙庙会的《桃园结义》《千里走单骑》《古城会》《华容道》《单刀赴会》等，内容一般改编自历史演义或民间传说；另一种是重大活动时沿街演唱的唱词，由莲子行头结合当时的情境随编随唱，见什么唱什么，行话称“撞”。沿街的每一间店铺，店铺中的每一种货物，都是莲子行咏唱的对象，以咏唱的品种齐全，想象奇特、语句诙谐取胜。

莲子行最出彩的是“撞”。“撞”得越好，就越受人欢迎。正因为有“撞”，每次面对同一景、同一地、同一人，都会“撞”出不同的版本。“先生头”也一定会传授给“莲子行头”一些“撞”的基本套路，如见到剃头店、馄饨店、猪肉店、南北货店、酒店该怎么唱，遇见故意刁难的人该如何面对，当时“送水”“迎神”等队伍，经过许多村庄，各村都有“摆祭”，摆放的祭品基本有哪些，都要能流畅自如地唱出来。

莲子行一般唱“十二月歌”，逐月唱下去，都是描写月令和吉祥祝福的内容，莲子行曲调优美动听，1987年10月入选《中国曲艺音乐集成·浙江卷》。

2006年6月，莲子行被列入台州市第一批非物质文化遗产名录。

玉环渔民号子

玉环位于浙江东南沿海，由楚山半岛、玉环岛和其他 136 个岛屿组成。玉环渔民号子(又称“渔工号子”)是伴随着海洋渔业生产活动而产生和发展的一种民间音乐。

玉环县志记载“从明嘉靖年间(1522—1566 年)玉环就有了海上捕捞作业”，由此可见玉环渔工号子最早产生于明嘉靖年间。

玉环渔工号子主要根据海上作业劳动场合和工种的不同，进行口头创作、加工，还有一部分是渔工们汲取沿海各地的号子、山歌、小调中的旋律而逐步发展起来的。在海上捕捞作业中产生的玉环渔工号子，有强号与轻号之分。在大海中出海拉船、拉帆时或遇到风浪捕鱼上网时，则多唱旋律短促，力度强的快速的强号；在岸上整网或回港时，则多唱速度较慢，起伏不大的慢速的轻号。

玉环渔工号子根据不同的劳动场合、工种唱不同内容的号子，用闽南方言演唱。形式上由一人领唱，众人应和，多由领唱者唱起始句，来掌控号子的音高、节拍、速度等，以便和唱者整齐、准确地唱好“号子”，使劳动者动作协调一致，提高劳动效率。玉环渔工号子声调较高，节奏明快、强弱分明，旋律雄浑优美。

玉环渔工号子在劳动中有实用价值，能起到传达号令和凝聚力量的作用。它旋律流畅，易学易传，对于积累丰富的民族音乐语言和创作技法，挖掘音乐创作资源，拓宽创作题材促进民间音乐的繁荣和发展，具有借鉴价值；对于研究渔乡习俗，继承和弘扬渔乡优秀文化传统，起到推动作用。

根据继承人曾焕祥(1942 年出生)所述，他的太太公曾连德(1847－1915 年)当年是海上作业时的领唱人物，经常演唱渔工号子，并传之于后代，到曾焕祥已是第五代传人。除其之外，还有一些非家传的渔工号子演唱代表性人物，如：王伟、郑来水、陈国新、王克福等。

随着渔业生产机械化进程的加快，渔业生产繁重的体力劳动被机械化作业所取代，玉环渔工号子逐渐失去了继续发展的生存空间。由于拉船、拉网等渔业生产过程中已用不到号子声，玉环渔工号子传承的机会也就少了。加上新一代渔工的欣赏观念发生了很大变化，认为唱渔工号子不赚钱，根本不去问津，使得渔工号子濒临失传，急需加以保护。

2008 年 6 月，玉环渔工号子被列入台州市第三批非物质文化遗产名录。2009 年 6 月，玉环渔工号子被列入浙江省第三批非物质文化遗产名录。

三州吹打

三州吹打，又称道士岩吹打，是三州乡道士岩村的传统表演节目。道士岩村地处三州乡北部，道士岩村的吹打班由自奏自唱“坐唱班”而兴旺，早在清代就名声远扬。

三州吹打主要用于民间的婚礼、丧葬、开业、庆寿等重大活动，不仅参加天台、新昌、磐安等地的庆典表演，也是周边各村民俗活动必不可少的表演项目。它在天台民间吹打的基础上，汲取绍剧、高腔等戏剧元素，抒情中夹杂着小诙谐，使其风格更加热烈喜庆、豪爽大气。

三州吹打的乐器有唢呐、三弦、牛腿琴、二胡、板胡、笛子、大胡等。其中牛腿琴系村民亲手制作的弹拨乐器，造型独特，琴声刚劲有力，主要用于高音区的音拍节奏，音色出彩。其打击乐器有战鼓、雀板、碰铃、大鼓、开道锣、苏锣、小太锣、镲钹、手板等，一般由十人以上进行演奏。

三州吹打讲究锣、鼓以及乐器之间的配合与协调，演奏风格欢快喜庆，展现了天台山区百姓乐观向上的精神。保留的传统曲目有《三五七》《流水》《二凡》《小开门》《大开门》《喜盈门》《迎春》《贺音》《节节高》《柳青扬》等 20 多种。

三州吹打是古老的民间吹打演奏，在道士岩村流传了上百年，见证了乡村文化的发展，具有一定的历史价值。它的传统曲目古朴而富有乡土气息，表现了当地百姓对音乐的审美意识。在它身上融入了百姓的美好情感，表达了祈求平安、追求幸福的美好愿望。近年来，在县、市等重大活动中，都有三州吹打的身影，它已经成为三州乡的文化品牌。

2014 年 7 月，三州吹打被列入台州市第五批非物质文化遗产名录。

打十番

天台人所说的打十番，就是用笙、琵琶、二胡、三弦、笛子、箫、钹、高胡、战鼓、苏钹、雀板、碰盅、手锣、四弦胡、扁鼓、小钛锣等轮番演奏十首古曲。这十首曲是《水底鱼》《折桂令》《翠妇登楼》《枫桥夜泊》《六十四板》《将军令》《思春》《诉怨》《当仁不让》《懒画眉》。

打十番主要流传于天台老城区，即今天的赤城街道。起源于明万历年间，一位在京做翰林的天台人，回乡时带回了十首宫廷乐曲，在天台流传，后又吸收了天台的道教南宗洞经音乐、词调音乐、民间打击乐等元素，从而形成一种具有浓厚天台地方特色的传统音乐。打十番曾在民间颇为流行。在天台城关，王佐庭等十八位才气横溢又精通乐器的富家子弟，自发成立了天台曲艺社。他们常在一起演奏十番、唱词调，除了民间的求水、送水、祭祖、元宵灯会等重大节庆活动时与鼓亭一起巡演，还应邀到大户人家去演奏。当时在天台城里，有两家打十番演奏班，俗称大班、小班，在城南的水南村也有打十番表演班。解放以前，打十番均为男班。

新中国成立后，打十番渐渐没落。1993年，原天台曲艺社社长王佐庭的儿子王明朗，将父亲原来“上尺工凡”的工尺谱，整理出简谱召集了城里的民乐爱好者，恢复打十番。王明朗自幼学习乐器，十三岁就跟随曲艺社去行街演奏打十番。

1997年，赤城街道组织民间艺人赴国清寺、琼台仙谷景区展演打十番。2010年，赤城街道又一次组织十多位民间器乐爱好者，聚集在东门陈氏宗祠，演奏打十番。2014年浙江省“美丽非遗赶大集”暨天台县元宵节非遗踩街队伍中，打十番又一次展现在众人眼前。

打十番，在天台流传了数百年，在它身上体现了天台百姓对典雅艺术的向往和追求。它保留了古代打十番的基本元素，同时吸收了当地民间音乐的精华，成为独具一格的传统音乐。

2010年6月，打十番被列入台州市第四批非物质文化遗产名录。

委羽山大有宫道教音乐

以委羽山大有宫道教音乐为代表的黄岩道教音乐历史悠久，在黄岩及周边地区广泛流传。它继承了古代音乐的传统，吸收了庙堂音乐的成分，受到了江南丝竹、黄岩民歌等音乐形式的影响，形成了独树一帜的风格。它保留了道教全真派十方韵的音乐特色，结构完整、对比强烈，表现力丰富，具有较高的艺术价值，深受群众欢迎，活动十分频繁，对社会生活产生了广泛影响，延续了几个世纪并且至今仍在黄岩民间流传。

委羽山又名俱依山，坐落在黄岩城南五里处，是中国道教名山。山脚羽山洞称空明洞天，是中国道教十大洞天之一。据史书记载，早在周代有刘奉林，汉代有司马季主、鲍叔阳等中国道教名人在委羽山炼丹。北宋政和年间(1111—1118年)，宋徽宗赐内宫镛钟于委羽山道人范锜。元延祐元年(1314年)，黄岩邑人道士赵与庆在委羽山西麓筑野月观(清康熙时改为大有宫)传承北宗全真龙门派，成为江南较早北宗。20世纪初，委羽山道徒分布台州116座、温州148座道观，占两地道徒总数的99%，足见大有宫在道教界影响之大。

因道教活动的需要，委羽山大有宫专门设有鼓手班，其演奏的是道教音乐，又称“道场音乐”，属于“全真道”派系，用于修道、庆祝、祈祷和度亡仪式。其表演形式以坐唱为主，每人手持一件乐器，或唱或念。该班常用乐曲有《懒画眉》《太乙五分香》《和风出洞》《慢乱弹》等8首。其演奏乐器以板胡为主奏，伴以笛子、二胡、三弦、琵琶、木鱼等。使用道具有古人物彩画、八仙桌、凳子等。使用服饰有道袍、道士帽、道士靴等。

2008年6月，委羽山道教音乐被列入台州市第二批非物质文化遗产名录。

邱家岸锣鼓

邱家岸锣鼓是分布在温岭市横峰街道邱家岸村的以传统打击乐器为载体的汉族打击乐。它创于清末(约在1910年间),至今已有百年历史。原专为舞狮伴奏,后应用范围逐渐拓宽,用于舞龙伴奏、喜庆典礼、舞台表演。其形式也逐渐扩展,从行进式、单纯打击乐,演变穿插舞蹈动作、列队式,变换队形。

邱家岸锣鼓的基本特征是以行进表演为主,也可列队或站场表演。行进表演是作为舞狮、舞龙队的先导,以其音响激越先声夺人,吸引观众。在舞狮、舞龙时,锣鼓改为站场伴奏形式,以其变化节奏、转换乐曲、渲染气氛,衬托狮、龙舞蹈。列队表演是随鼓点,边演奏、边舞蹈、边变换队形。舞蹈动作简单而粗犷,以气势见长,常常显得活跃热闹,引人入胜。邱家岸锣鼓的锣鼓经主要有:《打擂》《长大楼》《字转》《二唤》《慢八》《三五八》《满堂红》《出锣调》《龙灯锣鼓》等。

目前邱家岸锣鼓的传承人均年岁已高,年轻人很少愿意学它,面临消失的处境。为了保护邱家岸锣鼓这一非物质文化遗产,街道文化站正在采取行之有效的积极措施,如将锣鼓经编写成曲谱,建档保存;对老人演奏队的演奏进行录音、录像、拍照等存档;加强对年轻一代锣鼓演奏人员的业务培训;等等。

2008年6月,邱家岸锣鼓被列入台州市第二批非物质文化遗产名录。

传统舞蹈

黄沙狮子舞

狮舞，又称“狮子舞”“狮灯”“舞狮”“舞狮子”，多在年节和喜庆活动中表演。狮子在中华各族人民心目中视为瑞兽，象征着吉祥如意，从而在舞狮活动中寄托着民众消灾除害、求吉纳福的美好意愿。狮舞历史久远，《汉书·礼乐志》中记载的“象人”便是狮舞的前身；唐宋诗文中多有对狮舞的生动描写。现存狮舞分为南狮、北狮两大类，南狮具有较多的武功高难技巧，神态矫健凶猛；北狮娇憨可爱，多以嬉戏玩耍为表演内容；根据狮子造型制作材料和扎制方法的不同，各地的狮舞种类繁多，异彩纷呈。

黄沙狮子舞始创于北宋年间，主要活动于临海市西北山区白水洋镇的黄沙洋一带。此地民风剽悍，朴茂近古，崇尚习武，舞狮风俗由来已久。

这项传统表演艺术的最大特点是把民间精湛武术与传统舞狮表演巧妙地结合起来，舞武一体。它不但能在地上翻滚嬉戏，而且能在高台上表演各种风趣的动作。表演时，演员在八仙桌上翻飞的同时，还兼要“过堂”“桌上筋斗”“下爬点”“悬桌脚”“叠罗汉”等翻桌动作。跳桌是整个表演中难度较高的，四十几张桌子呈梯形相叠，跳桌到最高时，由九重桌子堆叠起来约有三丈二尺高，一个“绝”字就落在最高的第九重桌子的四只脚上——桌脚朝天，一个艺人就在这四只桌脚上跨步移动，脱鞋脱袜，尽显绝技。

黄沙狮子舞舞武一体，刚柔相济，具有独特的地方文化特征，寄托着民众美好的期盼，从大年三十开始到二月初二这一段时间，艺人们要走村串乡地去表演。黄沙狮子舞的中心区域黄沙洋及其传播地的百姓们祈盼风调雨顺、五谷丰登、人财两旺、吉庆平安，都祈盼舞狮为他们带来吉祥，消灾降福。

2006 年 5 月，黄沙狮子舞被列入国家首批非物质文化遗产名录。2006 年 6 月，黄沙狮子舞被列入台州市第一批非物质文化遗产名录。2007 年 6 月，黄沙狮子舞被列入浙江省第二批非物质文化遗产名录。

大奏鼓

大奏鼓是流传在温岭市石塘镇箬山一带渔区的民间舞蹈。大奏鼓舞蹈动作粗犷而滑稽，边奏边舞，舞者全为男性，服饰打扮却是女性：头戴羊角状发簪、耳挂特大耳环、赤脚套脚环等，在汉族舞蹈中不多见，具有独特的地方色彩。

据福建《惠安县志》和《琅轩陈氏宗谱》载，箬山陈姓为十七世纪中叶由惠安迁入，大奏鼓（当时叫"大典鼓"）亦随之带入，距今有360余年历史。至上世纪五十年代，大奏鼓逐渐被冷落，"文革"时期销声匿迹。1979年初，在当地文化部门的组织下，里箬村的一批老人，重新跳起已消失近二十年的大典鼓。当时，钟永余、陈其盈、陈其胜等人参与挖掘整理，并改名"大奏鼓"上报，后被收入《中国民间舞蹈集成》，并被拍入电视专题片《渔村小叙》，在中央电视台多次播放。1994年3月，温岭撤县设市庆典仪式上，由60人参与表演的大奏鼓舞蹈引起极大的轰动。

大奏鼓为男子群舞，基本动作是扭腰、甩胯、摇头，人手一件打击乐器，边敲边舞，基本节奏为强弱二拍子。化妆很简单，用牙粉加水涂于脸上，再用红纸在两脸颊印上鸡蛋大小的红圈。最初的服装为闽南惠安女子打扮，老式大襟便服，花布衫，头饰用布条、纱巾，装上羊角尖发簪，两耳挂大耳环，赤脚套脚环。后改成上穿深蓝色斜襟短袄，下穿橘黄色大口裤，衣衫边角绣上橘红色鱼纹图案花边,头戴橄榄形黑色羊角帽,两耳挂金花、戴耳环,赤脚板,套上手镯脚镯。打鼓者为男装,对襟短袄,头扎红布条。

大奏鼓,俗称"车鼓亭",是一种较为典型的民间自娱性乐舞,仅存于台州温岭市石塘镇里箬村。九名舞者分别手持木鱼、大小铜钹、铜钟锣、大小镗锣、唢呐、扁鼓等乐器,边奏边舞。

里箬村地处温岭东南,是一个三面环海的小渔村。据有关史料记载,其原居民中大多是明代从福建泉州、惠安一带迁来的回族人。至今,许多人尚能说一口闽南方言。而"车鼓亭"正是箬山先民随之带入的。箬山渔村每逢春节、元宵等传统节日,都会有大规模的民间巡游活动,大奏鼓则是节日喜庆队伍中"特地故事"的一种。

"特地故事"也称"踏地故事",是由村里的老艺人根据自己的喜好和村上的习俗所编排的各类节目。"特地故事"中的其他节目均已失传,唯独大奏鼓得以保留,可见其特殊的魅力。据调查发现,大奏鼓与福建泉州的"跳鼓"比较接近,但在表演风格上还是存在区别。"跳鼓"以粗犷为主要特征,而《大奏鼓》则粗犷、幽默兼而有之。大奏鼓表演者男扮女装,模仿女性步态,动作诙谐风趣;跳至兴起,动作夸张变形,泼辣粗犷,别有一番情趣。此类节目在我省仅有的民间舞蹈中是不多见的。

由于表演上讲究性情所至,熟能生巧,也由于社会的发展,新老文化的差异,大奏鼓的传承面临着较大的难度,年轻人不是不愿学,就是较难把握表演分寸。大奏鼓对研究我省的民间舞蹈和民间习俗以及人居迁徙、文化传播存在着一定的价值。

2006 年 6 月,大奏鼓被列入台州市第一批非物质文化遗产名录。2007 年 6 月,大奏鼓被列入浙江省第二批非物质文化遗产名录。2008 年 6 月,大奏鼓被列入国家级第二批非物质文化遗产名录。

九狮图

仙居九狮图，又名九狮挪球，是提线木偶和地面舞狮相结合而产生的民间舞蹈艺术，因九狮凌空表演，故名。九狮图源于明朝，初为五狮。

明初朱元璋一统天下，民间兴起闹舞狮庆祝太平，因为朱溪镇地坐五狮之势，具有灵感的艺人就创造了五狮图，以五狮争球之势进行表演，后经不断发展，逐步演变成九狮。12 名演员中，四人扮成两只母狮，七人各扮一只子狮，一人执绣球，在热烈的锣鼓声中，七只子狮环绕两只母狮欢腾跳跃，执绣球者穿插其中。其表演有各种程式，通过一连串的舞蹈动作，表现狮子的气质、神态和性格。九狮图的表演属硬架子灯舞，要求演员具备一定的武功基础。

九狮图具有鲜明的艺术特征，总是在吉庆佳节的夜晚进行表演。璀璨柔和的灯光掺和着静谧的夜色，九狮凌空飞舞抢球，强劲刚猛，音乐节奏欢快热烈，甚为动人。表演内容丰富多彩，有群狮抢球、单狮戏球、双狮挪球、绣球开苞、明珠落盘、三狮会宴等形式。独特的道具、鲜明的服饰和优美的音乐舞姿，构成了和谐美好的表演形式，表现出人们真善美的内心世界和对生活的追求美好。再加上群众广泛参与，自娱自乐，整个场面洋溢着喜庆色彩，极富强烈的感染力。

九狮图制作工艺粗犷豪放和细腻逼真相结合，画面描龙绘凤、松鹤延年、八仙过海等均象征风调雨顺、五谷丰登的美好愿景，充满了鲜明的民族特色和浓郁的乡土气息。

九狮图具有重要的价值。一是民俗价值。九狮图伴随民间喜庆佳节应时而生，逢年过节，庆祝华诞、庙会献瑞均是人们庆祝丰收和祈祷国泰民安的重要表现手段，成为民俗的一个不可缺少的主要组成部分。二是艺术价值。九狮图造型科学、和谐、合理，寓深刻内容于画面当中，给人以美的艺术享受。再加上科学地将提线木偶术和地面狮舞有机地结合起来，将狮子活泼可爱表现得淋漓尽致，再加上和声、光、电效果的衬托，给人无限美感。三是历史价值 。九狮图是中国民间艺术重要组成部分，对探讨动物造型灯的制作和表演，对江南文化和生活习俗的研究，具有珍重史料价值。其精湛的制作和表演技艺，蕴涵着积淀深厚的中华民族文化，更是对提升吴越文化和江南文化，具有历史性价值。

九狮图在明清时期就具有广泛影响。1950 年初，为庆祝新中国成立，一经献瑞便名噪周边。1988 年重演，妇孺老幼皆知，观后无不拍手称快。1999 年 10 月，在“台州市首届艺术节 · 民间艺术大会展”上荣获特别奖。

2007 年 6 月，九狮图被列入浙江省第二批非物质文化遗产名录。2008 年 6 月，九狮图被列入国家级第二批非物质文化遗产名录。2008 年 6 月，九狮图被列入台州市第二批非物质文化遗产名录。

上盘花鼓

上盘花鼓是临海市沿海一带民间喜闻乐见的歌舞形式。明清时期,沿海一带的演唱艺人受前来卖唱乞食的安徽凤阳灾民表演的凤阳花鼓的启发,创作了二人舞《上盘花鼓》。其中花鼓公头戴红缨帽,左手提蝶形小锣,右手执小锣笺打击,边舞边唱;花鼓婆则头戴凤冠,身穿大红襟衣,大脚口绮裤,脚穿平底圆口鞋,左手持圆柱形小鼓,右手持双鼓槌击鼓。艺人们以江南民间小调为基础,创作了《寄生草》《姑娘看花灯》等 10 余种花鼓曲调,唱词根据演唱曲调需要进行编写,并逐渐配上了鼓板、二胡、笛子、三弦等民间乐器,使上盘花鼓从原来的一般演唱发展为边歌边舞的歌舞形式,成为具有浓厚地方色彩的民间舞蹈。

上盘花鼓的唱词中常用"嗳唷、嗳海唷"等衬词连接,重点唱词采用迭唱重伏,使之主题更加突出。在音乐上,明快的节奏,切近口语的唱调,以及领唱和帮唱相结合的处理方法,有利于渲染舞蹈的热烈气氛。

上盘花鼓的舞蹈以细腻、幽默见长;其表演的节目,一般都具有神情一体,情舞交融的特点。以前都是男扮女装演花鼓。舞蹈的基本步法:花鼓婆以流水式的小碎步为主,表现女子的温柔忸怩,并穿插着翻腕,耸肩等细腻的细节;花鼓公则比较大方，以下蹲跳步为主，体现男子阳刚粗犷。最后表演完了，花鼓公把花鼓婆驮到肩上就下去了。现在都是女的学戏，那最后花鼓公驮花鼓婆的节目就没有了。还有一些独特的细小动作，在舞蹈中也起到了画龙点睛的作用。如男女互逗的动作。花鼓公用锣扦轻击花鼓婆的肩，花鼓婆的摇头、耸肩、翻腕、缩肩、拖腰、坐腿等组合，生动表现了男女之间的爱情，具有浓厚的兴趣性、幽默感，形成鲜明的个性。

在表演时，在叙述情节中，可根据内容的需要，互串角色(即唱到剧中某人就演某人)。动作自行设计，表演配合默契。舞蹈动作根据内容的变化或叙事情节的发展各不雷同。在总的动律不变的情况下，一个节目一个表演形式，不千篇一律。为了弥补演唱者童音不嘹亮的缺陷，可以加上后台伴唱，而现代则有用上扩音喇叭的，有的将功放和音箱放在三轮车上载着，跟着队伍走。

不少民间艺术因其民间传播的地域性的限制，常常得不到世人的广泛关注和有效保护，逐渐从人们的视线中淡出或消失，然而，我们却欣喜地看到，上盘花鼓在上盘人的积极保护挖掘下，近几年再次繁荣起来。

目前上盘已有花鼓表演队 8 个，培养了 100 多位演职员，并计划在两年时间里在全镇 40 个行政村和 7 所中小学普及上盘花鼓。运用市场化手段，探索建立对外演出网络，走出镇、市，拓展演出市场。

近年来，上盘各花鼓队积极参与了临海市及周边村镇的各种节日表演活动。上盘镇中心学校还在乡土音乐教材中选择教唱了上盘花鼓的主要曲调。自从 1998 年上盘花鼓参加了临海第一届江南长城节演出活动以后，连续六届都有它活跃的身影，上盘花鼓先后参加了台州市民间艺术大会串、元宵踩街等。上盘镇还以一、二类村级文化俱乐部为展演平台，传承上盘花鼓。

2006 年 6 月，上盘花鼓被列入台州市第一批非物质文化遗产名录。2007 年 6 月，上盘花鼓被列入浙江省第二批非物质文化遗产名录。

大石车灯

大石车灯以其独有的文化形态和艺术魅力，流传于临海大石山区，一百多年来经久不衰。由于特殊的地理环境和民间习俗，大石车灯完整地保留着质朴、粗犷、高亢的车灯音乐和独特的表演形式。

每逢春节、元宵，车灯班串村走户，送嘉贴、登门表演，以示庆贺，户主为表示谢意，馈赠点心和红包。这种民俗至今仍在流传。

车灯表演形式独特，行动轻便灵活。一般车灯班只需六人演唱。试以《三国》中关云长送皇嫂出关的情节为代表，关云长骑着竹编纸糊的马，前面是牵着马缰的马童，左右两边“车灯娘”骑着用布做成的车子，车后是两个推车的“车灯狗”。夜间，活动场地的四角悬挂灯笼。表演开始，在一阵锣鼓声中，骑马的关云长居中而出，两旁的“车灯娘”向左右叉开，走八字，游四门，变换方位，马童翻起筋斗，“车灯狗”作“吼、吼、吼”的呐喊之声，颇具威势，在热烈情绪中将表演推至高潮。

车灯演唱一般是生、旦分唱，“车灯娘”男扮女装，关云长唱花脸，马童、“车灯狗”也各任角色，有时乐队也接唱帮腔。主要曲牌有《西皮》《都子》《二唤》《流水》《女工》等。音乐结构是板腔变化体，调腔刚柔相济，粗犷和细腻并蓄，善于表达各种人物喜怒哀乐。伴奏乐器以京胡、板胡为主，还有二胡、笛子、三弦；打击乐器有大锣、小锣、钹、碰钟等。

大石素有“车灯之乡”的美称。20 世纪 30 年代车灯最为盛行，当时有岭下王村、宜塘、沿溪等车灯班。其中岭下的“怡情社”和百步的“梁氏车灯班”最有名。50 年代，大石“岭下车灯班”曾赴省参加民间曲艺会演，获二等奖。如今，逢年过节，大石车灯仍活跃于山村乡里。

目前，传承人有蒋林丰、金志法等人。

2006 年 6 月，大石车灯被列入台州市第一批非物质文化遗产名录。2007 年 6 月，大石车灯被列入浙江省第二批非物质文化遗产名录。

坎门鳌龙鱼灯舞

坎门鳌龙鱼灯舞源自民间在劳动实践中创造的群体性的舞蹈艺术，参舞者凭借鳌龙鱼虾造型的灯彩道具和形象直观的舞蹈语言，表达渔民征服海洋的意志与对丰收的祈求。它以翻、滚、腾、跃的大幅度动作，引领水族鱼贯成阵，翩翩起舞，粼光闪烁，脚铃叮当，极致地展示五彩缤纷的海洋世界。

坎门鳌龙鱼灯舞寓有渔民对鳌龙的敬畏，又表现了他们敢于驾驭大海，争胜好强的台州式性格。

坎门鳌龙鱼灯舞的舞蹈艺术，是由多种艺术元素调和而成，首先是制作鳌龙鱼灯具的纸扎手工技艺；其次是色彩鲜艳火辣、大红大绿的民间彩绘艺术，以及相匹配的民族锣鼓乐和唢呐吹奏乐，几者紧密结合，营造了热烈欢快奔放的音乐氛围，阐发了渔民对大海的情感记忆。

坎门鳌龙鱼灯舞以其独特的海洋气息流传至今，具有一定的艺术价值。

2006 年 6 月，坎门鳌龙鱼灯舞被列入台州市第一批非物质文化遗产名录。2009 年 6 月，坎门鳌龙鱼灯舞被列入浙江省第三批非物质文化遗产名录。

坎门花龙

玉环县坎门渔区的花龙，是一种富有渔乡风格的布龙，以大幅度跳跃和“龙绕柱”为其主要特色。当地民众又称其为“滚龙”或“弄龙”。

坎门花龙在海滩上“绕柱”是坎门渔区特有的地域性民间舞蹈。坎门是个渔区，人们的生活来源取之于大海。“花龙”在海滩上“绕柱串阵”，表达了人们祈求“神龙”庇护他们出海时风平浪静、满载而归的美好愿望。

清光绪六年《玉环厅志风俗篇》载：“里社各制龙灯，鸣锣击鼓，旋绕为盛；制禽兽鳞鱼花灯入人家串演戏阵。笙歌达旦，环观如堵。”可见龙舞串演在当时已成规模并具影响力。另据传承人鲍木顺(1923 年出生)及当年民舞集成普查时的张顺发(1914 年出生)、骆德贵(1928 年出生)所述，坎门花龙的形成与发展源于渔民抗击海盗以及戚继光抗倭，已有 500 多年历史。

“吉日起档”“鸡血开眼”“化龙归海”等，是坎门花龙活动全程紧密相关的起讫环节。

坎门花龙是独具地方特色的民间舞蹈。纸扎的花龙灯具，各种形象栩栩如生，手工技艺精湛奇妙；大红大绿的民间彩绘，色彩鲜艳火辣、对比强烈明快。别具一格的“花龙绕柱”表演，在龙头的带领下，八段龙节和龙尾，在三十二根甚至六十四根柱子间穿插迂回。首尾相顾，此起彼伏，左腾右滚，柱柱盘绕而线路不乱，井然有序。间以火爆热烈、气势磅礴的锣鼓、唢呐，营造出热烈欢快的氛围，场面壮观,气势恢宏,具有极强的艺术感染力。

"花龙绕柱"舞蹈,自然、朴质、粗犷,是坎门地域人文品质、审美情趣的体现。研究坎门"花龙绕柱"舞蹈与其他民间花龙的差异,探讨"花龙绕柱"存在的方式及形态特征,有利于我国民族舞蹈文化的多样性发展。

目前,与坎门花龙相关联的民俗文化活动基础日渐弱化,"花龙绕柱"绝技传承艺人年届耄耋,后继乏人。当地政府虽采取有关保护措施但坎门花龙仍濒危。

2006 年 6 月,坎门花龙被列入台州市第一批非物质文化遗产名录。2009 年 6 月,坎门花龙被列入浙江省第三批非物质文化遗产名录。2011 年 5 月,坎门花龙被列入国家级第三批非物质文化遗产名录。

十八罗汉

民间舞蹈十八罗汉源于南北朝时期“十八强盗皈依佛门”的故事。相传十八名强盗天良不泯，经神仙点化放下屠刀、立地成佛，从此造福人寰。所以十八罗汉表演旨在劝人从善行走正道，是一种娱乐和哲理交融的舞蹈表演艺术。该舞蹈于晚清时期传入本地，《光绪仙居县志》载：“普光院僧众逢七月七于院前扮演十八罗汉，观者如潮，极一时之盛。”在新中国成立前，十八罗汉多作为向神佛祈求地方平安、求雨祈禳之用，也是民间自卫军事组织演练阵形的一种形式。“文革”时期被视为“四旧”而禁止，直至20世纪90年代，得以重新发掘抢救，仙居群众重新组建了罗汉队。逢庙会、重大喜庆节日进行活动。

在仙居县，十八罗汉主要分布在安岭乡一带，在当地尚流行“七月七望好看”的俗语，这望好看其实就是观看民间舞蹈十八罗汉表演，届时形成一道亮丽别致的风俗景观。姑娘花枝招展，小伙子精神抖擞，老年人面挂笑容，小商小贩吆喝叫卖……漫天声浪组成美妙的交响曲。

十八罗汉具有浓厚的传统文化色彩，包含佛家、道家、军事、武术等各方面内容，是传统文化在民间表现形式的一种。它分“走阵”“测势”“罗汉台”三大部分，熔宗教、军事、武术、舞蹈、娱乐、杂技表演于一炉，气氛热烈火爆、动作朴实豪放。当三声鞭炮崩天裂地后，160 多名艺人披红挂彩，在鼓号旌旗的簇拥下，持刀操戟、舞棍弄棒呼啸上场。霎时鼓乐齐鸣，喊声震天，旌旗所麾，“罗汉阵”壁垒森严，“编波阵”涟漪荡漾，“葫芦阵”玄机四伏，“五梅阵”争奇斗艳，十三种阵式跑动穿插变化无端，真是精彩纷呈、叹为观止。“走阵”之后，旌旗偃息，鼓点急促，大场面的集体舞演变成单一的双人舞。第二部分“测势”，即探测对方实力，由持同一兵器的两人组成对子，轮流对抗，直至十八般兵器表演完毕。动作粗犷有力、朴实无华，既突出个人表演技巧，又显示双方配合默契。最后的“罗汉台”由“莲花台”“罗汉马”等六组造型组合而成，其中“罗汉台”尤为精彩，被喻为“十八罗汉”精华。“观音台”由七人五层相叠而成，最底层的台基由一壮汉担任，其余六人全部相叠在台基上。台基造型完毕，不但要身负重压保持平衡，并且还要沿正反方向各旋转三圈，其技高力大扣人心弦，惊心动魄。十八罗汉音乐伴奏无固定模式，均是仙居西乡流行的民间音乐曲牌，多杂婺剧风味，悦人耳目。

十八罗汉作为传统民间艺术的瑰宝，省电视台、中央电视台也曾于 2004 年到安岭乡拍摄《十八罗汉》专题片。

2007 年 6 月，十八罗汉被列入浙江省第二批非物质文化遗产名录。2008 年 6 月，十八罗汉被列入台州市第二批非物质文化遗产名录。

卷地龙

水口山卷地龙灯舞源于清顺治年间。仙居郑氏祖先郑贤台，因不满当时的清朝统治，又恰逢久旱无雨，遂创“太平龙”，制作简单，阵法数个，仅有“环形舞路”，旨在祈求上苍赐福、保佑一方平安。乾隆、道光以来，太平龙的形态、阵法等几度改造创新，因龙身多贴地起舞，始称“卷地龙”，并以龙灯舞的形式出现，在夜间也可以表演。光绪时期，增添为双龙，以龙鳞上的红绿两色区分雌雄。龙分九节，长达18米，剧目增加到二十余个，多了“环状、半圆”等整套舞路，表演艺术达到了炉火纯青的境地。灯舞四时八节，活动广泛，其时万人空巷，盛极当时。

水口山卷地龙，聚“鹿角、马脸、虾须、蛇身、鱼尾”为一体，在鼓乐的伴奏下，模仿诸多动物的一些动作和传说中的龙的活动特征展开舞动。动静结合，以动为主。气势磅礴，凸现种种独特的舞台形象，展示出雄壮美，带来了“吉祥、欢乐、幸福”等艺术效应。

卷地龙舞蹈，规模宏大(一般约60人参与)，气势不凡。每当卷地龙进村，村民们先在村口放鞭炮作奠(用牛、猪、羊等作为佛礼)，舞龙后绕村一周，祈保民安畜旺。游过三周，再向东南西北方各舞一周，以表示向四海龙王朝贺。在锣鼓队演奏的欢快的音乐声中，两面“白牌”在前面引路，两盏龙嘴灯导引两龙(由18人撑支)从容入场，其左右、后部，由36面鲜红龙旗护拥。两龙各随龙灯反向绕场一周后，开始表演“二龙戏珠、双开门、双关门、翻江倒海、喜降春雨、二龙钻洞、内外拥抱、二龙抱柱”等阵式。“白牌”、龙旗一般位列前方和四周，偶尔穿插于龙舞之间以助龙威，相互配合，阵式繁简不一，变化多端。舞蹈临近结束，两龙身躯互为拥抱，龙头高挺，似在放声吟唱，整个表演气势较为恢宏。

卷地龙自诞生后即有广泛影响，仙居俚语云：“增仁龙，桂坑马，水口山卷地龙。”数百年来活跃在广大区域，颇受人们赞赏。1956年参加县民间艺术表演获特等奖；1999年参加台州市民间艺术竞赛获金奖。近几年，浙江电视台、中央电视台等多家媒体曾几度来仙居将其拍制成电视片，闻名遐迩。

2006年6月，卷地龙被列入台州市第一批非物质文化遗产名录。

亭旁杨家板龙

三门县亭旁镇杨家村是三门县第一大村，地处浙东沿海，三面皆山，杨氏先人原是宁海一带的抗元英雄，后避难来到此地。当地百姓崇尚“耕读传家”，在生产生活中，出于对自然的敬畏和图腾崇拜，产生了元宵节“迎龙”活动，以祈愿丰收、祥和。据《杨氏宗谱》记载，杨家板龙始于明隆庆初年，至今已有400余年历史，过去曾用于取水送水仪式。

每年正月十四夜晚，杨家村村民都要举行板龙出迎活动，出迎顺序为头牌、龙筅、仪仗、鼓乐、五兽、板龙、抬阁、鼓亭等。特别是由每家每户制作相接的板龙，由上百个壮汉共同托举，在锣鼓声中，声势浩大，威风凛凛，周边群众纷至沓来，争相观睹。板龙所经之处，沿途群众鸣放礼炮，设案相迎，充满吉祥喜庆气氛。

杨家村地处山区，木材资源丰富，当地百姓就地取材，用木板为主体，组成一条别致的长龙，故称“板龙”。除龙头外，龙身均由一段2米多长的木板(每块木块两端凿孔，以1米多长的木棒镶穿，每块板上还安上一条弧形的装饰)，全村每家每户须制作一段龙身，然后段段相连，形成一条气势不凡的木板长龙。每段龙身内，安置蜡烛或彩灯，在夜晚显得灯火闪烁，流光溢彩。

杨家板龙出迎，是杨氏宗族庆元宵的一项传统节目，它是古村文化底蕴的体现。每家每户参与制作龙身，参与舞龙，其出迎的板龙，不仅是一次庆贺活动，更是一次宗族力量的展现、村民集体智慧的凝聚；它不仅是对龙的图腾崇拜，祈求新的一年风调雨顺，国泰民安，同时也是表达对祖先的敬仰。杨家板龙制作没有专业艺人，它的传承全凭村民言传身授，代代相传，并随时代发展不断创新完善。

2006 年 6 月，亭旁杨家板龙被列入台州市第一批非物质文化遗产名录。2007 年 6 月，亭旁杨家板龙被列入浙江省第二批非物质文化遗产名录。

石马采茶

石马采茶是石马村的采茶舞蹈。珠岙镇石马村位于三门县西部,石马采茶起源于明初,世代传承,流传至今。据石马村《郑氏宗谱》记载,江湖山自唐宋以来盛产茶叶。石马村江湖山与茶文化有着千丝万缕的渊源关系,为此孕育了石马采茶。

石马采茶由原始的茶戏演绎而来,它集舞、歌、念白、表演等民间艺术于一体,主要曲调有:采茶调、花鼓调、看相调、紫竹调、古人头调、鲜花调、凤阳花鼓调。表演内容丰富多彩,歌词曲调内涵丰富,表现手法灵活多样,人物扮演生动有趣,别具乡土风味。石马采茶源于生活,表演中自始至终贯穿一个"茶"字:茶舞者采茶叶,贩茶客贩茶叶,看相人相茶叶,花鼓公、花鼓婆贺茶叶,和尚品茶叶,情节生动,情趣盎然。许多唱词如《小采茶》《大采茶》《倒采茶》也同茶叶有关。茶舞演出用的道具"茶心"用竹架、钢丝结构,是一个直径 1 米多的圆盘,上面有鲜花、凤凰、飞鹤等吉祥物,寄托了人们美好的愿望。

石马采茶于每年正月就开始在乡间表演,整个茶舞表达了新年祈盼茶叶丰收的主题。道具"茶心"是吉祥的象征,表演者绕"茶心"边歌边舞,茶女、花鼓公和花鼓婆的舞蹈活泼欢快,贩茶客滑稽诙谐,看相人相茶嬉戏打闹,采茶表演反映年丰民乐,把对丰收的喜悦心情刻画得淋漓尽致,表达了人们对美好生活的憧憬。

石马采茶应茶乡而生,文化内涵深厚,20 世纪 80 年代浙江省歌舞总团编导专程赴该村采风,并将石马采茶收入《中国民间舞蹈集成 · 浙江省卷》。

2006 年 6 月,石马采茶被列入台州市第一批非物质文化遗产名录。

仙居鲤鱼跳龙门

灯舞“鲤鱼跳龙门”，因神话传说鲤鱼越过龙门、化龙成圣而得名。

仙居鲤鱼跳龙门灯舞发祥与繁衍地区——田市，位于浙江东南括苍山脉西北麓的河谷地带。这里沃野平旷、村镇连横、交通便捷、物产丰阜，四周多灵山秀水。“鲤鱼跳龙门”这一颇具独特的民间艺术和浓郁生活气息的舞蹈，模仿鱼虾个性化的体貌和活动方式，呈现出纷繁多彩的鱼类生活图，描绘了一群鱼虾跃龙门的生动形象。尤其是“鲤鱼跳龙门化成龙”的剧情创设，贴近人们“勃勃上进”的愿望，千百年来赢得人们的喜爱。

“鲤鱼跳龙门”灯舞依托房屋建筑，鱼类形象的静态造型，借助于人的动作表演，模仿鱼类的活动特征，展现社会人生百态，把人们对美好前途向往的愿望寄托在“鲤鱼化龙”的剧情中的一个综合艺术。

灯舞道具中个体灯具就有龙嘴灯、鳌鱼灯、鲫鱼灯、鲤鱼灯、火鱼灯、虾灯各一对共 12 架大灯，外有两面白牌灯。连上安置在龙门架上的各式各样的花灯，单灯具就达 50 多架。鱼类灯具形态酷似其物，仅尺度扩展数倍。龙门架模仿故宫五凤楼样式造型，显得庄严、辉煌，是明王朝赐予仙居的殊荣。

灯舞剧目有《双珠起舞》《双珠矮步》《双珠下地转圈》《双开门》《双鳌戏珠》《鳌鱼同乐》《鲤鱼跳龙门》《鲤鱼成龙》《大结局》等九项。有的项目衍化扩展为三至四个阵式。因此，灯舞剧目与子阵式就多达二十余个。

鱼虾灯具，在人工的把持下，模仿各自生物的活动特征，舞动十分个性化。同时，它们共同遵循着一定的舞路(或 8 字形，或半月形，或圆球形，或十字形)，依龙门为背景，表现灯舞的主题。

鲤鱼跳龙门灯舞的抢救和保护有其重要的价值：一是艺术价值，鱼虾灯具形象造型逼真，活动呈现富有个性化与比较性特征的群舞态势，动态性极强，其精湛丰富的演艺技巧，可谓集灯舞之大成。二是民俗价值，鲤鱼跳龙门以独特的象征意义，贴近人们的美好愿望，因此与民间的节庆活动水乳交融，成了民俗文化的一大载体。三是学术价值，“鲤鱼跳龙门”剧情印证了神话传说化龙山的典故，丰富了神话传说的内容。四是美学美育价值，灯舞融汇舞蹈、灯艺、绘画、建筑、造型等艺术为一体，在人们感官的积极参与下得到美的享受。神话传说的艺术再现,激励人们注重身心修养,努力上进,成为栋梁之材。

仙居鲤鱼跳龙门灯舞经历了唐朝的孕育、初创期,明清的成熟、丰富期,20世纪上半叶的衰微期和近期的复苏期。

鲤鱼跳龙门灯舞集造型、灯艺、绘画、舞蹈等艺术于一体。以静态造型的组灯、龙门架为工具,以舞蹈艺术作手段,具有强烈的动态表现形态。

2007 年 6 月,仙居鲤鱼跳龙门被列入浙江省第二批非物质文化遗产名录。2008 年 6 月,仙居鲤鱼跳龙门被列入台州市第二批非物质文化遗产名录。

大田板龙

每逢春节、元宵，临海农村忙于制作各式各样的龙灯，尔后，舞龙敲锣打鼓，穿村绕庄游行，给传统节日增添了热烈的气氛。临海“大田板龙”则是龙灯中佼佼者，它制作精美，气势雄伟，别具一格。

大田板龙始于清代。板龙由龙头、龙段(身)、龙尾三部分组成，采用木板、竹片、各类花纸作为龙的制作材料。竹篾作骨，白纸为皮，六寸宽、八尺长、一寸厚的木板托肚(又称龙桥或龙段)。龙头是整条龙的关键部分，也是区别于各类板龙的标志，具体体现在龙须上。龙须分白、黑、红三色，长达50至70厘米。白须龙称为“老龙”，是群龙之首；黑须龙为新龙(或小龙)，红须龙为蛟龙，板龙大都嘴衔红珠。龙的角上都挂上各种彩色的“纸蚕花”，象征着养蚕大吉大利(大田农民养蚕较多)。龙身制作极为精细，八根竹片作为龙骨，两张白纸作为龙皮，一张红纸糊龙段两头。几十段龙身贴有陆海动物、山水花鸟、戏剧人物等民间剪纸，龙肚内点燃蜡烛(现在用电灯)，远望是鳞，近观是画。

每条板龙至少要有数十人才能组成舞龙队，龙头要有六个人，龙身一人一段举之，龙尾三人摆。主要活动在农历正月十四至十七日。游走前各类板龙的排列有规定：老龙带头，新龙随之，野蛟龙煞尾。在整个游走中，野蛟龙则可随便窜插。龙头的行走路线都是固定的，通常选择热闹区，年年如此，不得跨越路线。

按当地民俗，农历正月十四日下午三时，各地板龙时而“腾云驾雾”，时而“伏地为虎”，抱光、夺球、赛跑、比美，好一派雄伟的场面。若哪条龙胜过老龙，老龙即输，尔后龙队仍按规定顺序继续游行，敲锣打鼓，穿村走街，中途还要“讨风”，当地又称“拜年”，以贺新年之喜，凡事先由龙队发请柬，接请柬的单位及个人要付“纸包钿”（即拜年钱）。

大田板龙除在当地活动外，也经常进城闹元宵，参加民间艺术大巡游等活动，使市区人民大饱眼福。

2007 年，大田板龙被列入浙江省第二批非物质文化遗产名录。2008 年 6 月，大田板龙被列入台州市第二批非物质文化遗产名录。

新前采茶舞

采茶舞是流传于台州市黄岩区新前街道的一种民间舞蹈，问世于明末清初，至今已有300多年的历史。

采茶舞是七里村一带农民逢年过节、庙会时庆祝茶叶丰收的自娱活动。它源于乡村民间的采茶歌、采茶戏，具有浓厚的生活气息和乡土风味。采茶舞表达一群采茶姑娘上山采茶(劳作)时的欢快情景。最早的版本描写是：众村姑在采茶时，其中有一位姑娘的情人(也称牧童)采来鲜花，众姑娘拦住抢夺，互相追逐，走出许多美的队形，这种表演形式亦可称为"采茶抢花""采茶扑蝶"。女演员12人，牧童男演员1人，演出节奏较"散"，比较自由浪漫，同时也带有浓厚的戏剧风味。

采茶的歌词内容，也是农民在实际劳动中的素材积累。"正月采茶是新春，敲锣打鼓闹盈盈，前村狮子抢绣球，后村滚龙大翻身"表现了太平盛世农民日益富裕、生活欢欣鼓舞。"六月采茶茶叶粗，粗叶细制用工夫，采茶不怕太阳晒，烘焙不怕砻糠火”表现了茶农在采茶、制茶时辛勤劳动的艰辛。唱词通俗简单，农民一听就懂，当地的小姑娘都会唱，也会表演一些动作。

该舞原以 12 朵花名起调，用一年 12 个月份编成唱词，前 6 个月为正采(即顺采)，后 6 个月为反采(即倒采)，配打击器演出，带有戏曲风味，后紧缩为 6 个月，花名为唱词。曲调简朴健康，婉转动听，节奏感强，唱词通俗易懂，动作简洁而优美，很受群众喜爱。

新中国成立后，采茶舞的唱词、曲调、形式由七里村王天明、王明伦和王植芳等老艺人提供，经由村里宋法明、李敏山等老艺人整理加工编排成舞后，流传开来。1956 年，黄岩文化馆派江月娥老师再次整理加工，参加黄岩县首届民间音乐舞蹈大会演，轰动全场，获演出一等奖。1957 年《采茶舞》在参加浙江省民间舞蹈大会演时获一等奖，并留杭公演。“文革”期间，采茶舞受到践踏，长期停演。1984 年国庆调演时，新前乡重新组织七里村编排，并对舞蹈风格、服装、道具作了必要的艺术处理，参加黄岩县文艺调演获二等奖。1999 年 10 月采茶舞参加黄岩区庆祝国庆 50 周年大型广场文体表演，同年 10 月又参加台州市首届艺术节民间艺术大会串表演获银奖。2002 年和 2005 年分别参加黄岩柑橘节暨农民艺术节踩街表演活动。

2009 年 6 月，新前采茶舞被列入浙江省第三批非物质文化遗产保护名录。2008 年 6 月，新前采茶舞被列入台州市第二批非物质文化遗产保护名录。

缠足苦

缠足苦是中华苏维埃时期创编的舞蹈，起始于1928年。在浙江省建立的第一个红色政权——亭旁区苏维埃(当时属宁海县)广受群众欢迎，创编者包定是亭旁区苏维埃的创建者之一。舞蹈被当地群众称为“文明戏”，也是为了配合当时的斗争需要而创编的控诉封建礼教迫害妇女的宣传舞蹈节目。舞蹈反映了封建社会妇女受压迫，求解放的状态，迎合了旧社会广大妇女的反抗封建礼教心理，起到了很好的宣传效果。

缠足苦反映了旧社会以缠足的方式严重摧残妇女的身心健康，以及她们反抗封建礼教，要求平等自由的强烈愿望。整个舞蹈由9至12人组成，用民族器乐伴奏；以脚后跟踩地为基本舞步，以表现妇女缠足后行走乃至睡觉的艰难和痛苦，动作简洁明了，用亭旁方言演唱，唱词在流传过程中，逐步增入了怒斥和控诉封建礼教的内容，增强了感染力。

由于社会发展，缠足现象逐渐被废止，该舞蹈淡出历史舞台，1983年在浙江省民间舞蹈普查中被收入《中国民间舞蹈集成·浙江卷》，并摄制成专题片。

2007年在浙江省非物质文化遗产普查中,重新整理和恢复了缠足苦民间舞蹈,使这一封建社会向民主社会转型时期的民间舞蹈得以传承保护。

2009年6月,缠足苦被列入浙江省第三批非物质文化遗产保护名录,同年,缠足苦被列入台州市第三批非物质文化遗产名录。

花桥龙灯

花桥龙灯，以花桥镇五彩龙而得名，它源起于南宋高宗年间，距今约 1900 年。花桥镇位于三门县城东南 55 公里，西南与临海市接壤。

南宋建炎年间，金兵入侵，高宗南渡至台州海门，突遇波涛汹涌。高宗帝仰天长叹：若苍天有眼，我命不该绝，请保我平稳过江。顿时天空飞来一群白鹤，在高宗帝所乘船只两旁站立，渡船得以保持平衡，海面终于风平浪静，高宗平安登陆。出于感激，高宗指令张果老在此建造一座白鹤殿。张果老领旨后寻觅到花桥五龙岗，见风水异常，于是建造了白鹤殿。殿成之时，有五条彩龙盘旋上空，百姓称奇，乃改名为“五龙殿”。每年元宵，当地李氏族人分派制作红、黄、青、绿、紫五条龙灯前往白鹤殿朝拜，后出迎于各村。每年正月十三上灯，正月十六落灯，连续四夜举行迎龙活动，历代相承至今。

花桥龙灯与其他地方龙灯最大的区别是五条龙灯同时出迎，仪式神圣庄重。龙分红、黄、青、绿、紫五种色彩，分别代表东、南、西、北、中五个不同方位，涵含四海一统，天下和合之意。每种颜色也都有不同的寓意，红代表太阳，寓含希望美好之意；青代表天空，寓含风调雨顺之意；绿代表大地，寓含万物生长、五谷丰登之意；紫代表运气，寓含人与自然和谐之意；黄代表权力、财富，寓含生活美好之意。

花桥龙灯制作工艺复杂,设计讲究,做工精巧,寓意深刻,因细腻精美而闻名遐迩。它用2米左右长的木板为底座,两端凿圆孔,以木棒穿孔连接成长龙,舞者手擎木棒出迎。龙灯的长度规模每年不一,根据村民自发参与节数而定,少则100多米,多则200余米。龙头威武大气,龙须、龙眼形神俱备,每节龙身都有4盏各种形状的彩灯,内置蜡烛或彩灯。彩灯上有的是剪纸,有的是彩绘,有的是针刺,图案有花鸟鱼虫、飞禽走兽、帝王将相、才子佳人等,色彩艳丽,栩栩如生。龙头由村里的制作能人集体创作,龙身则各家各户自制。

迎龙时,鼓乐喧天,火铳、鞭炮齐鸣,狮子开道,大纛、旌旗先行。夜晚出迎,五条巨龙通体透亮,色彩斑斓,一路迎来,浩浩荡荡,蔚为壮观,体现了人民群众的智慧和民间艺术的魅力。

2007年6月,花桥龙灯被列入浙江省第二批非物质文化遗产名录。2008年6月,花桥龙灯被列入台州市第二批非物质文化遗产名录。

小蜜蜂

小蜜蜂是流传于我省第一个苏维埃政权所在地——三门县亭旁镇一带的“文明戏”，由早期共产党人包定等人创编。

小蜜蜂由8人或者10人参加演出，其中有蜂王一人，“懒汉小先生”一人。民间乐器伴奏，动作简洁明了。内容为蜜蜂采蜜劳动场景，“懒汉小先生”被师父赶出来生计无着，到处流浪，“小蜜蜂”劝告“懒汉小先生”要勤奋劳动，靠自己的双手创造美好的生活。“懒汉小先生”受到“小蜜蜂”劝告，决心随同蜜蜂一起劳动，做个自食其力的人。舞蹈批判了寄生懒散思想，歌颂勤奋劳动，宣传要依靠自己的力量来求取美好生活的道理。

小蜜蜂产生于特定的历史背景，音乐采用三门地方民间小调，舞蹈节奏明快，唱词通俗易懂。舞蹈对我们回顾历史，研究封建社会向民主社会转型时期的社会文化及民间舞蹈具有一定的历史参考价值。

由于历史原因，小蜜蜂舞蹈淡出舞台多年。1990 年入编《中国民族民间舞蹈集成・浙江台州卷》。2007 年在浙江省非物质文化遗产普查中重新挖掘排练，在亭旁小学建立了传承基地，2010 年被列入台州市第四批非物质文化遗产代表作名录，由此这一珍贵的革命历史传统舞蹈得到较好的传承保护。

2012 年 6 月，小蜜蜂被列入浙江省第四批非物质文化遗产名录。2010 年 6 月，小蜜蜂被列入台州市第四批非物质文化遗产名录。

芦浦红山走马灯

芦浦红山走马灯串演已有一百余年的传承历史，这项技艺先是由玉环红山的祖先从温州苍南拜师学艺后传入玉环的，在演出中结合当地的风俗民情又进行了加工改进。

红山走马灯依托民俗活动，是由民间传承的传统民间舞蹈，凝结当地人文的历史记忆而形成，具有较高的历史文化价值。它保存了许多古代先民的生活特征，积淀了不同历史发展阶段的文化元素。既有固定的“歌、舞、戏”组合表演形式，又有相对独立的片段表演，同时作为表演场次又是一个不可分割的整体。歌、舞、戏表演节奏明快，风趣热闹，曲调一唱三衬，独具欢快、热烈的特点，是红山群众自娱自乐的艺术表现形式，是芦浦地域人文品质、审美情趣的体现。

现在的第七代传人是1942年出生的范小能，也是现在主要的指导任教师傅。演出队里，主演、扎马、画马、唢呐、司鼓等工作都有具体的师傅负责。随着经济社会的快速发展，这种古老的艺术已经式微，走马灯娱乐大众的功能也正在逐渐的淡化。保护传统的民间舞蹈和培养继承人，已是当务之急。目前，玉环县有关部门已在芦浦小学建立红山走马灯传承基地，挑选具有一定舞蹈基础的学生组建走马灯舞蹈队，为红山走马灯的发扬光大打下了坚实的基础。

2010年，红山走马灯被列入台州市第四批非物质文化遗产名录。

八将串阵

八将串阵(俗称“打八将”)是鸡山特有的一项民间文艺活动,也是鸡山民俗庙会活动的重要组成部分,有着百余年的历史。它寄托了鸡山渔民保平安、庆丰收的美好祝愿,有自己鲜明的文化内涵。

鸡山岛位于玉环本岛东南面,渔业资源丰富,岛上居民大多从事渔业生产。清朝以前鸡山岛原为荒岛,是各地渔船临时停靠地。后来福建渔民陆续迁徙到此定居。经过几百年的发展,在本岛共同的习俗与信仰的基础上,逐渐形成了独特的地域性民间信仰与风俗。

鸡山的杨府庙是为纪念北宋将领杨继业与其八个儿子而建。鸡山乡民供奉杨家将的缘由:一是钦佩杨家父子驻守边关、精忠报国的气节。杨家军常年在外征战,有着意想不到的危险,跟渔民常年在海上作业的艰险相似,引发了民众共鸣。二是杨家军男儿在外征战,妇女留守家园,祈求风调雨顺,渔业兴旺,盼望在外的丈夫早日平安回家。

杨家八将本身就是文化的积聚点,蕴含着保家卫国的文化理念。通过八将串阵活动,传承和扩展民族英雄气节和民族文化精神,是道德规范的教谕,是潜移默化、世代相传、寓教于乐的重要的文化形式,有利于促进团队精神的形成。“打八将”时锣鼓喧天,大号长鸣、敲大锣、放鞭炮,地动山摇的造势艺术效果,令人振奋,鼓舞人心。

近年来,随着资讯传媒的发展,八将串阵娱乐大众的功能也正在逐渐的淡化,目前的传承人大多是鸡山岛六七十岁的老人。

2008 年 6 月八将串阵被列入台州市第二批非物质文化遗产名录。

八蛮灯舞

玉环清港的八蛮灯舞是一种举持大型道具进行游艺活动的民间民俗舞蹈，有一百七十年的历史。

“八蛮”又称“八兽”，依次为：麒麟、狮子、拉(懒)豺、雷公兽、独角兽、倒鼻兽、四勿象、老虎，是神话小说《封神演义》中的八大神兽，分别属闻仲、文殊、道行天尊、李兴霸、通天教主、燃灯道人、姜子牙、赵公明的坐骑。

1840年，鸦片战争爆发。清廷无能，官吏腐败，天灾人祸，民不聊生，引发无数仁人志士奋起抗争。此时，清港茶头村民众深受其害，在族长的牵头策划下，首创制作八蛮灯，意为唤醒民众，消灾祈福保平安。

八蛮灯制作有硬腰和软腰之分，各种动物造型惟妙惟肖，形象逼真。制作程序：制作竹木骨架——骨架外糊以白细布——内装置烛台(现改用直流电灯座)——外表用彩色颜料勾画出各种动物形态。骨架有木柄可持举。开舞时，锣鼓吹打乐演奏传统曲牌，如《将军令》等。音乐声中，鞭炮四起，赞灯官吟诵《赞灯词》；吟毕，“八蛮”依次舞起《长蛇阵》《三角阵》《四角阵》《梅花阵》《元宝阵》《连环阵》等阵式。“八蛮”或蹲伏迂回，碎步潜行；或绕行蹿扑，大步腾跳。随着阵势和音乐节奏的变化，被神化了的“八蛮”交头接耳，彼此滚动，追逐嬉戏，妙趣横生。夜色中，令观灯舞者犹如置身于如梦如幻的神话世界里。

八蛮灯舞根植于清港当地民众的节俗文化生活之中，春节、元宵、重阳等传统时节，都是当地不可缺的一项文化活动形式。但在“文革”期间被强行禁止，直至20世纪90年代后才复兴。如今，八蛮灯舞不但在传统节庆时巡回表演，还在国庆、元旦、五一劳动节等重大节庆活动中显身手，如：浙江省第七届体育运动会开幕式、台州市“金鸡高唱元宵节”元宵晚会献演。2007年8月，清港茶头八蛮灯舞队还受邀到舟山朱家尖参加浙江省2007年“全民健身与奥运同行”浙东片运动会表演参赛，受到行家和观众的赞扬，荣获省二等奖。

2008年6月，八蛮灯舞被列入台州市第二批非物质文化遗产名录。

楚门铁梗

楚门铁梗，又称梗杠，由于道具制作使用的材料以大量的长条铁块为主，故为此名。铁梗游艺在玉环已有近百年的历史，是玉环特有的文化遗产，是一种民间传统活塑艺术，具有较明显的杂技元素。

楚门铁梗由本土民间艺人王纪川、郑登琴首创，清末已盛行于楚门地区。楚门原有大帝庙三月二十八庙会和城隍庙九月十四庙会，庙会期间为了庆丰收，举行迎圣神表演，文艺游行的主节目就是铁梗表演活动。

经过几代人的传承丰富，大量融入了民众的智慧和艺术思想，楚门铁梗逐渐形成现在的模式。铁梗的制作以古装戏曲为内容，由儿童装扮成古装戏剧人物，继而被固定在由不锈钢制成的铁架之上，在节日里进行绕城展演。每台铁梗根据妆塑内容，用粗钢筋弯曲或焊接成大骨架，固定在坚固的木柜上，打扮成仙界人物的小演员站立或端坐在铁架适当部位，用布带系稳后用特别的戏装披盖住钢筋骨架，不露破绽。

铁梗出场前，化妆好的小演员先到庙里祭拜，绝不让人讲不吉利的话，然后让小演员在铁架上站好将其绑稳。游行开始，前面由大旗开路，再由铿锵的锣鼓、唢呐(吹奏“柳青娘”等有关象征喜庆的曲调)伴奏。现在楚门铁梗游行时，再也不用四名壮汉扛抬，而是用小型运货车代替木柜，演员人数从过去的二三人增加到五六人，高度也由过去的三米增至四米多，各村各自组建铁梗队，依次出场，游行队伍十分壮观。楚门铁梗代表作有《大闹天宫》和《千秋杠》。

2008 年 6 月，楚门铁梗被列入台州市第二批非物质文化遗产名录。

渔岙板龙

渔岙村从雍正年间起就有板凳龙了。据史料记载:玉环自古为军事要地,因战乱,明洪武二十年(1387 年)和清顺治十八年(1661 年),境内居民两度被迁徙。到了雍正年间,东南沿海环境相对较为稳定,而居住在岛上的群众稀少,到 1731 年,玉环全境只有 2782 户,1.96 万人口,实际居民不足 1.5 万人。雍正八年(1730 年),清朝廷为加速海岛发展,把原来迁出的居民从乐清等地迁移回玉环,渔岙村就是从那时逐渐形成的。渔岙村至今已延续了十二代,而渔岙村的民俗乡风仍延续乐清一带的古风。

渔岙原来在海之边、山之下,村外是一片汪洋,村落在海岸边,渔船靠埠在村岸边,村民以捕鱼为生,之后才开垦出土地种粮菜。船只很小,只能捕捞些小鱼小虾,以补贴生活。渔岙村民从小在乐清水网地带观看过划龙船,也学过划龙船,村民被迁回渔岙村后,都愿意延续乐清地区乡亲尊奉的习俗。乐清端午节有划龙船的风俗,渔岙村没有河流,不能赛龙舟。村民们就开始自己创造,做龙船形状的龙灯,配以纸灯笼,用板凳连接,在村庄里滚舞。这就是渔岙板龙的原创性,也是板龙的来历。

清代春节期间舞龙灯队伍中,玉环县有 4 条板凳龙活跃在乡村农户之间。但到了现代,玉环县只有一对板船龙,传于渔岙村和环东村。板船龙与黄龙、花龙、蛟龙等龙灯不同,有其明显特色:一是板龙有雄、雌之分,渔岙板龙为雄性,可串乡入村、嬉戏游舞、四处活动;环东板龙为雌性,则以守内为主,至多也只在邻村舞动。二是起档和烧化时间均比其他龙灯早一天,即农历十二月三十日(除夕)起档,正月十七日烧化,而且必定雄性先化、雌性后化,并在“烧化”之前都要“会面”一次。三是两地板龙原为合舞,大约在一百多年前各自分舞。

船形板龙是渔岙板龙与众不同的独特所在。渔岙板龙造型别致,独具一格。十八节互相衔接的木板上,各置一只灯笼,称为龙身。两个竹篾扎制的船形框架上分别做上龙头、龙尾,糊上白漂布,绘以彩纹,内可插九支蜡烛。船龙形的龙头龙尾上还“筑”有亭台楼阁,缀以戏文人物,装潢甚为华丽。板船龙舞主要在夜间举行,龙头龙尾和龙身上烛灯闪烁,宛如海上渔火点点,游行时也别具一番情趣。龙头龙尾加上十八只车板,一共有二十人舞动,龙头龙尾为擎举式;舞蹈由甩、逗、摆、游、跳、盘、戏等动作构成；板龙身随之进退迂回，变换各种队形。整个舞蹈动作紧凑，动感强烈，既委婉逶迤，又苍劲有力。

现今，渔岙村舞龙的服务对象主要是附近的村民，从大年初一开始到除夕，哪家有生孩子、结婚、建新房等喜事的，都按照时间的先后顺序登记下来，在次年的农历正月十二至十四的三个夜里进行一次舞龙。

渔岙板龙舞曾于 1994 年 10 月被《中国浙江民族民间舞蹈词典》收集出版，1994 年 7 月入选《中国民族民间舞蹈集成·浙江省台州卷》。

2008 年 6 月，渔岙板龙被列入台州市第二批非物质文化遗产名录。

天皇花鼓

天皇花鼓因创始于温岭泽国天皇村而得名，是一种边歌边舞的传统民间舞蹈。天皇花鼓以江南民间小调为基础，由民间艺人创作填写曲词，用方言俚语演唱，表演上糅合了传统戏曲动作，以胡琴伴奏，具有浓厚的地方色彩。早期作为一种乞讨卖艺的行当，后逐渐衍变为庙会、节庆、红白好事凑场的一种艺术形式，表演风格质朴细腻、幽默诙谐，为老百姓所喜闻乐见。

天皇花鼓早年源于安徽凤阳花鼓，明万历年间，不少身背花鼓的流浪者逃荒到江浙一带，花鼓由此流传开来。据《温岭县志》记载，明末清初，由唐维能传授唐正顺(1905 年出生)，号天皇四妹，7 岁随父身背花鼓走四方，在当地颇有名气。据《中国民族民间舞蹈集成 · 浙江台州卷》记载“传授人张日升说，它起源于宣统三年(1911 年)的灾荒年月”，由此可见，天皇花鼓流传至今已有百年历史。新中国成立前就有一百多对艺人，在温岭本县和相邻的乐清、黄岩等地有较大的影响。

天皇花鼓的表演者为一男一女，男的头系羊角巾布织帽，鼻孔插假胡子，手持小锣，俗称花鼓公；女的头戴凌花，插上珠凤，腰系腰鼓，俗称花鼓婆。表演形式为边唱边跳边打锣鼓，男女动作配合默契，所唱曲目均为民间小调，如《闹五更》《孟姜女》《闹湖船》《卖花线》《对歌》《十送郎》等。

2008 年 6 月，天皇花鼓入选台州市第二批非物质文化遗产名录。

坑下龙凤舟

坑下村位于三门海游镇南部，地属河谷平原，坑下龙凤舟起源于晚清时期，每逢新春佳节在村口晒场或道地演出，也有串乡走村到各地巡演。其表演是用竹木扎成龙凤船状各一只，每船表演者为两人，一扮男角，一扮女角，女者立于船内，以绸带挎在肩上扛着船架。表演舞动时两船随着音乐节奏往来穿梭，行走时上下左右像舟船摇动，表演各种姿态。静止时，演唱戏文，古时唱“山腔”，现多唱越剧，有唢呐、弦乐和打击乐伴奏等。龙舟表演变化有圆场、八字形、两边出、交叉舞等。

坑下龙凤舟表演是三门众多文化遗产中至今尚在活动的民间艺术之一，县文化部门先后多次给予帮助指导。并经常参与县级举办的各种大中型民间艺术展演活动，深受广大群众所喜爱。

2008 年 6 月，坑下龙凤舟入选台州市第二批非物质文化遗产名录。

舞马

舞马又称半匹马、西张舞马，主要流传于天台平桥镇、街头镇。

舞马起源于南宋，天台张家弄村（今街头张家桐）有位进士，名叫张鲁斋，初任襄阳府五品官，膝下有九子一女，九个儿子都在京城为官，人称“九子十尚书”，张家为庆贺大喜，创作了舞马表演，后传至天台民间，乃至新昌、磐安、东阳等地。明朝末年，张氏族人为避难，迁移到西张村，也将舞马带到该村。

几百年来，西张村每年总要选拔 10 个俊俏的孩子，参加舞马表演。“文革”时禁演。1977 年冬，西张村恢复舞马表演，三年后中断。1990 年，西张村老人协会组织人员回忆、记录，恢复了西张村的舞马。1999 年，由西张村老艺人指导的新中中学舞马队，参加了天台县县庆 50 周年的民间艺术大会串。近年来，在县里重大活动中，均有西张村舞马表演，这已经成为一方的文化品牌。

舞马，用竹制的马（有马头、马身，没有马尾），套在表演者胸前，俗称“半匹马”。由于它以半匹马为表演道具，灵巧轻便，便于演员表演舞蹈动作。半匹马道具分别有黄、棕、黑、白四种颜色。舞马一般有十人表演，两位“马头”为男子扮演，身着黑衣白裤，头包白巾，手举旗幡；随后的表演者为四男四女，文、武打扮，分别代表着八位宋代历史人物。“赵匡胤”与“肖金莲”骑黄马，“吕蒙正”与“李大嫂”骑棕马，“武松”与“孙二娘”骑黑马，“赵普”与“杨妈妈”骑白马。表演者身着戏曲服装，左手握缰绳、右手握马鞭，作骑马状，边唱边舞，以锣鼓、二胡、笛子、三弦、唢呐等乐器伴奏。

舞马讲究舞者队列的穿插和排列，其场面热烈，乡土气息浓郁。传统的舞步有走四门、穿八门、排排进、前后捅、串鞭花、龙喷水、绕圆场等。表演时配有唱曲，内容多为百姓熟悉的古代传说和历史故事，传统舞马唱曲有《十二月花》《上八仙》《闹五更》《梳头》《老年交》等。

舞马表演形式活泼，内容喜闻乐见，深受百姓的喜爱，它以民间喜爱的马为舞蹈道具，讲究舞蹈队列的变化，并在舞蹈中穿插了戏曲的伴奏与唱腔，表现了当地百姓的审美和精神向往。

2009 年 6 月，舞马被列为台州市第三批非物质文化遗产名录。

爹渔船

爹渔船，即大渔船。早在清初，就在天台民间出现，主要用于求水、送水表演。船婆手提关羽青龙刀，船公手握划桨，大红大绿的爹渔船，都与水和龙有关。后来，爹渔船也就成了当地庙会、欢度佳节以及庆祝丰收的一种表演，通过船公、船婆的说唱，表达了祈求平安吉祥、五谷丰登、顺心如意的美好愿望。

爹渔船仿照古代官船，并结合江南一带的"木划船"加工而成。船身总长5米，两头尖，中间宽，船舱部分最宽0.80米，船舱呈宝塔状，分上中下三层，用上等杉木做骨架，裱糊上彩纸，再悬挂各种装饰品，犹如楼台亭阁，又似古代船舱。

爹渔船表演者为船公、船婆、扛船者三人。船公身穿中式对襟便衣，头戴绍兴毡帽，腰系围裙，手拿船桨，做各种划船动作。船婆身穿中式大襟衣，头戴一朵由黄色绸带结成的大花，插上饰品，胸前配上银质饰品，手提关羽青龙刀，刀口向下尖朝前，似在水中乘风破浪、驱巫镇邪，扛船者则钻在船舱中承担船的重量，听着锣鼓点，跑圆场。

爹渔船以“大”著称,适合广场表演。爹渔船的伴奏乐器主要为锣鼓、二胡、笛子、琵琶等。在跑圆场时,则以锣鼓伴奏;而停下来时,则以其他乐器伴奏,主要有越胡、二胡、琵琶、笛子等。爹渔船曲调主要有《花鼓调》《男工》《孟姜女》《卖布调》等,唱词主要反映不同时期的民间生活风貌。

爹渔船集戏曲、舞蹈、说唱表演于一身,表达了祈求风调雨顺,国泰民安的美好愿望。2004 年,白鹤镇夕阳红文化俱乐部对其进行挖掘、整理,并制作彩船,恢复了爹渔船表演。近年来,上西山村爹渔船表演队先后参加了县、市等重大活动的演出,广受好评。

2008 年 6 月,爹渔船入选台州市第二批非物质文化遗产名录。

舞麒麟

舞麒麟是天台县老城元宵之夜“赶道地”的民俗表演之一,因为民俗相传麒麟送子,所以特别受到新婚人家的欢迎。

舞麒麟是在麒麟送子传说基础上形成的一种喜庆的舞蹈,早在明代就已经流行。20 世纪初,天台县城就有 4 班舞麒麟,以杏庄村的舞麒麟最为出色。除了元宵节的表演,也用于民间取水、送水表演。“文革”时, 舞麒麟停演。1993 年,杏庄村老人协会组织人员回忆、整理,并购置了表演服装,恢复了舞麒麟表演。当年杏庄村的舞麒麟不仅参加了天台县文化旅游节的民间艺术大会串走街表演,还走家串户,为老人协会募捐经费。2011 年,在村老人协会的组织下,参加了天台县非遗专场展演晚会和台州电视台春晚。近年来,杏庄的舞麒麟表演队先后参加了县、市等重大活动表演,受到好评。

舞麒麟是由五位男孩古装扮相,除了状元、财神、魁星等角色是固定的,其他人物均可变换。也有十人表演的,分文状元、武状元、将军、送子娘娘等。它的表演讲究孩子、大人以及锣鼓之间的默契配合。孩子站在大人的肩上,手握马鞭、如意、荷花等道具,戏曲扮相,而下面的大人在保持平衡的基础上,根据锣鼓节奏,迂回绕场,走碎步,舞步翩翩地通过穿花绕行变化队形,称之“走四门”“绕八字”,舞步轻盈流畅。舞麒麟有专门的“锣鼓经”,它决定着整个舞蹈节奏,并有五面旗幡引领,决定舞蹈表演的空间。

舞麒麟以百姓人家的院落为舞台,吸收了民间杂技的顶人、民间戏曲的服饰扮相、民间舞蹈的碎步、圆场等多种艺术表演的元素,具有特殊的艺术价值,为研究民俗、民间舞蹈的发展提供了第一手资料。

2009 年 6 月,舞麒麟被列为台州市第三批非物质文化遗产名录。

牌门车灯

车灯，也称车灯戏，它以彩车、彩轿上悬挂彩灯而得名，特别适宜夜晚表演。车灯表演以古装戏为主，每出戏必有彩车、彩轿上场。悬挂有彩灯的彩车、彩轿，在夜晚显得晶莹剔透，引人注目。

车灯在天台民间出现的历史，无从考证。牌门，是天台东乡一大古村，现有 1400 多人，隶属坦头镇。20 世纪初，牌门村有剧团，自从出演车灯戏后，便一发不可收。当时的车灯班全是男演员，车灯娘也是由男演员扮演。演出的车灯戏也有多个曲目，后来因为《关公送皇嫂》太出彩了，以至于村民说起车灯，就是《关公送皇嫂》。解放初期，牌门车灯推陈出新，开始男女合演，多次参加县里、地区文艺会演并获奖。

20 世纪 70 年代末，随着古装戏的复苏，乡村舞台兴盛一时。牌门村召集人马，在老艺人陈一平的指导下，牌门车灯复演，1979 年参加天台县调演，荣获一等奖。1980 年，牌门车灯参加台州地区文艺调演荣获一等奖，此后，牌门车灯马不停蹄地在各村巡演。1983 年冬，村里还派人赴邻村传授车灯表演。

牌门车灯别具特色的不仅是彩灯，还有它的唱腔。车灯唱腔以“七调”为主，并糅合了昆戏、徽戏、词调、婺剧等唱腔，形成车灯的基本调(土西皮、都子、二黄、三五七、罗卜、二唤、二樊、一汀风、平河)。如关公的唱腔就是罗卜和二唤，二位皇嫂唱的是二黄。过去，一出《关公送皇嫂》就能演上半个多小时。车灯伴奏以二胡、鼓板、锣鼓为主，气氛热烈。

牌门车灯表演道具彩车、彩轿等，是民间工匠的智慧结晶。它表演场面热烈，唱腔丰富，曲牌多样，不受表演场地的限制，融民间戏曲、民间舞蹈与一身，为研究民间戏曲的成长提供了第一手史料。

2009 年 6 月，牌门车灯被列为台州市第三批非物质文化遗产名录。

山董狮舞

山董狮舞起始于20世纪初,20世纪40年代村里请下坑村叶信端来村传授舞狮表演技艺,村里年轻人崇尚舞狮表演,掌握了舞狮各种技艺。山董狮舞造型较为威猛,舞动时注重马步,主要是靠舞者的动作表现出威猛的狮子形态,一般只能二人舞一头。狮头以戏曲面谱作鉴,色彩艳丽,制造考究;眼帘,嘴都可动。严格来说,狮头不太像是狮子头,有人甚至认为舞狮的狮子较为接近年兽。山董狮舞的狮头还有一只角,传闻以前会用铁做,以应付狮舞时经常出现的武斗。传统上,山董狮舞的狮头有"刘备""关羽""张飞"之分。三种狮头,不单颜色,装饰不同,舞法亦根据三个古人的性格而异。

南师的舞动造型很多,有起势、常态、奋起、疑进、抓痒、迎宝、施礼、惊跃、审视、酣睡、出洞、发威、过山、上楼台等;舞者通过不同的马步,配合狮头动作把各种造型抽象地表现出来,讲究的是意在和神似。有出洞、上山、巡山会狮、采青、入洞等表演方式,采青最为常见。

山董狮舞表演内容:打拳、舞棒、跳桌、舞狮。现场先鸣炮,敲起闹场锣鼓(打击器乐),整个舞狮表演都有乐队伴奏。在锣鼓声中,先是二人表演狮子对拳,接着舞弄狮子棒,狮子棒有七路(每人打一路),舞棒后,舞狮队每人参加跳桌表演,跳桌表演内容有乌鸦出水、跳桌斗、桌角翻跟斗、单边出、乌鱼插井、倒溜、扳丫架、黄蛇溜、鲒鱼蹦滩,然而滚球舞狮,先抛球后抢球,分上下两场,上场狮子出洞,后狮子抢球,表演完毕闹场结束。整个表演既有舞蹈,又有武术。

2008年6月,山董狮舞被列为台州市第二批非物质文化遗产名录。

左溪花鼓

左溪花鼓是天台民间表演形式,流行于白鹤镇左溪一带。清康熙年间,花鼓由安徽凤阳的花鼓艺人传授给当地村民。左溪人结合了当地民歌小调和地方戏曲,边唱边舞。以前,左溪花鼓是求雨、送水队伍中必不可少的表演仪式。

新中国成立后,左溪大村的花鼓艺人陈守贺、陈守会,在原有花鼓的基础上整理加工,形成了一系列左溪花鼓表演曲目。1954年,左溪花鼓《鲜花调》《石榴花》参加台州地区文艺会演,荣获一等奖。20世纪70年代末,左溪花鼓重新焕发光彩,参加县农村文艺会演,再次获得好评,并入选《中国民间舞蹈集成·浙江卷》。1987年,浙江省电视台还拍摄了"民间艺术集萃——左溪花鼓"专题片。1999年10月,白鹤中学左溪花鼓表演队,参加县里举办民间艺术大会串。2007年左溪村重新组织表演队,购置表演服装,先后在县、市等重大活动中表演,受到好评。

左溪花鼓有正旦、生(书童)、小花旦、丑角(小花脸),身着戏服,它的动作也是借助戏曲的表演,细腻生动、诙谐幽默。左溪花鼓以唱为主,边唱边舞,唱词通俗易懂,一般以七字一句,表现的题材多为男女爱情故事。

左溪花鼓融合了戏曲、歌舞等多种表演形式,叙事与抒情并融。它的表演有戏曲的叙事结构,有歌舞的写意抒情,至今尚保留了《鲜花调》《石榴花》《采花》《看姐》《望郎》等十余种表演曲目。

2008年6月,左溪花鼓被列为台州市第二批非物质文化遗产名录。

传统美术

翻簧竹雕

翻簧竹雕是黄岩的传统工艺，始创于清同治九年，距今已有百余年历史。

翻簧竹雕因雕刻在毛竹内壁的簧面上而得名。其工艺是将毛竹去青取簧，经过煮、晒、压平后，胶合或镶嵌在木胎、竹片上，然后磨光，雕刻成各种山水、人物、花鸟图案，再配上其他装饰材料，制成各种工艺品。产品色泽光润，类似象牙。浮雕和浅雕是翻簧的主要表现手法，线条粗中有细，疏密结合，特别精致。翻簧竹雕在国内堪称一绝，具有浓郁的地方特色。1929 年在杭州西湖博览会和 1933 年南京全国工艺品展览会上，黄岩翻簧竹雕分别获银奖、特等奖。20 世纪 60 年代初是黄岩竹雕鼎盛时期，国内工艺美术界把黄岩翻簧竹雕、青田石雕、东阳黄杨木雕并称“浙江三大雕”。翻簧远销欧美等十多个国家，在美国的世界博览会上深受国际友人的赞誉。1964 年 5 月中国科学院院长郭沫若先生慕名特来黄岩，参观黄岩翻簧竹雕，并给予了极高的评价：“黄岩翻簧竹雕采用国画手法，把绘画技巧与雕刻手法融为一体，有画面、有题款、有图章，构成一幅幅有诗情画意的工艺品。真不愧‘浙江三大雕’之一。”

收藏家有诗云：“纵横削竹取精华，嫩黄雅致媲象牙。应物传神精雕琢，胜如琥珀雅俗夸。”

2005 年 6 月,翻簧竹雕被列入浙江省第一批非物质文化遗产名录。2006 年 6 月,翻簧竹雕被列入台州市第一批非物质文化遗产名录。2008 年 6 月,翻簧竹雕被列入国家级第二批非物质文化遗产名录。

针刺无骨花灯

仙居针刺无骨花灯，在当地民间称为“唐灯”。其工艺源自唐代，整个花灯不用一根骨架，只以大小不等、形状各异的纸张粘贴接合，再盖上全用绣花针刺出的各种花纹图案的纸片，经13道精细工序制作而成。仙居针刺无骨花灯自挖掘亮相以来，先后多次获奖，曾荣获“中国民间艺术品博览会”金奖、“第四届国际艺术博览会”金奖等多项荣誉，素有“中华第一灯”之美称。

仙居针刺无骨花灯，因灯面图案由刀凿针刺成孔，灯身无骨而得名。

针刺无骨花灯发源于浙江仙居皤滩，此地明清时为浙东南的重要商埠。无骨花灯源于唐代，俗称“唐灯”。明清时技艺日趋精湛，20世纪初，发展到鼎盛，花色品种多达80余种。目前已抢救恢复27种。

仙居针刺无骨花灯的技艺十分独特。灯面图案均由刀凿针刺成孔，经过透光留影而成，特别是造型方法在中国花灯中独树一帜，通身不用一根骨架，由大小不等形状各异的纸质灯片折拼粘接而成；造型的千变万化和图案的丰富多彩，形成了繁多的花色品种。

2000 年,仙居县被文化部命名为“中国民间艺术(针刺无骨花灯)之乡”,后来,仙居针刺无骨花灯图案入选“中国彩灯”系列邮票,并被浙江省博物馆收藏。

2006 年 5 月,针刺无骨花灯被列入国家首批非物质文化遗产名录。2006 年 6 月,针刺无骨花灯被列入台州市第一批非物质文化遗产名录。2007 年 6 月,针刺无骨花灯被列入浙江省第二批非物质文化遗产名录。

彩石镶嵌

仙居彩石镶嵌是采用石雕、浮雕与花板雕刻相结合的技法，根据题材内容和色彩要求，配石成图，精制成多种工艺美术品。先后创造了平嵌、高嵌、满地嵌等多种技法，内容从神话故事、民俗风情到现代生活。彩嵌用料除叶蜡石外，还采用鸡血石、珊瑚、玛瑙、珍珠和黄金等。

传统彩石镶嵌是以天然叶蜡石为材料加工成预先设计好的图案，镶嵌在红木、樟木等上面的工艺美术作品。叶蜡石色彩丰富，石质细腻温润，适合雕刻与制作。它的天然色彩和肌理给人一种古朴、高雅、清纯的感觉。彩石镶嵌可分为浮雕、高浮雕、擎雕、平磨平嵌、黑地平磨镶嵌、浅色地彩石平磨镶嵌等。平磨平嵌类似于印象派绘画的点彩技法，其分色分块基本按照中国画六法，随类分色，随类赋彩。其作品色彩华贵，光亮照人，可登大雅之堂。

仙居彩石镶嵌系石雕与木雕相结合的工艺美术。它是从温州传入。永宁江北罗浮乡,也就是今天的瓯北千石村,出产一种松软的石料适宜雕刻,当地人称之为“罗浮石”。因矿床所在处有华严尼寺,古时也称华严石。明代姜准在《岐海琐谈》中提到,嘉靖年间,永嘉主事周尹岱开采罗浮石,以镶嵌器物杂具。罗浮石属叶蜡石之一。由此看来,从青田经瓯北至泰顺及福建寿山,确有一条叶蜡石矿的矿脉存在。

20 世纪 80 年代初,仙居艺雕厂利用大洪的叶蜡石产品开始批量生产彩石镶嵌工艺品,大多应用于红木家具上,雕刻题材有人物、花草、虫鱼等,产品主要进入香港市场。到了八十年代中期,一批民营企业纷纷开始生产彩石镶嵌,产品销往世界各地。

2007 年 6 月,仙居彩石镶嵌被列入浙江省第二批非物质文化遗产名录。2008 年 6 月,仙居彩石镶嵌被列入国家第二批非物质文化遗产名录。2008 年 6 月,仙居彩石镶嵌被列入台州市第二批非物质文化遗产名录。

路桥灰雕

灰雕起源于宋代,至今已有八百多年的历史。台州和广州均有灰雕,台州的灰雕多见于路桥。路桥灰雕和广州灰雕的区别主要在于颜色的不同:路桥灰雕以素色为主,简而不媚;广州的则以彩色为主。而且两地灰雕的高低位置也不同,路桥灰雕比较低矮(因为台州濒临大海,常受到台风的影响,所以所建房屋比较低矮)。

与广东等地相比,台州路桥灰雕以简朴庄重的风格取胜。当地现存的古代建筑,以晚清和 20 世纪上半叶时期建筑为主,依附在古建筑上的灰雕,大体上也是这个时代的产物。因为台风等自然灾害的破坏,有不少灰雕是后塑上去的,再加上人为破坏,真正能原汁原味保存下来的灰雕作品已经非常少了。仅存的路桥灰雕现在多存在于十里长街的老房子上,但很多都是新塑上去的,一些保存的比较好的灰雕则散见于路桥的旧房子,如五凤楼。

路桥的灰雕大多用于民居,不像其他地方的屋檐装饰一般都用于庙宇、祠堂。与浙江沿海其他地方相比,路桥灰雕的题材更为丰富,既有形象的题材,如人物、动物、花草、山水、文字或者古代文学作品中故事情节等,也有造型抽象、呈几何状的,极具现代感和设计学中的形式美和构成感,此为路桥灰雕艺术造型上的独特性。而动物题材中较有特点的,则数各种造型不同的“鲤鱼化龙”,我们推测这与当地的龙王崇拜有一定的关系。与内陆地区相比,内陆地区的房屋雕梁画栋,审美视点多集中在屋檐下面人们惯常的视野范围;而路桥的民宅为了抗台风,一般比较低矮,屋檐下样式简朴,唯独屋顶的灰雕却极尽丰富之能事,哪怕是一般的百姓住房,也是如此。

当地发达的蛎灰加工业和水上交通是路桥灰雕得以兴盛的原因之一,台州靠海,古代渔民离家出海捕鱼,面对大自然,心生敬畏,再加上自然灾害——台

风，在夏季时常光顾此地，百姓自然开始寻找强大的精神寄托，屋顶翘角的灰雕也因此丰富。

有一个关于路桥灰雕的传说。据说在某个朝代，皇帝在台州路桥找到了一个失散在民间的皇子，喜极之余，特许当地百姓的住房屋檐装饰式样可借鉴皇宫建筑。

台州灰雕大致分为三大类：圆雕系列、镂雕系列和浮雕系列。圆雕是立体的，镂雕是镂空的，浮雕则附在另一平面上。

台州自然灾害频发，民间便产生了各种信仰，因此路桥灰雕造型多样，每种造型都有其象征意义，寄托着人们的祈祷。以下列举我们收集到的几个典型寓意。

龙：龙是中华民族的象征，但是灰雕的“龙”又并不是完全的“龙”，因为在古代，真龙天子——皇帝是不会允许民间存在“龙”的。同时人们不知道刻的应该是公龙还是母龙，一旦台风来临，真龙和雕刻着的龙可能会因为性别的原因而发生争斗，因此人们就将龙和其他意象结合起来，既能含蓄地表现龙的象征意义，又不会与皇室的权威相冲突。这就形成了如鲤鱼化龙等等的灰雕，借此来告诉真龙：我们是一家人，不要大水冲了龙王庙。牡丹花：花开富贵，大富大贵。花蕾众多，象征多子多福。花通“华”，象征繁荣，前程似锦。孔雀：出现时间比较晚，是明清时期的风格，它其实是凤凰，有丹凤朝阳的意思。鱼戏荷花：荷花与“和”谐音，是和谐之意。另外，鱼也有“年年有余”的意思。

路桥灰雕起源于宋朝，其最主要但也最不为人们所知的作用是避雷，其次是辟邪，即附有象征祈祷的意义。路桥在宋朝时人丁兴旺，手工业发达，经济相对繁荣，故建筑物不仅是用来遮阳、防雨、挡风，而且要“好看”，即有审美价值的要求。

2006 年 6 月，路桥灰雕被列入台州市第一批非物质文化遗产名录。2007 年 6 月，路桥灰雕被列入浙江省第二批非物质文化遗产名录。

仙居石窗

仙居石窗俗称石花窗、石镂窗，是仙居传统砖木结构建筑中普遍使用的镂空雕花石窗。

仙居石窗历史悠久。早在新石器时代，瓯越先民就在仙居下汤加工石材，生产器具。唐宋时，大型石仓得以开发，石材用于日常用具、民居建筑及古墓构件。县级文物保护单位城关石仓洞即为宋时石仓遗址。北宋时，“仙居括苍石屏”声名远播。明清时，仙居石窗达到鼎盛，技艺日趋成熟、精致。现存的明清时期的许多古村落、古建筑尚保存大量的石窗。20 世纪初，略呈衰落现象。目前仙居民间尚留经典性石窗 80 余种。

仙居石窗技艺独特。石窗工艺融汇了浅浮雕、深雕、丰圆雕、圆雕、透雕等多种艺术手法，并结合石材特质形成了镂挖、起地、刻线、钻眼、打磨技术。石窗外形与窗花讲究审美与实用的统一。窗花题材多样化，儒、释、道三教文化兼容，同时，体现仙居民间百姓宗教信仰，生活理想、文化观念、审美趣味的风俗题材也十分丰富。

仙居石窗的重要价值在于，艺术价值：窗花造型或几何化以高度的概括、夸张、追求物象的形式美感，达到形象与抽象的和谐统一，营造了视觉上或庄重或生动或华美或清雅的美感。民俗价值：它题材丰富，广泛体现了仙居民间百姓的人文风貌，是研究仙居民俗文化极其宝贵的非物质文化遗产。学术价值：它是中国传统石窗文化的活标本，具有重要的文物史料价值，对研究吴越文化和江南美术史具有重要学术价值。审美价值：它融绘画、雕刻、建筑等艺术于一体，具有很高的审美观赏价值。

仙居石窗文化具有深厚和广泛的影响，其产品不但用于当地，还远销沪杭、瓯闽等地。蕴含丰富石窗文化的皤滩古镇、高迁古村落分别于 2000 年、2006 年被省政府公布为省级历史文化村镇。

2007 年 6 月，仙居石窗被列入浙江省第二批非物质文化遗产名录。2008 年 6 月，仙居石窗被列入台州市第二批非物质文化遗产名录。

三门石窗

三门石窗的雕凿艺术，源于明清时期，当时蛇蟠岛盛产浅灰、淡红色的石料，质地柔韧细腻，既易雕琢，又宜装饰，聪明的石匠们把它精雕细刻成寓意深远、精巧绝伦的各种石窗。加上当时水运方便，实用美观的三门石窗迅速遍布三门湾畔的宁海、象山等县，而如今保留最多的要算是三门县城海游镇了。

三门石窗，风格独特，粗犷中见异趣，工艺讲究，能工巧匠的高超雕凿手法赋予石窗透气、采光、防火、防盗的功能，既美观又实用。石窗的图案注重表意，如龙凤呈祥、年年有余、麒麟送子、刘海钓蟾、双龙戏珠、凤穿牡丹等等，体现了人们对美好生活的向往。其中经常可看到的蝙蝠、梅花鹿和老人的图案，则反映了人们对传统福、禄、寿、喜的追求。

经过六七百年的风风雨雨，三门石窗这朵民间艺术的奇葩，依然随处可见。然而随着现代建筑的兴起，古城拆旧建新，铝合金、塑钢窗代替了古老多姿的石窗，再过几年几十年，在现在看来还是平凡的石窗，将会在人们的视线中消失，那将是无法挽回的遗憾。因为三门石窗留给后人的不仅仅是石窗，还有别的更多的东西。

2006 年 6 月，三门石窗被列入台州市第一批非物质文化遗产名录。2007 年 6 月，三门石窗被列入浙江省第二批非物质文化遗产名录。

临海泥塑

临海泥塑流传于临海杜桥一带,已有几百年历史。临海泥塑传承人朱吕贵擅长戏文泥塑,作品塑造的泥人形象丰富多彩、千姿百态,造型丰满、浑朴、简练,神情生动拙朴可爱,具有浓郁的地方特点。

泥塑采用特制的竹木材质手扦,泥土经锤炼,堆叠造型,以点、压、塑、捏等诸多手法堆塑而成。素彩人物朴素自然,彩塑泥人以“三分塑,七分彩”按照“远看颜色近看花”的彩塑要求,色彩上喜用大红、正绿、全黄、云清等原色,色彩搭配,对比强烈。线条流畅,文饰神奇,独树一帜,雅俗共赏。

2007 年 6 月,临海泥塑被列入浙江省第二批非物质文化遗产名录。

黄岩漆金木雕

黄岩漆金木雕是集木雕、彩漆和贴金等工艺为一体的传统美术，有着悠久的历史和鲜明的地方特色。据《台州地区志》记载，黄岩木雕始于南朝时期，当时南朝陈代高僧智凯在天台山开创佛教天台宗后，台州各地寺院林立，贴金木雕佛像应运而生。黄岩不少民间木雕高手纷纷从事寺庙的佛像雕刻和建筑装饰木雕。明清时期，黄岩漆金木雕盛极一时。20 世纪初，漆金木雕时兴时衰。新中国成立后，黄岩漆金木雕取得长足发展，广泛应用在佛像制作、民间建筑和家具上。

漆金木雕品既是欣赏品，又是实用品。一般分为家具、屏风、摆设、大小狮子、寺庙用品、建筑装饰、文房用品七大类。黄岩漆金木雕工艺流程包括：图稿设计、打坯、修光、油漆和贴金等工序。

传统的黄岩木雕属于装饰性雕刻，以平面浮雕为主，结合运用“深镂空雕”“透空雕”“透空双面雕”等十多种手法。雕工精细洗练、玲珑剔透。借鉴传统的散点透视、鸟瞰式透视等方法构图，讲究布局丰满，散而不松，多而不乱，利用线、面关系，突出主题，表现情节。漆金木雕的特色在于漆艺，主要依靠金箔和漆朱红进行装饰，修磨、刮填、上彩、贴金等工艺都十分讲究，故有“三分雕刻，七分漆艺”之说。佛像木雕、建筑木雕、家具木雕等，已形成较完整的艺术风格和装饰手法，体现了浙东地方民俗风情和宗教历史文化。漆金木雕具有较高的审美价值和文化价值。

2008 年 6 月，黄岩漆金木雕被列入台州市第二批非物质文化遗产名录。2009 年 6 月，黄岩漆金木雕被列入浙江省第三批非物质文化遗产名录。

台州刺绣

台州刺绣的发源地在海门，因此又叫“海门雕绣”。起源于光绪三十二年(1906年)，由海门天主教孤儿院向女教徒传授西方十字绣开始，台州刺绣在吸收外来文化的基础上创造了抽绣、拉绣、雕绣、镶贴等刺绣针法，逐步形成了独特风格：图案秀丽、花形多姿、针法活泼、绣工精细。其绣品不但立体感强且镂空部分更是玲珑剔透、独具风格，在中国刺绣工艺上独树一帜。与中国四大名绣相比，台州刺绣以独有的“雕平绣”而称誉海外，国际上称之为“东方瑰宝”。

台州刺绣是中国民间刺绣的一种特创，是早期中西文化交融的一个见证，是国家非物质文化遗产之一。以雕、包、绕、抽、拉、镶、拼等技法绣制而成的产品，誉冠全国同行。

2006年6月，台州刺绣被列入台州市第一批非物质文化遗产名录。2007年6月，台州刺绣被列入浙江省第二批非物质文化遗产名录。

临海剪纸

临海剪纸于宋末元初，由来自天津一张姓男传入临海永丰镇。至清代，张家剪纸有了较大发展，内容多为吉祥图案。

剪纸使用的工具和材料简单，也极为普及，取材多为五谷丰登、六畜兴旺、鸟兽花草、传说故事、历史人物及吉祥图案等。剪纸根据用途而命名，贴在窗户上称“窗花”，贴在门楣上称“门贴”，其他则如帽花、鞋花、肚兜花、枕花、伞花、谷仓和菜柜上的“五代元宝花”等。采用生动、夸张、变形等手法和简练的线条，做出富有装饰性的艺术形象，生动地体现了人民群众朴实、纯真的思想感情和审美情趣，有“一剪之巧夺神功，美在民间永不朽”之美誉。

临海的剪纸，现大多保留在偏乡僻壤的山区农村和沿海地带，其作品大多根据民间习俗和个人审美喜好，在传统的剪纸的基础上，超越仅为装饰作用的应用范围而创作。如今，剪纸艺术种类繁多，有黑白剪纸、套色剪纸、分色剪纸等，其突出的特点是精美雅致、构图完美、线条刚劲，注重线面结合，在严谨中见灵巧，在精细中见匠心。

临海剪纸传承人颇多，目前，较有名者有张秀娟、钟显林、周学招等人。张秀娟系浙江省剪纸艺术协会会员，她对剪纸情有独钟，历年来致力从事剪纸艺术，博采众长，孜孜以求，剪法精妙入微，人物形象灵动飘逸、典雅精致，形成自己独特的艺术风格。

2006 年 6 月，临海剪纸被列入台州市第一批非物质文化遗产名录。2007 年 6 月，临海剪纸被列入浙江省第二批非物质文化遗产名录。

黄岩剪纸

台州黄岩的民间剪纸既带有南方剪纸纤细秀丽的风情，又带有北方剪纸拙朴浑厚的风格。线条疏密有致、形象生动活泼，橘乡黄岩的剪纸有强烈的地方风格，新题材与传统风格相结合，是浙江剪纸重点创作区域。

黄岩的手工造纸(品种有藤纸、玉版纸)在唐代就负有盛名。黄岩民间剪纸在宋元时就已盛行。黄岩的民间剪纸渊于海、山、平原兼备的自然环境以及宗教习俗等多方面因素，其中反映民俗风情的剪纸和祝福祈安剪纸尤其具有代表性。

橘乡黄岩民间风情剪纸按内容和题材大致可分作两类：一类是应用于日常生活用品和喜庆节日的民俗风情剪纸。民间剪纸适应民间的岁时节日。民俗需要剪纸，剪纸服务民俗。黄岩灵石寺塔出土的民间刺绣残片上就可清晰地看出，早在五代，剪纸纹样已在民间绣品上应用。古时，黄岩橘区，特别是澄江一带，除夕给橘树挂上用纸剪成的各式“千张”，表示给压岁钱。至今在祭祀时，空屋、花篮、纸钱以及纸糊的明器也少不了民间剪纸艺人的手艺。黄岩城关大寺巷染坊中剪纸图案广泛应用于蓝印花布上，深受百姓欢喜。十九世纪末，外国传教士将意大利的抽纱刺绣引入台州，于是黄岩、海门一带的刺绣花样迅速流传，民间剪纸作为刺绣纹样,被广泛地应用到台布、茶垫等产品上去。这是台州民间剪纸首次应用在出口抽纱刺绣工艺品纹样上。

另一类是应用于祝福祈安的宗教剪纸。黄岩民间剪纸历来与宗教信仰祈福活动有关。黄岩沿海的人们,为了祈求平安,保佑出海渔船安全,做佛事时在庙宇廊檐下门楣上挂上剪纸门笺,古代称之为“门彩”“斋牒”“挂钱”,人们祈盼它具有“压胜”作用。

2008 年 6 月,黄岩剪纸被列入台州市政府第二批非物质文化遗产名录。2009 年 6 月,被列入浙江省第三批非物质文化遗产名录。

温岭海洋剪纸

温岭海洋剪纸流传于温岭石塘镇和太平街道这两个区域。以海洋文化为主要题材的民间剪纸艺术，体现了温岭独特的海洋文化、自然风貌、风土人情和人文历史，作为民间优秀传统文化的活态传承载体，取材于生活，创作风格夸张浪漫。

温岭海洋剪纸的基本特征是：1. 浓郁的海洋地域风情，具有强烈的渔业文化和海洋人文情怀。2. 鲜明的创作风格，构图均衡饱满，对比强烈，刚柔相济。3. 稳定的艺术形态和传承群体。温岭海洋剪纸追求明快、洗练、概括，注重强烈的装饰味和抒情性。在石塘镇，以郭献忠为代表；在太平街道，以韩伟、陈荣新、林荣文为代表。

温岭海洋文化历史悠久，过去逢年过节，人们要剪纸花贴在门窗、墙壁和彩灯上。建房上桁，亲戚间送礼，婚丧嫁娶红白喜事等，都要剪、贴纸花。如在婚礼中，大橱门、前开箱箱门、铜火炉盖、猪肉（送轿前肉）背、酒吊（坛）、玻璃镜等每一件嫁妆都要贴盖大红的剪纸花。剪纸已成民俗中不可缺少的内容之一。剪纸真正成为一门艺术有据可查的是19世纪末20世纪初的释云兰和释月行两位师太。释云兰出家太平福寿堂，抗日战争期间被人们誉为“剪纸尼姑”。释月行出家真福庵，人称“月行大师”。目前，温岭海洋剪纸群体中的代表性传承人有：韩伟，擅长细纹人物，作品有《神雕》《两棵丁香花》。郭献忠，擅长徒手剪，题材多以渔民的生产、生活情景为主，作品有《郭献忠剪纸集》《剪刻心花》，被授予新中国剪纸艺术家、浙江省民间艺术家、全国“十大神剪”称号及获终身成就奖。陈荣新，代表作品有《逐鹿沙滩》《渔家新影》《能忆天涯万里人》。林荣文，代表作品有《海子》《农家女》等。

温岭海洋剪纸一是具有较高的欣赏价值和收藏价值。在风格上游走于传统和现代之间，不固守一种风格，不沿袭一种式样，不断求变更新，既吸收北方剪纸的粗犷豪放，又兼容南方的细腻纤秀，具有较高的艺术欣赏价值和收藏价值，对现代装饰设计有参考和借鉴作用。二是使活态的优秀民间文化传统得以广泛传播。温岭海洋剪纸有着广泛的群众基础，在民间具有广泛的影响力和持久的艺术生命力。1989年和2001年，温岭先后承办了浙江省第三届民间剪纸年会和浙江风情剪纸展。据不完全统计，温岭海洋剪纸在中国西湖美术节等各类大赛上共获100多项金、银、铜奖；有4000多幅作品在《美术》等报刊上发表；有300多幅剪纸被中国美术馆等多家博物馆收藏；有300多幅被编入《中国剪纸选集》等20余种专辑；有100枚剪纸藏书票被定为第11届亚运会礼品；还有不少作品漂洋过海，远赴瑞典、日本、丹麦等国参展。

2006年6月，温岭海洋剪纸被列入台州市第一批非物质文化遗产名录。2012年6月，温岭海洋剪纸被列入浙江省第四批非物质文化遗产名录。

玉环剪纸

玉环县素有“剪纸之乡”的美名,20世纪初有剪纸摊,民间称之为剪纸花样。20世纪50年代,剪纸爱好者在龙溪乡山外张村设了个名闻台州的剪纸摊,剪纸爱好者的剪纸作品常登载在报刊上,并被《苏联画报》转载。20世纪60年代,楚门、坎门、龙岩、城关相继成立工艺社、工艺美术厂,剪纸业开始转为商品性生产。

玉环剪纸多以禽兽、花卉、人物、山水以及民间故事为题材,采取夸张变形、概括简练的表现手法,具有强烈的艺术感染力。在南方流派的剪纸中,与江苏的扬州、金坛和广东的佛山同享盛名,以线条细腻、纤巧秀丽、玲珑剔透著称。

玉环剪纸大都用锋钢刀或高碳钢刀在蜡盘上刻制,一刀能穿透二三十张纸层。玉环剪纸分剪和刻两种,剪纸用剪刀剪出,有鞋花、帽花、肚兜花、绣球花、帐前花等;刻纸用刻刀刻出,早为单色刻纸,后经创新发展出点色剪纸、套色剪纸,形成玉环剪纸独特的艺术风格。随着工艺的更新,玉环新老剪纸艺术工作者在传统的单色剪纸基础上,形成了套色剪纸、点色剪纸的工艺特征和书签剪纸、贺年卡剪纸等独特的剪纸形式。其工艺特征是刻与染相结合,剪与贴并用,以线条简练、色彩艳丽著称,形成剪纸艺术中的刻纸与染纸、剪纸与贴纸相结合的艺术风格,体现了玉环剪纸精湛的凿刻技艺和独特的审美情趣。

玉环剪纸在港澳地区,以及国外也享有盛誉。雕刻书签《中国名胜》等作品在全国旅游工艺品评比会上获奖。刻纸书签《红楼梦》《嫦娥奔月》等被评为台州旅游优秀产品二等奖。剪纸《鹤寿图》(四条屏)在美国展出,成套的日本、瑞典风光和法国的《麦乃珂公司图景》也十分畅销。

2010年6月,玉环剪纸被列入台州市第四批非物质文化遗产目录。2012年6月,玉环剪纸被列入浙江省第四批非物质文化遗产目录。

陈世君微雕

陈世君微雕是指温岭市太平街道陈世君的微雕技艺。陈世君能在一块不足50平方厘米的小石片上刻写出数千个字。伴随着微雕的还有微书,能在一颗芝麻上书写十多个字。陈氏微雕虽然历史不长,但影响却较大。

陈世君微雕的作品有:《党的十四大报告全文》(4万余字),《八届人大政府工作报告》(2万余字),《中国妇女状况白皮书》(赠送世界妇女大会),《唐诗三百首》和《西游记》等。人民日报海外版、中央电视台、中国青年报、中国农民报、浙江电视台、台州日报等新闻媒体都对其做过报道。

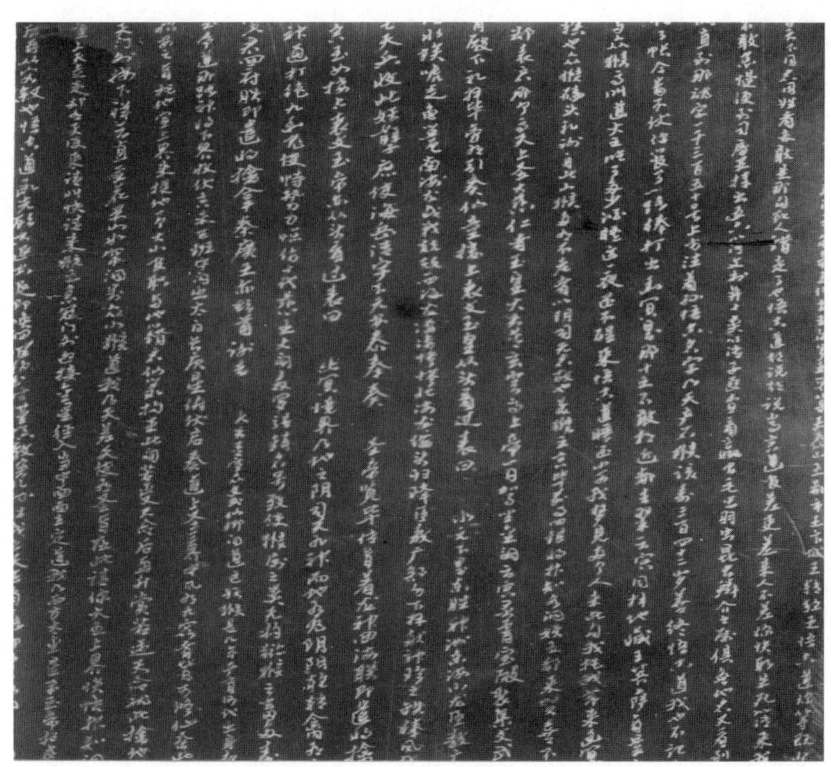

陈世君微雕的特征一是刻写技艺独特,能在一粒米上刻写两首七言诗,刻制过程中不用放大镜,全凭意念运作于针尖一气呵成。二是选料和加工独特,一般选用冻石,用手工锯成厚约3毫米、宽450～500毫米、长900～1000毫米的小片

石,用锉刀锉薄锉平,用水砂纸磨平,然后整边、打蜡、抛光后即可用。三是在于它的研究价值,尤其是意念运作于针尖的刻写技法,就值得很好研究。

陈世君微雕作为一种精美稀有的民间美术工艺品,具有一定的收藏和欣赏价值。同时还在于它的社会效益,那些带有浓重政治色彩的微雕作品,通过媒体的介绍,一定程度上提高了当地及其陈本人的知名度。

陈世君从20世纪70年代开始,由微书转向微雕。但是目前,陈世君迫于生计,加上身患低血压病而放弃该独门技艺。温岭市非遗保护工作相关部门,正在采取各种有效措施,努力想把此项技艺保存和传承下来。

2006年6月,陈世君微雕被列入台州市第一批非物质文化遗产名录。

门神画

玉环门神画源于何时已无从考证。清代雍正五年(1727 年),玉环终于平息了海匪之乱,邻近各县民众纷至沓来,形成各个民众聚居地,人口骤增。由于各种籍地的民众聚居,宗法观念较重,而各姓氏宗族必设宗祠,宗祠的大门大多绘有门神,以守护家园,祈求平安。因此,玉环的门神画多见于庙宇的大门。据《玉环县志》记载,清末至 20 世纪初,玉环门神画在本地庙门上到处可见,流传甚广。

玉环门神画在选题上大胆创新。民众相信门神有消灾辟邪功能,他们和全国各地的民众一样,把唐代的秦琼与尉迟恭视作门神的化身,作为门神画的基础。尔后,在人物选题上予以扩展,加入了罗成、单雄信、杨林、程咬金等一批唐朝历史风云人物,再后来发展到女门神穆桂英、梁红玉、花木兰等一批巾帼英雄,体现了玉环民间绘画艺人丰富的想象力和脱俗的创新精神。

玉环门神画制作工艺比较独特。民间画师们用油漆、油画等材料在木板上打底、上色作画，用沥粉工艺勾勒线条，还用玻璃、塑料、金属等材料镶嵌人物的衣饰、铜镜、铠甲，使画面更具真实感和装饰性。许多画师还吸收了瓯塑的制作工艺，用油泥堆塑门神作品，使人物及其衣饰更具立体感。玉环门神画既吸收了西方油画的技巧，又融入了中国传统年画的韵味，画中体现的透视、解剖、明暗等技巧都颇见功夫。

至近代，以高正才、张伯琴为代表的一批画师在长期的艺术实践中，形成了独特的创意和严谨的画风。在门神画制作上，展现了精湛的技艺、细腻的手法、色彩艳丽的画面、神形兼具的人物形象，令人叹为观止。

随着现代工业艺术品的兴起及庙宇的减少，老一辈艺人相继逝去，年轻一辈后继乏人，玉环门神画这门技艺已面临失传，亟待加以保护。

2006 年 6 月，玉环门神画已被列入台州市第一批非物质文化遗产名录。

玉环贝雕

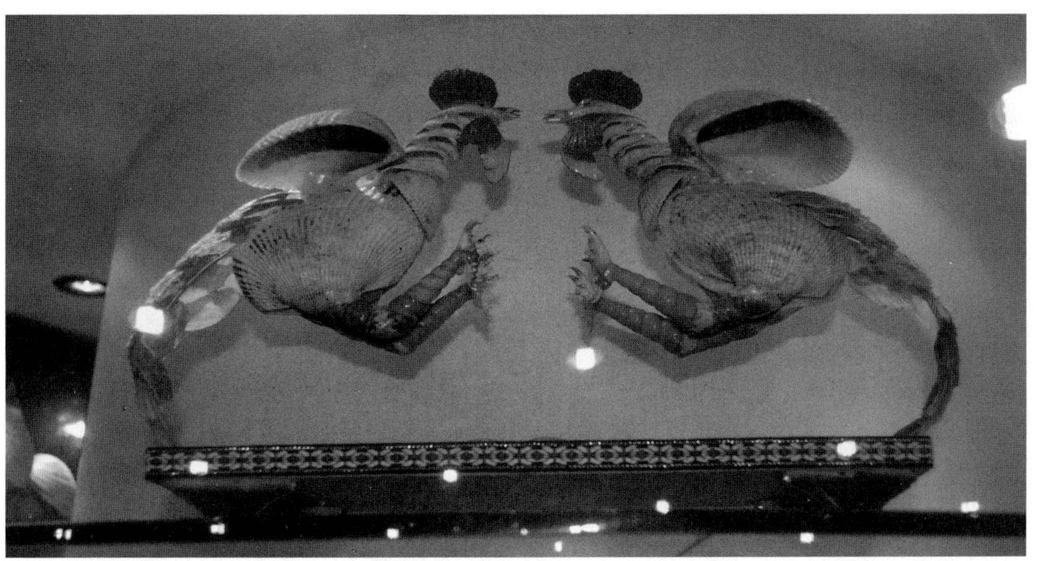

贝雕是玉环“三绝”(岩雕、贝雕、根雕)之一,一直以来享誉海内外。玉环贝雕,巧妙地将人与大海结合起来,贝雕是海的绮丽与传统文化智慧的结晶,具有贝壳的自然美、雕塑的技法美和国画的格调美。自古而来记载着人与海的故事,传达着人们对美好明天向往和期待。玉环贝雕不同于青岛、大连等地的贝雕,其他地方的贝雕是在贝壳上雕刻出各种图案,而玉环贝雕确切地说是贝塑,是用贝壳作为一种素材,塑造成各种造型,是一种造型艺术。

玉环贝雕以坎门民间艺人郑高金为代表,郑高金凭着对海洋工作的眷恋和对贝雕艺术的执着,专注于贝雕创作和海洋生物标本制作。多年来他创作了《东方巨龙》《济公塔》《海象》等 400 多件融趣味性、知识性、观赏性、艺术性于一体的贝雕作品。1994 年、2009 年,中央电视台“东方时空”和“欢乐中国行”栏目组曾来坎门拍摄玉环贝雕。

2009 年玉环县在漩门湾观光农业园设置了贝雕专题展馆,藏馆内展示了 500 多种贝壳、500 多件海洋标本以及 240 余件贝雕艺术品。

2006 年 6 月,玉环贝雕被列入台州市第一批非物质文化遗产名录。

白塔石雕

在仙居县白塔镇，随处可见石雕：寺宅的廊柱、门墙、牌坊、墓葬等处的石装饰。在创作手法上，白塔艺人将圆雕、镂雕、高浅浮雕、线刻等技法交替运用，加之精雕细刻，使石雕作品变成具有"精、细、美、奇、真"特点的工艺品。

石雕亦称"石刻"，最初是仙居石匠为了生存需要而打制的石器，后随经济发展，文化融合，再加上人们审美追求的提高，各种雕刻技法得以充分运用，技艺不断得以发展，通过在石材上雕刻纹饰，展现艺人的文化内涵和工匠的高超技艺。仙居石雕经历了一个漫长的发展过程，仙居县的下汤遗址(距今 7000 年)就已发现先人使用石器的痕迹，至商周时代已日趋成熟，后来石雕技艺被广泛运用在建筑、桥梁、坟墓上。从仙居历代均遗留石雕作品中不难看出仙居石雕的发展历史，断桥村的石牌坊，官路镇宋代吴芾墓前的神道碑、石人，后仁吴氏大宗祠堂的石狮，高迁大宅门的石雕。

白塔石雕是仙居石雕的浓缩，它具有使用的广泛性、工序的复杂性、技艺的精细性，作品的地域性等特点。它的形成与发展有其历史与文化因素，也有其自然环境的因素。仙居县地处浙江省东南山区，白塔镇位于仙居县西部，距县城约 20 公里，民居依永安溪而建。在古代，为浙东南古盐道必经之路，初为埠头，逐步发展成商埠，这里曾经经济繁荣、商贾云集，是经济与文化的集散地，商业的交流为白塔石雕提供了强大的文化支持。但毕竟是古盐道，在古代，受生产力条件的限制，交通条件就显得相对比较闭塞，再加上"八山一水一分田"和亚热带季风湿润气候，为此技艺的传承、使用与发展提供了必要的条件。正是因为石材的运用才使古民居建筑免受雨水侵袭而得以长久保存。

白塔传统石雕技艺基本有五道工序:构思、选料、打荒、造型、刀工。头两道工序是可以不分先后的,可以根据现有的石料造型、大小,设计作品,俗称因材、因用施艺,是边制作边设计的过程,工匠根据石头大小、纹路走向、石质结构及用途构建思路。第三道工序是根据造型要求,用大号钢钎雕去较大的多余部分,把作品的基本轮廓造型粗加工出来;第四道工序是用较小的钎子雕刻出细部造型。第五道工序是用刻刀进行精细加工,要求刀工平整,线条流畅,不留白点,刀与刀交接处不重刀,凹部分用圆刀方刀。更高级的石雕还有打磨这一道工序。

2006 年 6 月,白塔石雕被列入台州市第一批非物质文化遗产名录。

玉环船模

玉环船模的历史可以追溯至19世纪末20世纪初。玉环位于浙江省东南沿海黄金海岸线中段,历来是海洋渔业生产的重点地区。元明以来,随着海上交通工具和船运的发展,妈祖的信仰随之传播。玉环坎门为闽浙海上交通要冲,随着文化交往的日益频繁,玉环渔区信奉妈祖的民众愈来愈多。在神庙中供奉船模几乎成为一种习俗,于是,船模制作这一民间特有技艺逐渐形成。

玉环船模的制作技艺含有多元因子,混杂了家族传承和师传相结合的传袭方式。船模多为浙闽一带的江南船型,人们以海洋渔业生产的各类渔船为原型,按照比例缩小,仿真制作。船模工艺精细,综合了木工、美工、雕工等技艺,制作流程大致可分为画图纸、放样、切料、上龙骨、架横梁、上模板、安装附件、打磨、油漆、点睛等工序。在制作材质上主要使用不易腐烂、木质硬、较易成型的樟木,在制作工具上则用手锯、斧、刨子、锤子、榔头、凿、钻等传统器具。

随着社会经济的发展,铁制机动渔船逐渐取代了传统的木制渔船,木制渔船制造逐渐退出历史舞台。原先的造船师傅不再造船,只制作船模,渐渐地,他们就成了掌握船模制作工艺的专门工匠。

玉环船模因其造型精美并系统展示了渔业生产的发展史,自1957开始,陆续被杭州展览馆、中国航海博物馆收藏。其中,“南排山之战”船模被收藏在中国革命军事历史博物馆。

玉环船模具有民俗价值、美学价值、历史研究价值和收藏价值。随着社会经济的发展,庙宇供奉船模日益减少;船模制作是木工、美工、雕工的综合技艺,对技术要求较高;船模制作这项手工技艺的经济收入不足以维持生计,因此后继乏人。

2006 年 6 月,玉环船模被列入台州市第一批非物质文化遗产名录。

温岭草麻编

温岭草麻编工艺，是利用天然的植物纤维为材料，经拧、缠、勾、编、钉、缝等几十道工序手工制作而成，具有传统的民族和地方特色。

据《诗经》和《考工记》记载，西周至战国时期已有纻麻（苎麻），其茎皮纤维韧如筋，沤后可以织布，还可编织成线绳和鞋、帽及其他用品。汉代，苎麻种植已很普遍。现在，中国大麻的种类很多，有苎麻、亚麻、黄麻等。用于麻编的以传统的苎麻为主。通常是将苎麻的茎皮纤维经加工、漂洗后编织成工艺品，或者纺成麻线再编织成工艺品。

自清代以来，中国麻编以浙江台州、宁波为主，台州以温岭为主。20 世纪 40 年代，温岭生产的麻编草帽，以马尼拉的麻为原料，工艺精细，色泽光亮如同丝绸，体轻质软，富有弹性，在国际市场上被称为金丝草帽。1980 年以来，温岭又积极开发和利用南方产的剑麻、黄麻等新原料，试制成功剑麻帽、黄麻帽。温岭麻编在工艺上，除了编织外，还以钩针编结工艺编成提包、门帘、靠垫、灯罩、杂志架、信插、旅游吊床、餐垫、盆套等日用品，以及壁挂、墙饰等欣赏品。麻编工艺品以天然植物纤维为原料，不仅美观，而且具有吸潮、凉快、坚韧、不易腐蚀等优点，因此很受欢迎。

温岭草麻编工艺基本特征：一是能耗低、无污染、绿色环保，工艺草编帽采用纯天然草料制作，编织生产过程与佩戴使用，没有污染。二是既有传统工艺又有现代技术、取材方便，手工编织帽坯，现代工艺深加工，是传统手工与现代工艺的有机结合，草料在本区域易生易长，取材方便。三是品种多、花色全、技艺精湛，广受客户青睐。

近年来，随着现代工业的发展和机械化程度的提高，手工编织的草麻编工艺被忽视，传统的草编技艺后继乏人，面临失传的窘境。因此，保护传统的草麻编技能，培育年轻一代草编接班人，已迫在眉睫。

2010 年 6 月，温岭草麻编工艺被选入台州市第四批非物质文化遗产名录。2012 年 6 月，温岭草麻编工艺被选入浙江省第四批非物质文化遗产名录。

岭根草编

临海市岭根村王氏自元大德年间从台州府城黄甲巷迁来，有七百多年历史，自古勤耕俭作，在种植稻、麦的同时，间种席草，以其为原料，手工编织成草帽、蒲扇、草篮及草鞋等日常生活用品。在此基础上，传统草编技艺也应运而生。历史上，岭根村的妇女利用农闲从小就跟母亲学习编草帽和蒲扇，草编能够遮挡炎炎烈日，能够扇热驱蚊，有时也拿来馈赠亲朋好友。后来编得多了就少量出售产品，慢慢地形成了家家户户编织草帽的趋势。

岭根手工制作的草帽、蒲扇，美观大方，结实耐用，图案草编工艺复杂，种类齐全，独具地域文化特色。按其成品可分成草帽系列、蒲扇系列、草篮系列、草鞋系列及菜垫系列。其中草帽系列可分鸭舌帽、桂花粒、瓦檐头行、方块箍筒、四粒花、木头花等，蒲扇可分为八角金盘、栀子花、枣干娘、五角星等等。草帽系列按其结法则可分为长头、圆头、压八、小玉叶、花凉帽、麻三、顺风、平板。以结草帽为例，可分为选草、起头、结帽顶、捏麦鼓、直筒、结花、压檐、结檐头(放篾)、倒构、散边、收草等步骤。

自20世纪60年代开始,产品就远销海外,深得消费者的喜欢。但是,草编效益低,每天编2顶草帽或7把蒲扇已属不易,年轻人几乎都不愿意从事这项既费力费时又赚不到钱的手工技艺,加上大多数传承人年老体弱,青黄不接,传承无人,面临失传。

2012年6月,岭根草编被列入浙江省第四批非物质文化遗产名录。2014年6月,岭根草编被列入台州市第四批非物质文化遗产名录。

桐屿草席编织

《黄岩县志》和《路桥志略》载:草席,宋代始编,已有 800 余年历史。清光绪年间(1874 年),桐屿曾经出现过一位心灵手巧的“草席女”,她所编织的草席被列为世之贡品,还曾献给慈禧太后,被封为“草席娘娘”。到了 1933 年,全县从事织席 1.1 万户,1.8 万人,产席 48 万余条,以桐屿、横山头、店头、院桥为多。1942 年,产席 100 多万条,销往宁波、福建、上海及长江以北城市,还出口东南亚各国。20 世纪 60 年代,全县参与织席者大约 7500 人,每年出口 1.8 万条纱经草席。

很多人都对桐屿草席赞不绝口,主要是因为该草席纹理精密、光滑挺括、吸汗力强。据悉,草席按规格一般可分为 16 双、22 双、24 双等 16 个品种,这可以方便定制大小不同的草席。产品主要分为两大类,即硬席和软席。硬席主要是以黄麻、苎麻或纱线作经线,席草作纬线,质地柔软,并便于卷筒,大多用作床席。而软席则用席草或咸草织成席片,有润幅、织花等品种,可以裁剪和卷折,一般用作沙发席、枕席、餐席、座席等,其编织方法以木制席,手工生产为主。

草席看上去简单,其编织工艺却很讲究,需要经过 9 道复杂工序织就而成。草席编织工艺流程具体可分为种席草、晒席草、席草分类、掰席棵、拍草衣、纺麻线、编草席、草席制筘、做席等。各工序依次配合,才能织就最完美的“连线”效应。

每道工序都是个细致活和技术活，以掰席棵为例。该工序需要用铁制的席草刀将席草穿心而过，再用另一只戴着席草箍的拇指，顺着刀口下方被穿过的席草缝隙伸进去，用另外 4 指抓紧，然后拿刀的手往前伸，抓席草的手向后拉。掰的过程中，双手所用的力度要恰到好处才行，随着响亮的声音，席草就被撕成两片。掰席草者技术的好坏，对日后能否编出质量上乘的草席起着关键性的作用。

编织草席时，席草只是作为纬线，作经线的是以麻或苎为原料纺成的线，被称为“缨”，也就是麻线。麻线的制作需要耗费大量的人力，好在这活不需要太精湛的技术，不分季节，不分男女老幼，都能派上场，要做的就是把麻掰成线般粗细。在掰麻之前，需要将麻放在石墩上，用大木槌尽力捶打，直到麻变得柔软为止，因为这样的麻既不会割伤双手，也更易于将麻掰得均匀。然后，用络麻丝拍将麻丝拍干净，接着就可以着手纺麻线了。

纺好麻线，随后就是重头戏编草席。手工编织草席需两人一组，此外还要一人打下手，负责一些杂务。当主角的两人中，一人坐于席机的右侧，先将麻线根据草席的宽度，绑于织机和织箍之间。接着，一人持箍添(即一种长度约 1.5 米，宽度为 0.05 米左右，用毛竹制成，并可随意调节长度，专门用于编织草席的工具)添草，一人拿着席筘。席筘是一种木质工具，编席时经线需要从席筘齿间通过，它的作用是由持席筘人把席草压到席机上。编织的两人虽说是分工合作，但也需要十足的默契来配合。

好看的草席也需要些花色来搭配，而花色则取决于筘，制筘人将筘分为单筘、双筘、板筘、花筘等。一张草席编织完工后，还需用手去掉那些毛边，进行最后平整。一张草席大概需要草丝 3 至 4 斤，麻线 4 至 6 两。

与许多民间传统工艺一样，桐屿草席这门工艺既养育了一代又一代的桐屿人，也给桐屿带来辉煌。这十几年来，草编手工技艺因机械化操作，逐渐退出了历史舞台。如今的桐屿，手工编织者越来越少，亟须抢救保护。

2012 年，桐屿草席编织工艺被列入浙江省第四批非物质文化遗产名录。

临海金漆画

临海金漆画，也称“描金画”，流传于临海一带。它装饰于眠床屏风、衣橱门饰、木器家具等传统古典漆器上，是集绘画、油漆、贴金等多种艺术于一炉的民间手工技艺。

制作描金漆器家具，是旧时临海各村儿女婚嫁时必不可少的一件大事。富家往往礼请细木、箍桶、雕花、竹工(篾匠)、铜作、银匠、锡匠、漆画匠至家制作儿女婚嫁家具，不计工料，以好为度。主人对匠师优礼有加，匠师们各施绝艺，争巧斗胜。匠师带新徒进门，三年半后徒弟已经出师，而家具还未完成，可以想见“红装”用工之多。漆画是“红装”最后一道工序，故极为重视。

漆画传统分类有金漆画、粉彩勾金画、堆漆贴金画、铲花画、沥粉画、螺钿贴画、嵌壳画、骨嵌画等。最富丽堂皇的是金漆画，其画作色泽为黄色金，间以少量深色金、浅色金，描绘于深色漆底上，再局部晕染淡彩。描金画多绘于衣橱门、套箱、花眠床锦屏、果盘、冬夏篮、桶类、竹编等器物上。成品金碧辉煌，为“红装”添姿增色。

据流传至今的台州本地古旧婚嫁家具的漆画考据，金漆画是三分木，七分漆(画)，因金箔千年不变色，描绘于古漆器上，有增加喜庆氛围的视觉效果，在浙东南一枝独秀。金漆画制作材料主要是生漆熟桐油、银朱、石绿、钛白粉等矿物质颜料和真金箔、银箔等，以淡彩晕染于金银箔上，配合各道工序技法处理，再以生漆调研油烟灰勾描而成，工序繁复，有时一道工序要反复多次、叠加，钩线用生漆加墨煤粉，有凸感，线条经百年不磨。成品远看金碧辉煌，近观纤毫毕现，生动传神。所描绘题材以人物、花鸟为主，旁及山水、走兽、龙凤、博古、虫鱼等形象。

清末至20世纪前半叶，金漆画达到鼎盛。其间，漆画界有台州“四鼎甲”之说，即椒江下陈镇阮丹城、阮伯瑛父子，陈莲舟，温岑，陈吉泰。阮伯瑛徒弟路桥人夏笑春也四艺俱精(漆画纸扎、塑佛)，还有陈培生和受聘宁波工艺美术厂的方明祥等。临海杜桥金漆画名师有金吕灿、金福泽、囡仙、林建明、陈步云、绿仙、金守松、金守祥，均受同行所尊崇。

金漆画基本特点：金漆画是附丽于漆器上形成金碧辉煌的视觉效果，有赏心悦目的艺术效应，近观细针密缕、纤毫毕现，远望流光溢彩，与古典家具器物的木工艺术、木雕，巧妙结合，可臻珠联璧合之艺术化境。金漆画钩线用生漆松烟灰线条凸起，可历经百年而不磨损。在真金箔上钩线，金色百年不变色，是古漆艺的最高层次，几乎可适应一切古典木器上的施绘。定位于描写古时农家生活情趣方面，适当参以朱金漆木雕设计，勾线造型，先立题，据题立意，经营布局，画草图，再“按图索骥”参考旧家具用具衣服、装饰物。在描绘风物上，对古屋宇、村落桥梁、路廊等，要先依据照片、写生稿做出总体布局。尽量不作凭空想象，力求保留本地风物原貌，再现历史真实面目。制作材料是纯金箔，佐以少量银箔、生漆等高档矿特质颜料。

新中国成立后，随着时代的变革和人们审美观念的改变，漆画这一古老艺术逐渐淡出公众视野，需求量减少，名师相继谢世。传统朱漆器日渐稀少，技术濒临失传。目前代表性传承人是杨吕富，他自学美术创作，后拜金守松为师从艺髹漆行业，曾在临海漆金木雕厂负责朱金漆木雕出口产品设计。他带过三十多名学徒，髹漆彩画作品屡见于杭州抱朴道院、嵊山天后宫、湖州市新市镇觉海寺、河南少林寺等地。近年创作的金漆画《同灯纺读》台屏参加浙江省“工艺美术双年展”。金漆画《竹木花兰灯》参加“全国十一届民间灯彩”展演，荣获金奖；台屏《牧童睡去风翻书》被台州博物馆收藏。

2014年7月，临海金漆画被列入台州市第五批非物质文化遗产名录。

玉环渔民画

玉环渔民画源于20世纪50年代的坎门海岛渔镇，以玉环海岛渔业生产、渔民生活、民俗风情及民间传说为主要创作题材，是玉环独具特色的民间绘画。目前，玉环渔民画主要传承群体是玉环县渔民画会。画会在坎门一带非常活跃，在全县发展了近百名渔民画爱好者。

渔民画的诞生从一开始是为了配合各时期党和政府的政治宣传工作，如街头宣传画、漫画等，到20世纪80年代之后相继发展了国画、油画、油漆画、水彩画、装饰画等多种形式。其艺术特点：一、强烈的地域特色，浓郁的生活气息；二、奇妙的构图，夸张的造型，鲜艳的色彩；三、气韵生动，意境深远，线条粗犷、质朴；四、题材区域性、形式多样化；五、直抒胸臆，个性突出。

对玉环渔民画的保护与推广，既有利于对当地渔民、民俗、美学、历史的研究，也有利于增强下一代对区域文化的认同感与归属感。

2014年，玉环渔民画被列入台州市第五批非物质文化遗产名录。

佛像泥塑

佛像泥塑技艺,是天台民间古老的造型艺术,天台民间有募资造庙的习俗,几乎村村都有庙宇,并塑泥像。民间的泥塑工艺因此也一代代流传了下来。

佛像泥塑技艺选用木材、黏土泥、稻草、麻筋、棉花、矿石颜料等为原料,制成的泥塑作品色泽鲜艳耐久。

佛像泥塑技艺注重塑与绘的配合,其工艺流程为:(1)绘图,必须先绘制泥塑制品的图像,如果是泥塑群,还要有整体布局图。(2)钉木头支架,根据需要制作的造型,先钉好木头支架,细小且悬空的地方,则用钢筋、铅丝等扎好。(3)缠绕草绳,用稻草绳缠绕在木支架上,扎出人体形状。(4)头遍上粗泥,粗泥由黏土和相当的稻草合成,先用粗泥塑出大体轮廓。(5)第二道上泥工艺则是遍敷细泥,细泥由黏土、细沙及麻纤维合成,俗称麻筋泥。头遍粗泥彻底干燥后加细泥,这一道工艺可将塑像的体积、形象、神态、塑造完整。(6)加棉花泥,棉花泥由筛过的黏土、细沙及棉花合成,能使塑像表面光滑,没有裂缝。等到细泥干燥后,再加一层棉花泥,这道工艺要细致,基本上要做到位。(7)裱纸,为了使塑像更加坚固,待干透后,表面贴一层棉纸或稀纱布,更易上色。(8)上底色,等到完全干燥后,涂上胶质混合的白色底色。(9)沥粉线,用调好的白粉通过粉管沥在领口、冠甲、袖带、花纹等部位,俗称走粉线。(10)贴金、着色、敷粉。要贴金的地方要先贴金,然后上色。

佛像泥塑技艺主要是靠师徒之间言传身教,同时还要靠悟性和长期实践才能掌握。学艺人要有一定的美术天赋和功底。泥塑者在创作时,要融入丰富的感情,体现当地百姓的审美情趣。佛像泥塑技艺塑、绘并重,它以泥塑技法塑出形体,再用彩绘手法勾画细节。

1986 年,天台佛像泥塑技艺传承人徐俊贤创办了天台宗教艺术研究所,专门从事泥塑、生漆脱胎、彩绘、贴金、木雕等,其代表作品有天台高明寺的五百罗汉、宁海福全寺的五百罗汉、绍兴香炉峰的飘海观音、天台赤城山的济公院“济公百态”、国清寺观音殿 32 印、天台孔庙的“孔子和众弟子”等。2010 年,徐俊贤荣获“浙江省高级工艺美术师”、“浙江省民间艺术家”称号。

2009 年 6 月,佛像泥塑技艺被列入台州市第三批非物质文化遗产名录。

传统医药

章氏骨伤疗法

章氏骨伤科始创于清道光三年(1823 年),已传承七代,在正骨手法、中药内服外敷、杉树皮固定治疗风湿痹痛、骨折筋伤等骨伤疾病独树一帜,形成理论体系,成为骨伤科的一大流派之一。第五代传人章显法,融合现代科技,使传统骨伤疗法得到跃升。

章氏骨伤疗法临床时注重整体观,重视内脏气血等关系,重视摸诊,强调手摸心会。强调筋骨并重,有独特的点穴理筋手法。总结出了“正骨十法”,施术中手法要做到柔和、轻巧、沉稳、准确,达到“法之所施,病人知痛骨已拢”的境界。杉树皮夹板从选材到固定有严格的要求,完善了制作流程,具有便、简、轻、不易过敏、可塑性强、可透 X 射线等特点,利于早期功能锻炼,配用自制药膏消肿、固定、促进骨头愈合。

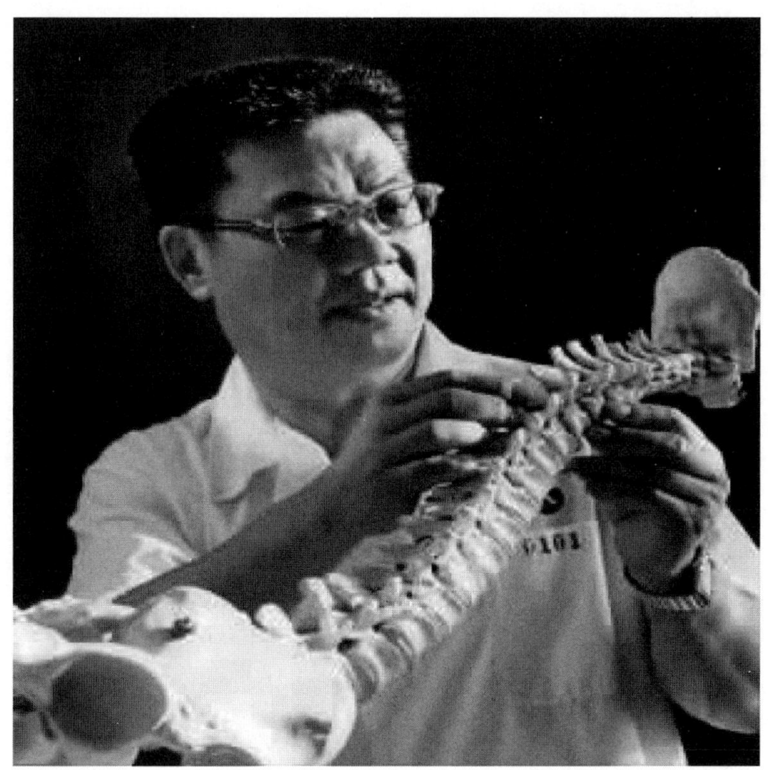

章氏骨伤科源于浙江东南多山沿海,湿气重,章氏中草药内服外敷具有祛瘀止痛、温经通络、促进骨折愈合的作用,针对沿海的湿邪有独特疗效,有南方区域特点。

章氏骨伤科和其他中医学科一样,正逐步被西医排挤。传承人已年逾古稀,急需培养优秀接班人,摆脱后继乏人的困境。

2011年5月,章氏骨伤疗法被列入国家级第三批非物质文化遗产名录。

蒋家山接骨

蒋家山接骨医术，是蒋氏祖上于清乾隆后期，从福建泉州南少林寺学到的接骨医术，再结合临床实践经验，逐渐积累而成，是民间传统接骨技艺在临海的遗存。在清代及20世纪上半叶，凡骨外伤病人前来就医治疗的，大都能痊愈。蒋家山接骨治疗的器具十分简单，有：竹夹、桑树皮（或纱布）、绷带、刷子；疗伤药有两样：米醋、接骨药粉（秘制）。它采取保守的正骨、外敷秘方、按摩等治疗办法。主要治疗技艺有两种：

高突复平。即肱骨、股骨因外力冲击而骨折引起筋腱收缩造成骨茬错位隆起的症状。治疗手法是：摸准部位，助手按住一端，医师以“稳、准、轻”的手法，采取伸拔，按摩对茬、捋平直至达到正骨状态，然后敷上蒋氏接骨药粉，用竹夹板固定绷扎即可。

碎骨复原。即骨段因受外力挤压或碾砸造成骨体破碎的症状。治疗手法是：在受伤部位涂敷自制的“止痛散”；待患者疼痛缓解、情绪稳定后，在助手配合下，医师用两手掌掬拢陷坑，十指凭经验和感觉分别用力、摸索碎骨，逐一将碎骨推拿端正归位；最后外敷秘制药粉，消肿止痛，活血祛瘀。

蒋家山接骨继承和弘扬了源远流长的中医骨外伤的传统治疗理论，以独特祖传手法和特效外敷药物相济，不开刀手术，不上钢板，以精湛传统医术治疗接骨，深受百姓认可。它与人们生活息息相关，是一份极其珍贵的传统接骨技艺遗产，它凝聚数代正骨人长期探索、实践经验，体现了悬壶济世的高尚医德，对研究江南民间传统接骨演进过程有着重要研究价值。

2008 年 6 月，蒋家山接骨被列入台州市第二批非物质文化遗产名录。2009 年 6 月，蒋家山接骨被列入浙江省第三批非物质文化遗产名录。

沈宝山中药文化

黄岩沈宝山药店由宁波慈溪人沈可田于清光绪六年(1880 年)创办,至今已136 周年,是 1995 年国家国内贸易部颁发第一批“中华老字号”称号的百年老店,并载入《中国老字号 · 药业卷》。

1928 年后,由沈可田宗侄沈潮增任经理。他对店务进行一系列改革,制订“店员守则”“值柜须知”。药店悉遵古方,精选道地药材,虔修丸散,杜煎鹿驴诸胶。1929 年,沈宝山的茯苓、白芍、附子、槟榔薄片获首届西湖国际博览会一等奖。

沈宝山百年办店过程中孕育了内涵丰富的中医药文化,始终坚持“诚信为本,选料道地,货真价实,特色经营”的经营理念,历来重视广告宣传,注重品牌效应。自辛亥革命至 1953 年,沈宝山在配制百补全鹿丸前,当众悬宰仙鹿,观者如潮。早在三四十年代就在“民众报”上刊登道地药材广告,印制药品仿单(说明书),向顾客介绍药品功效、性能。正月元宵放烟火,制作走马灯广告,员工演奏器乐,扩大品牌影响。

沈宝山还精选古方,用九峰山水煎胶、煎药,自制传统大补药、大补酒、胶、丹等,保持自己的产品特色,保留了一批中药炮制的传统技艺。沈宝山坚持以人为本，夜间买药，不论生意大小，随时开小门服务。延聘了一批名医坐堂，如周子序、牟允芳、沈忱石等。名医周子序还为该店留下了极具价值的八册“医案”。

沈宝山中药文化是该店几代经营者人本思想、经营理念、商业道德的结晶，是闪耀“济世救人，诚心便民”核心理念的一份宝贵的非物质文化遗产。

2010 年 6 月，沈宝山中药文化被列入台州市第四批非物质文化遗产名录。2012 年 6 月，沈宝山中药文化被列入浙江省第四批非物质文化遗产名录。

台州道家功夫正骨疗法

台州道家功夫正骨疗法是以天台山道家南宗功法(动功)为基础、结合中医正骨手法形成的一套针对疑难骨折、脱位、损伤等骨伤科疾病的特色疗法。

台州道家功夫正骨疗法传人,台州恩泽医疗集团路桥医院中医骨伤科主任应有荣早年曾得道家内功正骨嫡传,继承了以天台山道家功夫为特色的正骨疗法和锻炼功法。在实际诊疗中,依靠手上功夫,很多闭合性骨折及脱位可以通过道家功夫正骨手法复位达到良好的临床疗效,避免了手术创伤和风险,产生了“简、便、效、廉”的社会效益与经济效益。中医骨伤科年门诊量达 3 万余人,为广大百姓提供了廉价和优质的服务,被患者称为“神奇之手”,展示了传统中医正骨魅力。

随着社会节奏的加快,脊源性疾病日益突出,在门诊骨伤就诊的患者人群中,颈腰腿痛等脊源性疾病患者呈逐年上升趋势,脊源性疾病已成为各年龄人群的普遍问题。因此,如何研究、挖掘、吸纳传统文化精髓并与中医药发展相结合,提高正骨疗法疗效,传承道家功夫正骨疗法,在当今显得尤为迫切。

2014 年 7 月,台州道家功夫正骨疗法被列入台州市第五批非物质文化遗产名录。

廊汤头膏药

天台廊汤头在原城西门外(今中山西路)。清顺治初年,儒医沈士林自杭州避难来天台,在廊汤头开设了膏药店,号“太顺堂”。太顺堂所制的膏药,俗称“廊汤头膏药”。

廊汤头膏药以松香膏为主,用掺药法将药物粉末掺入清膏之中,烘热贴敷。主要有:七香散膏药,又名“一打散”,主治白皮毒、搭手、横痃、阻疽等阻毒;顶珠膏药,主治小儿喉疽,小儿发热引起呕吐、溢乳、腹泻、发热不退;咬头膏药和拔毒膏药,主治疔疮、毒疮、痈疽;打散膏药,主治跌打损伤,骨质增生,扭挫伤;消炎膏药,主治乳腺炎、腮腺炎及各种无名肿毒;猪油药膏,主治疥、癣、黄水疮等各种皮肤病。

廊汤头膏药神奇疗效有口皆碑,它疗效显著,许多肿毒,一帖就可痊愈。最大优点在于药力能透过皮肤直达病灶,疗效既快又好,使患者避免开刀、打针的痛苦,也避免了吃药的副作用。数百年来,廊汤头膏药名扬台州。若是疔疮、毒痈、癣、疥等皮肤疾患、跌打损伤、小儿喉疽等,特别是一些伤治不愈的疑难特症,贴上几帖膏药,伤痛就有可能会烟消云散。

廊汤头膏药得到众百姓的称赞是因为它的平民意识。它价格低廉,口碑传名。清代,一帖廊汤头膏药也就是一文钱,解放以前,几个铜板一帖。如今一帖廊汤头膏药,少的两块钱,多的也就二十块钱。

廊汤头膏药秘方延续着一个传承的秘密,内立规矩,传承有序,只限在家庭成员内部代代相传。“传内不传外,传儿不传女”,甚至传男也不是男丁全都传,而是有所选择,择德才兼备,且有悟性者传之。几百年来,全靠上一代言传身教,不立文字(以免流散至外族外姓)。

廊汤头膏药第十一代传人沈世荣,在家传秘方基础上,精研医术,使廊汤头膏药传承至今。在成为传人的同时,也得到了道光年间留下来的一份膏药传承祖训。廊汤头膏药是古代药师在长期的医疗实践中,逐步总结而成的医药秘方,它凝聚着几代药师的智慧和心血,具有一定的科学价值。

廊汤头膏药虽然历传十一代,其影响与规模已不如以前,其传人恪守祖训,不做广告,靠患者口耳相传。

2008 年 6 月,廊汤头膏药被列入台州市第二批非物质文化遗产名录。

传统戏剧

台州乱弹

台州乱弹原名黄岩乱弹，形成于明末清初，流行于台州、温州、宁波、绍兴、金华、丽水等地，是浙江著名的四大乱弹之一，被文化部列为中国318个地方剧种之一。

台州乱弹有三百多个剧目，常演剧目号称“七阁八带九记十三图”，七阁包括《回龙阁》《兰香阁》等，八带包括《鸳鸯带》《挂玉带》等，九记包括《拜月记》《白兔记》等，十三图包括《百寿图》《双狮图》等。此外代表性剧目还有《三星炉》《紫阳观》《汉宫秋》《连环记》《长生殿》《单刀会》《五虎平西》《阳河摘印》《锦罗衫》《紫金镯》等。

台州乱弹唱腔十分丰富，以乱弹为主，兼唱昆曲、高腔、徽调、词调、滩簧等，是全国少有的多声腔乱弹剧种之一。其舞台语言以中原音韵结合台州官话，充满民语乡韵，通俗易懂，别具特色。伴奏乐器有文场、武场的分别，文场分丝竹管弦乐曲和唢呐曲两类，武场分闹台锣鼓和表演锣鼓两类。

台州乱弹的脚色行当分“上四脚”和“下四脚”，“上四脚”包括生、旦、净、丑，“下四脚”包括外、贴、副、末。随着剧种的发展，行当分类越来越细。在表演方面，台州乱弹有许多绝技，如“耍牙”“双骑马”“钢叉穿肚”“甩火球”“雨伞吊毛”等，长期以来一直为人所称道。

2005年5月，台州乱弹被列入浙江省第一批非物质文化遗产名录。2006年5月，台州乱弹被列入国家首批非物质文化遗产名录。2006年6月，台州乱弹被列入台州市第一批非物质文化遗产名录。

三十六行说唱

仙居三十六行说唱表演，是歌颂劳动、赞美劳动以说和唱为主体的曲艺表现形式。主要流行分布在仙居县的下各镇、安岭乡。说唱与扮相基本保持着原始韵味和风貌，唱词和说词多为方言和地方小调，有浓郁地方特色和地域特征。

清中晚期，仙居艺人们开始说唱、扮演三十六行。20 世纪上半叶曾一度鼎盛，说唱表演者达 150 多人，俗称“人会”。

三十六行是大型团队说唱表演，表演者分别说唱表演某一行业。说、白、唱、词幽默风趣，脍炙人口，深含哲理。阵容庞大，气势恢宏，表情动作夸张传神、滑稽可笑。色泽绚丽斑斓，阵式变化多端。

三十六行说唱，是仙居民俗活动的载体，和喜庆佳节或庙会水乳交融。

2008 年 6 月，三十六行说唱被列入台州市第二批非物质文化遗产名录。2009 年 6 月，三十六行说唱被列入浙江省第三批非物质文化遗产名录。

三门平调

三门平调是流传于三门湾畔的地方传统剧种。它的最早原始形态为贺彩词,经明、清两代,至清末民初,三门民间艺人在不断吸收新昌三坑调基础上,融合乱弹和三门民间小调,形成了这一地域特色较强的传统剧种。

三门平调因民间有文化艺人的整理挖掘,才有了完整的曲牌和脚本。传统脚本有“前十八”和“后十八”等,其代表剧目有《小金钱》《大醉桃》《张公仪辞朝》。三门平调是曲牌体,分固定性曲牌、灵活性曲牌、组合性曲牌三大类。原有各类曲牌300余支,现存70多支。常用曲牌有“铁盈丁”“平沙雁”“浪淘沙”等,剧种唱腔以演唱三坑调为主,音乐格调大部分是2/4拍号,偶尔出现1/4拍号、3/4拍号和4/4拍号。音乐唱腔先平后扬,多为阴、阳两腔结合。表演程式包括唱、做、念、打四功和手、眼、身、法、步五法。传统剧目表演以生旦为主,常有高难度的绝活,让丑角挑大梁。传统伴奏“不托管弦,以掌击鼓,一唱众和”。传统乐器为“四大一小”,20世纪60年代后增添了椰子板胡、二胡、三弦、笛子和竹笙等,以板胡为主伴奏乐器。

三门平调善用绝活技艺,念白采用三门方言,传统平调以家庭伦理戏为主,教化色彩浓重。除剧目特色外,无论在曲调、表演形式诸方面都具有浓郁的地方特色,它对研究中国古老剧种流变以及三门湾地域文化,均有较高的历史参考价值和艺术价值。

2010年6月,三门平调被列入台州市第四批非物质文化遗产名录。2012年6月,三门平调被列入浙江省第四批非物质文化遗产名录。

上鲍布袋木偶戏

上鲍木偶戏系布袋木偶，又称独脚戏，只有木偶头部，没有下身，一般由两人操纵表演。在一张八仙桌上放篾箱，竖插扁担，小舞台挂其上。主艺人坐箱子上，右脚踏大锣、小钹，右手打小鼓、小锣，左手食指套木偶头部、大拇指和另三指分别套布袋袖子，为木偶左、右手，能灵活表演各种动作。另一人负责吹唢呐，拉胡琴配乐。

曲调多以越剧流水调、民间乱弹或自由小调为主，辅以高腔，是一种边演边唱的民间戏曲艺术。木偶表演动作丰富，尤其手的动作，可细腻地表演出人物的各种情态。主要表现帝王将相、才子佳人等故事。时代变迁，布袋木偶在三门县亭旁上鲍村得以完整保留。这种用木头人"虚拟"表演的戏早于人物出演的舞台剧，具有表演性先于、优于文学性的特点。是"民间戏剧""平民戏剧"的重要组成部分。

通过对上鲍木偶戏的表演方式、身段、场合、习俗等方面的研究，有助于木偶艺术的发展。它是研究宁、绍、台方言在民间戏曲中运用的活例证；具有丰富、独特的民族造型艺术和服饰文化价值；其每件作品都有当时的历史背景，是我国民间戏曲的反映，为我们了解民间戏曲近代的发展提供了活化石的作用。

2008 年 6 月，上鲍布袋木偶戏被列入台州市第二批非物质文化遗产名录。2009 年 6 月，上鲍布袋木偶戏被列入浙江省第三批非物质文化遗产名录。

杜鹃鸟山歌

杜鹃鸟流传于临海东部农村，特别是半山区一带的放牛娃中，他们看牛时，有感而发，常即兴哼唱，随意性较大，节奏自由、缓慢，演唱形式一般为独唱，无伴奏，代代口耳相传。

传说望帝杜宇被迫让位给他的臣子鳖灵，自己隐居山林，死后灵魂化为杜鹃。望帝是历史上的开明皇帝，生前关心百姓疾苦，非常重视农业生产，化作杜鹃鸟后仍然挂念着百姓，清明过后，便日夜啼叫："早种苞谷！早种苞谷！"催促人们快点播种，莫要误了农时。善良的人们不仅听出了望帝对百姓的深情，还听出了蕴含其中的哀怨、思归之情："不如归去！不如归去！"

每年的清明、谷雨、立夏、小满时节，降雨显著增加，山野里百草泛绿，万木吐翠，处处响彻着悠长的鸣叫声："布谷！布谷！"王维在《送梓州李使君》对这一情景作了描绘："万壑树参天，千山响杜鹃。山中一夜雨，树杪百重泉。"其实，由于杜鹃鸟采用"借巢下蛋"这种特殊的繁殖方式，数量并不多，但是它们的叫声极富穿透力，一处山林里只要有两三只互相应和，便足以让人感到荡气回肠。

1954 年，临海举行民间音乐舞蹈会演，来自大田区大田刘村的 14 岁牧童刘道寄把《杜鹃鸟》搬上舞台，由于唱腔优美，婉转流畅，轰动了全县。后通过词曲家的整理、改编和填词，形成歌曲《救命恩人共产党》，又叫《日出东山》。随后，刘道寄参加了省民间艺术会演，获优秀奖。1955 年，刘道寄上北京参加全国音乐周,并到中南海为新中国领导人演唱,1956 年,上海唱片厂灌制了唱片,20 世纪六七十年代也偶尔在文艺演出中演唱。

由于时代变迁和经济的发展,本土民歌几乎无人传唱。1988 年,临海市举办首届文化节,文化馆同志凭借保留的曲谱和一些老年人的回忆哼唱,在尽可能不失原有风格前提下,在舞台上重新演绎了这首曲子。1994 年《中国音乐集成·浙江卷》将《救命恩人共产党》编入,正式命名为《日出东山》。

2009 年 6 月,杜鹃鸟山歌被列入台州市第三批非物质文化遗产名录。

黄沙乱弹

黄沙乱弹是临海唯一的戏曲剧种，融入了徽戏、婺剧、高腔及当地的小曲衍变而成。据《临海县志》记载，清末临海就有黄沙、蒋山等乱弹班，以 1919 年在上游村成立的乱弹“大阳春班”最负盛名。演员、乐队阵容整齐，演出技艺颇高，除在黄沙洋及周边乡村演出外，还应邀远赴天台、仙居等县城演出。

黄沙乱弹在新中国成立前均为男班，演员角色分生、旦、净、末、丑五大行当。旦角由男子扮演，以小嗓假唱，表演道白自成体系。乐队主要由司鼓(鼓板)、主胡、打击、弹钹等 5 至 7 人组成，乐器有：包鼓、檀板、板胡、京胡、二胡、大锣、小锣、钹、笛子、唢呐、三弦、琵琶等。演出剧目有 20 多个，以“杨家将”“赵云破曹”“铁笼山”等武戏为主，也演“九件衣”“绣花球”“白蛇传”等文戏。主要曲牌有“萝卜子”“西皮”“二簧”“叠板”等 20 多个，活动延续了近 20 年。

1961 年在政府重视支持下，以原乱弹老艺人王三花等为骨干，并吸收原双港区文工团部分青年演员，重新成立了“黄沙乱弹”剧团，排演了“十五贯”等戏，“文革”时期中止。1980 年“黄沙乱弹”曾恢复演出。

目前上游村尚有传承人王金明、王献清等人。

2006 年 6 月，黄沙乱弹被列入台州市第一批非物质文化遗产名录。

单档布袋戏

在玉环,很多人对于单档布袋戏许多人并不陌生。单档布袋戏是流传民间数百年的一种民间戏曲艺术,是浙南民间戏坛的一朵奇葩。于明、清时期从闽南传入苍南,再传到玉环。现在闽南已找不到布袋戏的踪迹,但在玉环却完整保存了布袋戏的原始形态。该戏种一般只需一个人,一个人唱白,一个人配乐,声情并茂,惟妙惟肖,生旦净末丑,悲欢离合尽在一人操纵之中,俗称一个人的戏班。这种用闽南方言演唱的单档布袋木偶戏,是一种独特的民间戏曲表演形式,其独特的表演形式在全国同类艺术中已极为罕见。

玉环的单档布袋戏是和民间传说连在一起的。战国时期,有个叫陈平的人,当时为战国一名将军。陈将军有位聪慧的妻子,叫金花小姐,他还有位灵秀的妹妹,叫银花小娘。银花、金花姑嫂跟从哥哥、丈夫随军为士兵织布。陈平将军有一子,其时已三岁,极其好动顽皮,更让人不解的是,每见母亲和姑姑织布,总哭闹不止,影响了姑嫂织布工夫,这可坏了大事。姑嫂俩最终想个了办法,哄骗一下孩子,使他不哭闹。有什么好办法呢?她们做了个小木偶,画上脸谱,再给小木偶做件小布衫,挂在织布机上,只要织布机一动,小木偶就会自行跳动起来。孩子一见,果真不哭了,感觉特别好玩。这样一安静,姑嫂俩织布速度也快了,真是两全其美。同行的妇女们突然感觉到金花银花近来织布的数量多了起来,很是疑惑。就暗地里去窥探缘由,发现了这一让人费解的一幕。金花、银花怕秘密泄露,就用布头将木偶围起来,这一围,更显木偶的可亲可爱,惟妙惟肖。

陈平回营,也感到妻、妹俩近来织布数量快增,问其原委后,陈平佩服妻子这一举动实在妙,也产生好感。在军队中,陈平一有空闲时,就雕刻木头人。时间长了,也积累了不少木头人,足足有一大箱呢。一次回营房,就带上这一大箱木头人给妻子。聪颖的妻子和妹妹就将这些木头人画出一个个各不相同的脸谱。表情上还有善恶之分,美丑之别。每个木头人,根据地位不同,身份不同,也穿上了不同的布衣。木偶人物从此产生了。这些活灵活现的木偶不但小孩喜欢玩,连大人们看了,也会捧腹大笑,爱不释手呢。

木偶不但好玩,还有一段惊天动地的业绩呢。西汉初期,匈奴常常举兵入侵中原。一次,刘邦被困白登城,时值陈平亦在刘邦手下为大将。战况十分紧急,陈平急中生智,把那一大箱木偶搬上城头,居然摆弄得有声有色。匈奴士兵看得好奇,竟然忘记了自己身负战斗任务。陈平看迷惑敌方的目的已达到,急令大队人马出其不备地杀出白登城。故有语云:汉高祖困白登,陈平造傀儡。事后,刘邦对陈平大加称赞:"没有陈平,也就没有我刘邦。"刘邦问陈平:"你这一绝招从何而来,怎么从未见过你玩弄过木偶戏?"陈平谦虚地说:"小将确实从未玩过木偶戏,一无戏台,二无工夫,是危急之中突发奇想,恰到好处罢了。"刘邦感慨万分,说要把金銮殿让出给陈平演木偶戏。可这怎么行呢?说归说,做归做,刘邦就派能工巧匠参照金銮殿的样式做了一套可搬动的小小金銮殿送给陈平。从此,木偶戏台就像皇帝金殿似的,画有五爪神龙,木偶戏台金碧辉煌,雕梁画栋,又可以随拆随拼,随用随搬。直至两千年后的今天,我们也能看到独创匠心的木偶戏台,还是如此深深地吸引着人们的眼球。

随着年代的变迁,木偶戏又演变出另一名称,又名布台戏,别名扁担戏。很早以前,有这一绝活的艺人,用扁担挑着行头在街头巷尾或小镇或乡村卖艺。因布袋戏能演人间世事,贴近人民生活,很受广大百姓欢迎。艺人用扁担支撑戏台后一个人就可以演出一场生动的戏曲,所以也叫扁担戏。布袋戏从汉朝流传到现今,鼎盛于宋朝,大兴于明清,到 20 世纪上半叶还很兴盛,古色古香味特浓的玉环等民间保持得最好。

布袋戏的演技堪称一绝,别小看只有一位艺人,却能承担一本戏剧的完整演出。一位艺人表现生、旦、净、末、丑五种角色，角色中体现了喜、怒、哀、乐、忠、孝、节、义的全部演技。一般来说，吃这行当的人，要从十几岁开始学艺，坚持数年才可出师，其间的酸甜苦辣只有学艺的人才会深刻体会到。

现今看到的布袋戏的戏台有一张办公桌大小，下设台基，上面才是戏台，虽只容一人坐落，其外形却像一座大戏台。艺人坐在台基上，隐于戏台后。布袋戏台的左、右、后三面用布包围着，戏台正面对着观众。戏台设计十分巧妙，由各个部分拼凑组合，可装可拆，随地组装，拆开后，一支扁担就可以挑走全部戏当。

布袋戏台后面，艺人挺身端坐，大锣、小锣扣在两只脚边，其他乐器放置方位也很讲究，铜钹、尖鼓、拍板等放在身旁，伸手可触。打头通鼓时，手脚并用，好一番热闹场面，使人不敢相信竟是一人所为。演出时，根据需要，可腾出一手来敲打。布袋戏的木偶头像不到 10 厘米长，下面小衣裳刚好能包住一只手掌，人物的动作全在艺人的手指活动上。每本戏剧的人物，事先准备好，挂在台后演艺师傅的近身旁，取放极方便。演出时，艺人要手、脚、口并用，无论是男声女音，口技韵调，张口能出，动之逼真。

2014 年 7 月，单档布袋戏被列入台州市第五批非物质文化遗产名录。

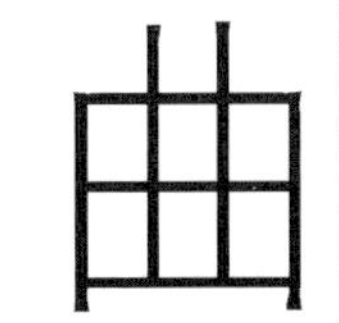

临海词调

临海词调源于南宋,《临海文化史》记载:“词调发端于南宋乐师张镃所创作的海盐腔,元初杂剧家杨梓加以整理发展,明中叶海盐腔盛行于嘉、温、台一带,明末演变为词调。”

临海词调的音乐,由唱腔音乐和伴奏音乐两大部分组成。其中声腔丰富多彩,调腔抑扬,讲究“字清、腔圆、音雅、板稳”,节奏富于变化。

根据速度、情绪的不同,曲牌也不尽相同,相对稳定的传统曲牌有 29 种,分别为:浪头、点绛唇、粉碟儿、旦引、琵琶引、男工、女工、沙段、平和、花平和、水底泛、急板、十三板、春赋、女春赋、排军令、乙字令、弦胡索、醉花阴、急三枪、尾声、懒画眉、凤点头、满江红、葡萄歌、小上楼、浪淘沙、普天乐、杂曲。

曲调以“词调”为主,大多根据传统剧目和曲目的故事、情节的需要加以连接使用,抒发人物的喜怒哀乐,其基本板式有散板、平板、中板、快中板、流水板等,根据曲目故事发展的需要及板式本身的特点加以使用,如乐曲的开头大多运用散板,这一板式的基本特点为节奏伸缩自如,与伴奏乐器相互依附,可以根据唱词的情绪自由发挥;再如乐曲中较多运用流水板,这一板式是由二六板进一步紧缩而成的,由于节奏紧促,每个分句之间的停顿短促,侧重于叙述性,能很好地表现轻松愉快或慷慨激昂的情绪，因此在故事情节发展关键时期运用较多。

临海词调的唱腔特点可以用八个字来概括，即“字清、腔圆、音雅、板稳”。它既继承了海盐腔清柔婉折的调腔，夹杂着唱、夹白、帮腔等形式，同时也吸收了昆曲以缠绵婉转、柔曼悠远见长的运腔，所以在演唱时，非常讲究声音控制、节奏速度以及演唱的抑扬顿挫、快慢疾徐，还有严格的咬字吐音。

词调艺人的演唱分生、旦、净、末、丑等行当，但不像戏曲那样严格地分工。古时，词调均由男子演唱，声音尖细者唱旦角，声音稍宽厚些唱生角，旦角专门掌握檀板，其他乐器可兼各种行当，演唱时均用假嗓，追求声腔的变化多彩，力求腔圆音正，感情洋溢，表演到位。后来女子加入演唱仍继承这一传统风格。

临海词调道白中的咬字，要用高低、抑扬顿挫、轻重缓急来表现剧中的喜怒哀乐，其润腔不可模仿越剧的腔调，而需保持临海本地的特色。

临海词调演奏的丝竹伴奏乐器，早在它形成初期，即构成了以二胡、洞箫为主，辅以竹笛、三弦、琵琶、扬琴、檀板、碰钟等多种乐器的戏曲伴奏乐队，而这些乐器决定了临海词调的音乐特点，即旋律柔和流畅，节奏婉约平和，具有抒情优美、飘逸清幽的特点，使人着迷。

2005 年 6 月，临海词调被列入浙江省第一批非物质文化遗产名录。2006 年 6 月，临海词调被列入台州市第一批非物质文化遗产名录。2008 年 6 月，临海词调被列入国家级第二批非物质文化遗产名录。

台州道情

三门道情形成于清代,长期以来作为民间艺人谋生的一种手段,根植于农村人民大众之中。

三门道情曲调高亢豪放、激越明亮,颇具海洋的大气和高山的灵气,由一人或多人演唱,唱者手击道情筒和竹板,伴以节奏,边击边唱,表述一个完整的故事。演唱内容多讲历史、演义、世俗类传统故事和新编故事,篇幅有长有短,有长篇短篇之分,主要曲目有《黄金满打仙岩》《施义逃走》《高郎织绸》等。三门道情流传于三门各乡镇及周边区域,有小雄道情、亭旁道情、上叶道情等,流传较为广泛,曲调大同小异,用三门方言演唱,群众语言丰富生动,通俗易懂。表演不受场地限制,在服饰上也极随意。

表演形式一般以自敲自唱居多,表演时以唱为主,并根据剧情需要适当穿插表白,以烘托气氛和效果。唱中夹白,似唱非唱,唱腔视故事中角色的变化而变化,妙趣横生,把人物表现得淋漓尽致。由于其演出简便、表演活泼、唱腔优美、内容生动,因而受广大群众所喜爱。2007 年非遗普查后,三门道情被列为台州市第一批非物质文化遗产名录。与台州道情合并打包。因两者表演形式与基本唱腔相同,故统称为“台州道情”。

2009 年 6 月,台州道情被列入浙江省第三批非物质文化遗产名录。

路桥莲花

路桥莲花系“莲花落”，由佛教宣传转变为世俗艺术后，吸收当地戏曲、民歌而演变成曲艺品种，流行于台州的路桥、黄岩。路桥莲花，早在清乾隆年间就见活动，至今已有200多年的历史。

路桥莲花的演唱形式是由一人领唱，多人帮腔伴唱，各人手执盅、碟、雌雄鞭（洒尺）、霸王鞭、道情筒、莲花板、七姐妹和瘪鼓等击节而歌。

早期演唱者都为男性，一般为十来人，但一定要单数。领唱的称“莲花头”，帮腔伴唱的呼“莲花当”，用方言进行演唱，多为迎神赛会时演出，莲花头在前倒行进，莲花当立两直排或变“八”字形在后紧跟。后发展为女性，或男女合演，以走唱（边歌边舞）为主，也有坐唱、灵唱的，身穿专门设计的民族服装，增加了民族乐器伴奏，用普通话或台外官话（书面语）进行演唱，其唱腔属曲牌体，基本曲调有“游头”“软腔”“硬腔”“回调”等，可单曲成篇，或连缀成套。唱词常用民歌手法，以“花”起兴，一般为四句一节、一二节成篇，最长的也只十来节，篇幅都很短小。传统曲目有《正月梅花报丽春》《白蛇传》《隋炀帝看龙灯》和《梁山伯与祝英台》等，新编曲目有《山区女兽医》《光辉的榜样》《观歌一曲月团圆》等。

路桥莲花的演出形式，有坐唱、站唱和走唱，曲调较为丰富。一人领唱，多人帮腔伴唱，伴唱时多用牡丹、芙蓉、石榴、紫荆、荷花等各种花名衬托，如好画配好框，红花配绿叶，相得益彰。演员每人拿一件击乐，有盅、碟、鸳鸯鞭、霸王鞭、道情筒、瘪鼓、碰铃、莲画板、七姐妹等，既当乐队，又当道具，叮叮当当，好听又好看。现在的路桥莲花只有女子表演，走唱形式，只唱不说，载歌载舞，加上服装艳丽时尚，化装自然大方，在彩灯舞美的烘托下，美不胜收。

路桥莲花内容多短小精悍，唱词常以“花”起兴，常用七子句，二、二、三结构，押韵合辙，民歌性强，易于广泛流传。曲调富说唱性，又具舞蹈性，以领唱为主，领伴呼应，旋律明快热烈，音乐气氛强烈，群众喜闻乐见。

2006 年 6 月，路桥莲花被列入台州市第一批非物质文化遗产名录。2007 年 6 月，路桥莲花被列入浙江省第二批非物质文化遗产名录。

路桥评书

路桥评书，始于清代道光年间，路桥集镇开台州评书之先河。

路桥宋时立街，经明、清两代至清末，已建成十里长街，店铺万家，商贾云集，市井繁华，月河环街流过连接南官河，沟通温、黄、椒，每逢三八集市，货船、市船、快船，络绎不绝。晚间，船公的号子、螺声彻夜可闻。随着市民阶层的日益扩大和外来商旅对文化生活的需求，路桥评书应运而生。

清末，路桥有两家地下烟馆，外来客商闲暇时常去光顾，烟馆闲客闲得无聊，常请些举人、秀才来讲稗官野史，借此打发时光。应邀的文人书生意气，不讲正史，专讲《平山冷燕》《辍白裘》《西厢记》《果报录》等较有怀才不遇之感的评书，得听者同情，奉送"书金"，有惺惺相惜之意。评讲者不用任何道具，凭文才和口才，徒手讲演，收入较丰，其代表人物在路桥街中有一定的社会地位，于是就形成了最初的路桥评书。

评书艺人大多以城镇茶楼为场所，以一块响木、一把纸扇和一条手帕为道具，以讲章回小说为主，也穿插一些民间故事和笑话，每次讲两至三小时。

德镇人赵子成在牌前东狱庙和三桥雄镇庙前评讲《岳飞传》《杨家将》《江湖奇侠传》等历史小说及武侠小说，尽管他技艺平平，但听众如云，形成“立者林林，蹲者蛰蛰”的场面。斯时路桥评书开始由烟馆内转向露天，听众也换了档次，渐为市井街坊小市民及手艺人所赏识。

受赵子成评书的影响，路桥田洋王刘云初、王舌耕亦相继登台献艺，他俩凭借茶馆，每夜连续接讲。刘讲《三国》《列国》《西汉》。王舌耕出身为手艺人，但生性聪明，文、武书都能评讲，《今古奇观》《七侠五义》《济公传》《三侠剑》《江湖奇侠传》等是他常演的节目，他中气充足，能突出喜怒哀乐，还能加上一些小动作，增添气氛。

中华人民共和国成立以后，路桥又涌现出蔡启平、陈名松、郦竹轩、王道良、钟甫庭、李志衡等一批评书艺人。由于艺人多，演出场所少，在“僧多粥少”的情况下，蔡启平在中桥饭店楼上自备“茶馆书场”。陈名松在南栅老家单枪匹马，自守书台。王道良在邮亭开茶店说书卖茶。钟甫庭、李志衡在牌前大夫茅里合办书场。郦竹轩去海门、黄岩、温岭等地献艺，他所讲的一部《天宝遗事》(即唐明皇游月宫)说红了临、黄、温三县。嗣后，蔡启平、陈明松亦去台州各地评讲《三国演义》《天宝图》《地宝图》《彭公案》等，把路桥评话和评话特点带到邻县，带动了各县评话事业的发展。

1979 年，路桥成立了“曲艺队”，有队员八人，蔡啸任队长。

文艺的复苏给路桥评书带来了勃勃生机，从禁锢到复苏的十三年间，路桥又冒出了六位评话艺人，也不乏“后起之秀”。蔡啸有古文学基础，幼受叔祖蔡启平的评话影响，他插队支农，邻近数村知其善讲，每值“丰收聚餐之夜”必请他为座上客，饱食一餐换取一夜的评书享受。1977 年经公社区委同意以“交钱记工”方式来路桥前进茶馆为老人们说书，盛况空前，每夜坐者数百，围者堵墙。

从 1979 年至今，岁月匆匆一晃就是 30 多年，一批老评书艺人先后作古，另一批评书人已改行。故此，这一曲种，务必要及时抢救，及时保护，要将这一项宝贵的民间艺术发扬光大。

2006 年 6 月，路桥评书被列入台州市第一批非物质文化遗产名录。

路桥花鼓

《太祖实录》《明史记事本末》和明万历《黄岩志》载:朱元璋建立明朝后,洪武元年(1368 年),台州路桥的农民起义军领袖方国珍被朱元璋招安。朱元璋为防方国珍余部造反,一面封方国珍为广西行省左丞,但封后仍留南京不许赴任,养老至死;一面将黄岩、路桥、温岭一带十万人迁徙安徽濠上(凤阳)屯垦。明令迁徙者不得回乡,违者严惩不贷。由于移民们思乡心切,每当清明节到来前夕,有乔装打花鼓者学着凤阳花鼓的腔调沿途卖唱糊口,回乡扫墓祭祖。唱道:"说凤阳,道凤阳,凤阳本是好地方,自从出了朱皇帝,十年倒有七年荒,大户人家改行业,小户人家卖儿郎,我家没有儿郎卖,身背着花鼓走四方。"后来,路桥人产生了浓厚的学习兴趣,便纷纷效仿,一传十、十传百,花鼓这一艺术就在路桥立足生根,还形成了"螺洋花鼓"和"下梁花鼓"。其后,广为流传,世代相传,逐渐成为富有台州地方特色的民间曲艺品种,为广大台州人民所喜闻乐见。故此,至今还流传着"不会唱凤阳花鼓不是正宗打花鼓"的说法。

花鼓演员的化装:花鼓女演员用小鼓,挂在腰上,头上包扎毛蓝布,额上五串发珠，两边贴上片子，身穿淡蓝短衫裤，胸前挂绣花饭单腰绸带，大腿两边有一对软靠边，足穿花缎鞋有红须，化装似京剧的花旦。

男演员用小锣，头戴灯笼帽，身穿黑色白边打衣，腰系踏带，脚穿快靴，化装似京剧中的武旦。后因小鼓太贵，女的改用小锣，男的改用竹板和一把扇子，衣服就用普通的便服稍加改装进行演出。花鼓是以边歌边舞的形式演出的，在造型上讲究队形变换。

花鼓的曲调采用过去流行在浙江一带的民间小调，如《小彭嫂》《节节花》《泗州调》《鲜花调》《卖花线》《五更送郎》和《花鼓调》等，曲调词意比较朴实。

花鼓的乐器，下梁花鼓、螺洋花鼓的配器只有一把二胡。后来发展到伴以鼓板、二胡、笛子、三弦、木鱼、碰钟等民间乐器，使音乐更加优美动听。

花鼓的曲目有《姑嫂观灯》《闹五更》《五更点灯》《五更送郎》《和尚采花》《二姑娘相思》《望郎》《小妹妹送情郎》《打门开》《喜临门》《大庆寿》《和尚与姑娘》《约会》《上方山》等。

花鼓的曲体结构为板腔体，花鼓的音乐除采用《花鼓调》外，常套用民间流行的小调如《节节花》《小彭嫂》《五更送郎》《泗州调》《卖花线》等。

俗话说："打花鼓，混条肚(条肚即肚子)。"由于花鼓这种艺术形式本身具有乞讨性质的局限性，所以一般不登大雅之堂，大多是沿街卖艺乞讨，或是串乡走户演唱，一般只唱小段，不唱长篇曲目。新中国成立后曾把花鼓搬上舞台演出，以后随着演唱者温饱问题得到解决，花鼓这种曲艺形式也逐渐隐没于民间。

2006 年 6 月，路桥花鼓被列入台州市第一批非物质文化遗产名录。

道士戏

道士做道场形式分两大类，一类为亡故之人所做，叫“超亡”；一类为在世之人补运所做，叫“延生”。道士一般在民间设坛念忏做“超亡”或“延生”，活动时演唱、演奏，其牵头领唱人称“道头”，俗称“师公”，即“俗家道士”，或称“火居道士”。奉正一派天师道，通常不出家，兼务农或做小贩。道头做法事，需若干道徒配合，有时还邀请识字善唱的人加入伴唱。此外，逢菩萨寿日、庙会、普利、保安道场等场面，也常请道士前来做法事。其表演的内容繁多：歌颂神佛功德的，有《虚皇上帝四十九章程》《三十六部尊经》等；宣扬忠孝节义的，有《目莲救母》《忠孝节义篇》等；传播劝世闲言的，有《叹亡灵》《酒色财气》《十空》《十英雄》等；演绎民间故事传说的，有《蔡状元造洛阳桥》《黄氏女修行》《梁武君王喜看经》《太子骑》等。其中有故事情节并广为传唱的，当数《目莲救母》《蔡状元造洛阳桥》。

有故事情节的道士戏，其中有些曲目并不是在任何场合都可以使用，而要受到一定条件的限制。如《目莲叹》这段戏，必须在“超度”场合方可演唱，而且被“超度”对象，又必须是有过生育史的女人或需综合超荐的女性上辈。《目莲救母》这段故事戏，曾在道士游魂跳神仪式上演出，后简化说唱形式，并一直沿用至今。通常与《过奈河桥》《黄氏女与林定邦》等节目同时献演。《目莲叹》取自《目莲救母》故事中"挑经上天"一节，演唱时道士身穿道袍，执扫帚划地开路，边唱边表演入地狱情景。该故事情节主要用戏曲的"高腔""白莲"进行演唱。

表演步骤：1.祖师桌前念步虚、召灵，而后受此清杖开狱、香花清；2."三宝"前，请狱官，九叩首，破东南西北各狱；3.游各狱；4.回向谢真灵。

表演者装束及过程：主师身穿龙袍，戴上清冠、执手板、执金铃、带神旨、引进穿青衣、戴道帽的道徒（若做三天道场，则有接引导师穿八卦衣，戴正一冠入场内，登上几张桌子叠起来的高台，念狱咒，传黎杖、宝剑、扫帚赋予主师）。然后，主师根据故事情节的内容进行表演、演唱。参加表演的人数：主演 1 人，接引 1 人（如做三日道场，加接引导师 1 人）。

伴奏乐器：常用有三弦、鼓、锣、钹、压塞（鼓板）、抱月。旧时，道士做法事，也有用"十番"的。清孔尚任所创作的《桃花扇》一剧中有一句台词：我们君臣同乐，打一回十番如何？用笛、管、箫、弦、提琴、云锣、汤锣、木鱼、檀板、大鼓十件乐器演奏，故名十番。十番又有浑素之别，用打击乐器称素十番，加用丝竹乐器称浑十番。除此之外，用到的乐器还有玉馨、金钟、帝钟、二胡、板胡、京胡、唢呐、龙角等。

道具（奏板，俗称手板）：一般用黄檀树、万年青、青枣树等做成。尺寸：鲁班尺，长 1.8 尺、宽 3 寸，形状有一点弧度。为古代用来记事的手板。《释名·释书契》："笏，忽也，君有教命及所启白，则书其上，以备忽忘也。"古代贵贱皆执二，不执时，插在腰带上。黎杖：是一片布，布上画太乙真人图像，与灯笼连在一起使用。

服饰：龙袍，四爪龙袍七条（襟对称两条，背后一条，左右袖各一条，左右交襟各一条）。领、袖俱石青色金缘，间以五色云。下幅八宝主水。龙袍前身后背并间自然，天文日月，山川河泽，飞潜动植三景，底红缎，绣金丝（与皇帝龙袍的最大区别在：皇帝龙袍是五爪九条龙，底色黄缎、一开边）。八卦衣：玄色，中间卦相，有东南西北八方属性，代表自然、天文在八卦中的反映。青衣：青色或蓝色，为普通道徒所穿。

2006 年 6 月，道士戏被列入台州市第一批非物质文化遗产名录。

路桥道情

路桥唱道情形成于明末清初。路桥道情是一种说唱形式的民间曲艺。演唱者一手抱用板油皮蒙着一头的竹筒，一手拿竹板边击边唱。道情的演唱内容多为传统戏曲或新编故事，演出简便，表演活泼。每当春节或农闲时节和夏季乘凉时，常见道情艺人在院子里演唱整本戏曲；而走街串户的道情艺人则只是唱吉利、唱春夏秋冬四季平安等。

道情能讽中见趣。用诙谐的描述，对那些吝啬、自私、贪婪、奸诈、懒怠等生活中不良现象，分别给予不同的讽刺，使人在被捅到了发笑的“开关”之后，继而启动思索的“机器”。

道情能乐中寓教。道情的题材内容不外乎一个“教”字。道情艺人在吸引听众参与娱乐活动的过程中，依仗道情这一特有的艺术形式，以故事为蓝本，以演唱为载体，通过谈天说地、道古喻今，将崇尚真善美、鞭挞假恶丑的主题演绎得酣畅淋漓。

道情的发展经历了这样一个过程:传统道情由原来的一人唱说现变为二人唱、多人唱,辅以舞蹈烘托;形式从传统的坐唱变为站唱,进而演变为舞台造型;乐器从传统的竹板、道情筒发展到依照曲谱、乐器伴奏;唱词由传统的口头流传到文本出现。

2006 年 6 月,路桥道情被列入台州市第一批非物质文化遗产名录。

榧树词调

1=D

天台词调（女贡）

演唱 张爱肖

记谱 梅和杰

词调是一种古老的剧种，早在清代嘉（庆）、道（光）、咸（丰）时期就在天台各地盛传，仅城郊一地即有36个戏班，乡间则以石岭、左溪、灵溪、榧树最为流行。

据天台榧树词调老人叙述，早在唐朝初年，就有陈姓天台人创造出音调抑扬优美的曲调。宋代，又有徽商张氏将徽调传至天台。至元代，邑人创作出有天台本地特色的曲调，在庙会中演出。到了清同治年间，天台城关袁国仁参照昆曲对其进行整理，并以词牌为名，称之为词调，成为流行在天台民间的主要曲调。天台榧树词调形成后，又受海盐腔、昆腔、东阳腔、调腔等多种声腔的影响，不断地发展演化，曲牌不断丰富，风格逐渐形成。

20世纪初，天台县坦头镇榧树村就有“三坑班”，每年春节前后演出于乡间。1945年至1949年间，村中乡绅谢继益组织起词调坐唱班，以二胡、三弦、笙、笛子等弦管乐器和打击乐器伴奏，在周边各村演出。当时为男班，其代表人物有谢衍圆（花脸）、谢家锭、谢继鸟（花旦）等。

榧树词调主要曲牌有西皮、都子、艺唤、流水、艺黄、三腔、男贡、女贡等。

榧树词调特别适宜表现历史题材、人物众多、场面较大的剧目，男女合演，文戏武戏兼备，唱腔细腻与高亢并重，民间俗称“大朝戏”。传统剧目有《断桥相会》《满春园》《龙虎斗》《薛刚反唐》《五虎平西》《双龙会》《三姐下凡》《卖花记》《回龙阁》《李陵碑》《三滴血》等 30 多出。

如今，榧树村的榧树词调艺人均年事已高，由于年轻的一代无人传承，天台榧树词调濒临失传。

2006 年 6 月，榧树词调被列入台州市第一批非物质文化遗产名录。

玉环莲花

玉环莲花属于莲花落的一个品种，是说唱艺术的表演形式之一。

莲花落“始于宋，形于明，盛于清”。而玉环莲花则是在清雍正年间，随着各路迁徙玉环的移民潮流，传入坎门方岩山等地的，初为乞丐行讨时所唱，后逐渐成为乡间劳作之余的一种消遣。当时，玉环坎门唱莲花多为乞丐行讨者，所唱内容主要为诠释扬善惩恶、因果报应的劝世文，当然也少不了拜求施舍、吉祥口彩的内容；现以演唱讴歌新时尚的段子及《放牛娃》《牧童看春》等山歌类曲目居多。

玉环莲花说唱词基本上是七言四句为一段，以唱为主，间以夹白，边唱边说，抑扬顿挫，尾音稍长，演唱中不时地插科打诨，以资逗乐。表演形式一般三人一组，由一人主唱，一人打板，另一人和打板者一起帮腔。由于内容讨彩、形式活泼、唱腔易学，使玉环莲花在长期处于流传区域狭窄、备受其他曲艺门类冲击的逆境中，依然保住了赖以生存的方寸之地。

玉环莲花得以开发并被赋予新的活力，则是在 20 世纪 70 年代初期。玉环县的音乐工作者在采风活动中，发现坎门一个偏僻小渔村有人在唱莲花，其旋律及帮腔与别处莲花有明显区别。随即记下唱腔，理乐成谱，并在保持原汁原味的前提下，进行适当的艺术加工，将幽居于海边冷岙的莲花，推上了文艺舞台。

舞台演出时，为营造烘云托月的气氛，取得锦上添花的效果，以一人领唱、众人和以虚词“哩啦花”的合唱贯穿始终，辅以弹拨乐器和二胡、低音乐器的组合伴奏，凸显旋律优美、滑音较多、跳进幅度较大的特色和独有的韵味。自从玉环莲花参加县市会演屡获大奖后，人们加深了对玉环莲花的认知程度。虽然玉环莲花的音乐元素得到了开发利用，但从莲花自身的状态而言，则是：生存——失去空间、传承——后继乏人。

2008 年 6 月，玉环莲花被列入台州市第二批非物质文化遗产名录。

道士调

道士调是道教的曲艺表现形式，源于戏曲曲调，是辅助道士做法事的方式，从清代道光年间传入玉环，清末民初开始流行。

道教是中国本土宗教，起源于东汉年间，以张道陵为道教宗师，以老子为道教师祖。道教信徒分为正一派和全真派。玉环目前有道士2000余人，分为乐清派、太平派、平阳派。道士做法事时，都会唱“道士调”。

作为一种结合了宗教仪式与民间习俗的仪式，道士调不但有完整的音乐，还有一整套的动作表演程式，以三弦、鼓、锣、钹、拍板、抱月等民族乐器为伴奏，一般为一个人表演，多人伴奏。

道士调演唱的内容繁多：歌颂神佛功德的，有《虚皇上帝四十九章程》《三十六部尊经》等；传播劝世箴言的，有《叹亡灵》《酒色财气》《十空》《十英雄》等；演绎民间故事传说的，有《蔡状元造洛阳桥》《黄氏女修行》等。《目莲救母》这段事故戏，曾在玉环道士游魂跳神仪式上演出，后简化说唱形式，并一直沿用至今。通常与《过奈河桥》《黄氏女与林定邦》等节目先后献演。

2010年6月，道士调被列入台州市第四批非物质文化遗产名录。

玉环鼓词

玉环鼓词，亦称玉环唱词，是源于温州瑞安的一种民间曲艺。晚清时期传入玉环港南地区，距今已有一百多年历史。

玉环鼓词原用温州方言演唱，曲目内容以古代小说、神话、传记、民间传说为题材进行改编。因过去的鼓词演唱者大多数为盲人，演出空间受限，带徒授艺困难，使鼓词演唱活动长期处于自生自灭状态。

1951 年，鼓词艺人如数加入了县曲艺协会。在协会的组织下，开展业务交流，落实演出计划，使鼓词艺人的活动日趋频繁。尤其在 1964 年建立玉环曲艺队伍后，一批有文化的男女青年加入了鼓词演唱队伍，鼓词从艺者增至 20 余人。稍后，玉环港北地区以林太川、张庚清为首的鼓词艺人开始用台州方言演唱。因港北地区通用台州方言，用台州方言演唱鼓词，很快就被占全县人口一半多的港北民众所接受。那几年，鼓词演出覆盖全县城乡，鼓词艺人既演唱内容健康的传统曲目，又新编了反映革命斗争题材的《红灯记》《芦荡火种》《血泪荡》等词曲，坚持下乡巡回演唱，深受漩门港南北大众的喜爱。鼓词艺人在演唱实践中吸收了戏剧、曲艺等多种音乐元素，伴奏时大胆加用了二胡、三弦、口琴和锣、钹等打击乐器。表演形式上也进行了突破，由一人演唱发展到对唱、三人合演、四人同台；演出场所也由庙会戏台、村落庭院到舞台晚会，拓展了玉环鼓词的表演空间和演出市场。

20世纪70年代末，为挽回鼓词濒临偃旗息鼓的局面，张庚清收徒传艺，带领10多个弟子，游走于玉环港北及温岭、黄岩、临海一带的乡村用台州方言演唱鼓词。如今，虽有少数鼓词艺人仍在活动，但鼓词的受众面已大不如前，处在夹缝中求生存的状态。

2009年6月，玉环鼓词被列入台州市第三批非物质文化遗产名录。

坎门道情

坎门道情形成于清代中晚期，从闽南和平阳一带迁徙而来。作为一种传统曲艺，坎门道情经代代相承和演化，从唱腔到表演风格、旋律表现都明显有别于温、台道情，又有着与传入地道情似是而非的鲜明个性。

坎门道情使用坎门方言演唱，表演形式一般以自敲自唱居多，表演时以唱为主，伴以节奏，唱者手击道情筒和竹板，边击边唱，并根据剧情需要适当穿插表白，以烘托气氛和效果。唱中夹白，似唱非唱，唱腔视故事中角色的变化而变化，妙趣横生，把人物表现得淋漓尽致。唱词以上下句对仗型为基础，通过一定的变化，又演变出一种起、承、转、合的结构型，其中，转的作用尤为突出。有的唱段，经上下句多次反复后，当人物感情进入高潮时，恰到好处地使用“转”句技法，就能产生平中见奇、异峰突起的演唱效果。

坎门道情一度十分红火。坎门渔区凡举行庙会、为老人庆寿、为婴儿办满月酒宴、左邻右舍相聚欢度吉庆日子,以及渔家人为祛灾、补运向神佛还愿等,都要请道情艺人前来演出。但随着道情老艺人先后作古,坎门道情后继乏人。

2008 年 6 月,坎门道情被列入台州市第二批非物质文化遗产名录。

三门走书

三门走书是传承于潺岙村的传统曲艺项目。三门县旧属宁海、临海两地。走书艺人徐有增早年师从宁海长街艺人胡灵凤，三年学艺后在三门县内及周边地区从事民间走书演艺活动，至今仍在传承。

三门走书用三门地方方言演唱，表演时有说有唱，说唱并重，时而辅以形体动作，增强表演感染力，传统走书要有扎实的基本功，有口才和好的腔调，乐队根据演唱曲牌灵活伴奏，并要有熟练的演奏技巧。三门走书传统曲调有四平调、马头调、叫串调、南调、二黄调、快调、慢二调、清丝二黄、快调、慢调、大陆调、武林调、乱弹流水调、越调等等。表演时集唱、做、念、演于一身，表演者利用扇子、手帕做形象道具，一人并扮演生、旦、净、丑各种人物角色，惟妙惟肖。

传统走书有较长的曲目，可唱半月到一月，其唱腔高昂粗犷，有节奏感，抑扬顿挫，书目又长，似是章回小说，关子紧扣，能吸引听众。表演生动，表说细腻入微，语言通俗乡土化，易听易懂，并从三门道情、地方小调等曲种中吸取精华为其所用。传统曲目有《金鸡白鹤图》《反欧袍》《红绿线》《密封记》《送太子下海州》等。表演场景和演出方式简约，走书者用一扇一木一手帕就可以进行场景演唱，乐队伴奏主要是一琴。走书主奏乐器是二胡，还有鼓板、琵琶、中胡等民族乐器，剧情表演时伴奏者时而为主唱者帮腔、随唱和对白，增加演唱氛围。

2014 年 7 月，三门走书被列入台州市第五批非物质文化遗产名录。

顺口溜

仙居顺口溜在民间被称为“大书”,评话表演也称“讲大书”。主要演出场所是集镇的茶楼和书场。仙居评话在明末清初形成,清代中叶进入鼎盛时期,出现了许多名家。

仙居讲大书只说不唱,用仙居方言进行说表,兼叙事和代言为一体。表演以第三人称即说书人的口吻来统领叙述,中间插入第一人称即故事中人物的语言进行摹学故事中人物的语言举止,叫作“起角色”。评话多为一人独说(单挡),偶亦有两人(双挡)的。在叙事中时而为书中人代言,一人多角,跳进跳出,夹叙夹议,突出评议。在叙说中增强节奏和渲染气氛。表演中人物的动作、身势、口技、表情均为象征性的模拟动作。讲大书注重制造喜剧性的噱头,有“噱乃书中之宝”的说法,同时对人物事件评点议论,以史料时事穿插印证。

仙居顺口溜的表演包括“手面”和“面风”。这种动作和表情,也分说书人的和故事中人物两大类。说书人的动作和表情,是解释性的,并用以表达说书人的喜怒哀乐和爱憎态度。故事中人物的动作和表情,由说书人用近似故事中人物的语言(包括语音和语调)来讲。讲大书的演出,因演员的说法、语言、起角色等方面的不同特色,形成了不同的风格和流派。如说演严谨,语言表达基本固定的,叫作“方口”;随机应变,舌底生花,善于即兴发挥,为适应不同的听众而随时变化的,叫作“活口”;说表语如联珠,铿锵有力的,叫作“快口”,相反则为“慢口”;以说表见长,少起角色的,称为“平说”。

20 世纪 60 年代中期以前,仙居城区及其各乡集镇听老艺人讲大书是广大农民主要文化娱乐生活之一。然而目前,尚能演出的仙居评话演员仅剩七八位,且大多年岁已高。

2014 年 7 月,仙居顺口溜被列入台州市第五批非物质文化遗产名录。

天台词调

天台词调，是天台县地方戏剧剧种。清同治年间，天台县城一位名叫袁国仁的秀才参照昆曲对当地民间曲调进行整理，并以词牌为名，称之为“词调”，尔后逐渐成为天台民间一大剧种。20世纪30年代，在天台城乡风靡一时，深受百姓的喜爱。据统计，至解放时，天台城乡活跃着30多家词调剧团，都为男班。

新中国成立后，老县城以及城郊所在的词调剧团渐渐冷落，而三合镇亭头村、坦头镇榧树村的词调剧团仍然很活跃，并且由男班改为男女合演，远近闻名，人称“亭头词调”“榧树词调”。“文革”时期，榧树村曾用词调编新词，编演节目。亭头村词调剧团还成立了“毛泽东思想宣传队”，演样板戏。

1977年，古装戏开始恢复，亭头村、榧树村的词调剧团开始火热，村里的年轻人纷纷加入剧团学戏，排演了各种古装戏。每年春冬两季，亭头村、榧树村的词调剧团都要在外演出数月，演出遍及三门、宁海、临海等周边县市。为了区别于其他剧种,对外宣传上他们打出了"台剧"。1982年,亭头村将清同治年间发生在天台抗税暴动的"鲁材闹粮"搬上了词调舞台,名为《赤城风云》,在城乡巡演,轰动一时,在当年的县戏曲会演中荣获二等奖。后来由于电视的普及,文化娱乐方式的多样化,加上外出谋生的人增多,词调渐渐冷落,亭头村、榧树村词调剧团先后停演。

天台词调的曲牌有罗卜子、紧中慢、二黄、西皮、慢都子、快都子、流水、二唤、二凡、男贡、女贡,它们构成了天台词调慷慨激昂的唱腔特色。念白则是天台的文字官话,伴奏以板胡、二胡、京胡、笛子、鼓板、唢呐、锣鼓为主。天台词调男女合演,文武戏兼备,唱腔高亢嘹亮,颇有些悲怆之感,场面宏大,人物众多,气势磅礴,特别适合表现历史题材的大戏,俗称"朝戏"。天台词调传统剧目有50多部。

2011年,三合镇亭头村组织词调老艺人参加三合镇文化走亲表演,演唱词调选段,并参加第二届天台县农民文化节闭幕式暨非物质文化遗产展演的表演。2013年,县非遗中心启动天台词调影像录制工作,共录制经典剧目和唱段20多出(段)。同年,在张士潮的资助下,亭头村恢复了千秋剧团,老艺人张贤湖、张哲炎等向年轻人传授唱、做、念、打。2013年春节,在村里祠堂上演了天台词调《渭水访贤》《百寿图》《辕门斩子》。2014年2月21日,在天台县亭头村召开了"天台词调保护与传承研讨会",为进一步保护传承天台词调献计献策。5月31日,亭头村的天台词调《渭水访贤》参加了"浙江好腔调"传统戏剧会演,受到好评。2014年,亭头村被列入台州市非物质文化遗产传承基地。

2006年6月,天台词调被列为台州市第一批非物质文化遗产名录。

民　俗

三门祭冬

冬至是农历二十四节气之一，古人认为冬至阳气生而君道长，是乱而复治之机。宫廷和民间历来都十分重视冬至，从周代起就有祭祀活动。

在台州，现在有不少地方也传承着冬至祭祖传统。一般是在冬至日当天烧几道菜，做冬至圆，摆上供桌，斟酒，上香，拜祭祖先。而三门祭冬的程序相对更加复杂、完整，尤以亭旁镇杨家村、海游镇上坑村与健跳镇小莆村宗族祭冬规模最大、程式最完整、传承最完好。

三门祭冬由取长流水、祷告祈天、祭祖、演祝寿戏、行敬老礼、设老人宴及与之伴生的相关民俗文化组成。每年冬至日，三门各村落参加祭冬的主祭、陪祭、童男童女、执事等选择都有严格的族规约定。冬至日寅时，主祭、陪祭、童男童女、执事等就位。先祷告祈天，后举行祭祖大典，三献读祝。来宾及子孙，听从喝礼，左昭右穆，雁序跪拜。礼毕，演祝寿戏，设老人宴。

三门祭冬历史悠久，民间流传“冬至大如年”“清明吃苦燕，冬至吃甜圆”之说。康熙《临海县志・卷一・风俗》载：“冬至，粉秫米为丸，谓之冬至圆。设牲醴食馔荐之祖先。”光绪《宁海县志》载：“冬至屑糯米粉作汤圆，以赤小豆作馅礼神及祖考。”(旧时三门分属宁海、临海管辖)《临海县志稿·卷七·风土·岁时记》及三门宗族谱牒均有祭冬记载。三门聚族而居的特征,使这一民俗得以正常传承,并一直沿袭至今。三门祭冬目前依然是三门县各村落极其重要的祭祀和庆贺性节日。

三门祭冬具有鲜明的地方和区域文化特色,是保存至今的冬至节气民俗活动的代表,通过祭冬人们深切地表达了对天地自然与祖先的感恩之情,传达尊祖聚族的人伦大义,凸显崇尚祖德、尊老爱老的道德理念,实现聚族睦亲、和谐相处的根本目的。

2014 年 12 月,三门祭冬被列入国家级第四批非物质文化遗产名录。

高枧古亭抬阁

高枧古亭抬阁,即元宵节郑氏宗族古亭抬阁出迎活动。据高枧《郑氏族谱》记载:始祖郑虔于唐朝从河南荥阳迁居三门。至明朝万历年间,高枧郑氏维明德公后有五子(现称五个房族),子孙繁衍生息,宗族兴旺,秉承祖德遗风,勤俭持家,崇尚礼仪。村边临溪的"赛雨庙"供奉着白鹤大帝金身和龙王金身,每年正月十四都要举行庙会。祖上为显耀其家族殷实兴盛,叫五房儿子各自制一杠古亭和抬阁举行出迎活动,于是每年元宵节就有此项民俗活动。古亭抬阁出迎活动代代相沿,"文革"期间出迎活动一度中断,古亭全部毁坏。1978 年,郑姓五房各重造古亭抬阁,重新恢复元宵节出迎活动。

每年正月十四,郑氏宗族的五房中有威望的老人,召集族人来到村后的香石庙举行祭祀,祭拜仪式后举行出迎活动,其顺序为五兽、采茶舞、莲花落、三十六行、高跷、古亭、抬阁。各房的古亭均选用上好的樟木、楠木等优质木料,聘请雕刻名匠,历时多年,精雕细琢而成,故有"千工亭"之称;抬阁制作精巧,由孩子扮成戏剧中的人物,表现一个戏剧的精彩场面,生动形象,富有情趣。出迎队伍沿着高枧村主要道路巡游,一直至后山的"香石庙"结束。事毕,各房将古亭收藏,待来年再展。

高枧古亭抬阁出迎活动,不仅有五房的古亭和抬阁的展示,同时有五兽、采茶舞、莲花落、三十六行等独具特色的民间艺术。在"五兽"身上,民间的工匠尽显绘画、雕刻才华;在采茶舞、莲花落、三十六行里,民间的艺人是尽显表演才能,古亭、抬阁更是民间工艺的精华,整个出迎活动实际就是一次当地民间艺术的集中展现。它整个出迎仪式、祭祀仪式和出迎线路,都是按照宗族延续下来的程式,这为我们研究传统宗族祭祀,以及民间信仰、民间娱乐提供了不可多得的史料。

2006 年 6 月,高枧古亭抬阁被列入台州市第一批非物质文化遗产名录。2007 年 6 月,高枧古亭抬阁被列入浙江省第二批非物质文化遗产名录。

送大暑船

送大暑船是椒江葭芷一带的民间习俗。清同治年间，葭芷一带常有病疫流行，尤以大暑节前后为甚。士人以为五圣所致(相传五圣为张元伯、刘元达、赵公明、史文业、钟仕贵，均系凶神)，于是在葭芷江边建有五圣庙，乡人有病向五圣祈祷，许以心愿，祈求驱病消灾，事后以猪羊等供奉还愿。葭芷地处椒江口附近，沿江渔民居多，为保一方平安，遂决定在大暑节集体供奉五圣，并用渔船将供品沿江送至椒江口外，为五圣享用，以表虔诚之心。此为送大暑船之初衷。

大暑船与普通渔船中的大捕船等大，长约 15 米，宽约 3 米余，船内设有神龛、香案，以备供奉。船内载有猪、羊、鸡、鱼、虾、米、酒等食品，与水缸、缸灶、火刀、桌、椅、床、榻、枕头、棉被等一应俱全的船上生活用品，并备有刀、矛、枪、炮等自卫武器，唯米具用小袋，每袋一升，为千家万户所施。

大暑船须在大暑节之前赶造成功。大暑节前数日，于五圣庙建道场，延请和尚做佛事，还愿者纷纷将礼品送到庙内，以备大暑节装船。船须由一两名船老大驾驶到椒江口处，然后船老大改乘所带之小舢板回来，让大暑船趁落潮大水，渐渐远离海岸，飘向茫茫大海。船只飘得无影无踪，才算真正被五圣接受，称得上大吉大利，如果船遇东风无法东进，涨潮时飘回海门关口，乃是不吉利的征兆。驾船老大须挑选驾船技术高，且享有较高威信之人，并于五圣像前跪拜三叩头之后方可上船。放船时，众求神还愿者双手捧香，于江岸向船跪拜遥祝，口念佛号送船，一时诵声雷动，蔚为壮观。

首送之后，年年造船送船，渐成习俗。传说有一年大暑船出海后，因船上之烛火使海盗误以为商船，追赶就近喝令停船，可船行依旧，毫不理睬。海盗船遂开枪射击以逼令停船，前船竟也开枪还击，令海盗船无法接近。追了一夜，至天明时追上，跳上一看，竟是空无一人的大暑船。吓得海盗惊恐万状，连忙俯伏甲板，朝船上神龛连连磕头，请求饶恕。

送大暑船活动以后逐渐演变成葭芷附近一带的节日盛会。大暑节到来之前，各方人士就开始准备，组织者请木工赶造船只烧香求神。还愿谢罪者、做买卖的生意人、民间艺人、戏班演员等从四面八方来葭芷。一时葭芷街头人来人往，熙熙攘攘，煞是热闹。

送大暑船时，先要举行迎圣会，迎圣会分大迎、小迎。大年为大迎，小年为小迎，三年一大迎。迎圣会队伍前面有四人鸣锣开道，随后是八壮汉手执钢叉护持，然后是五名少年扮成的五圣，各跨骏马，由马保牵马侍候(有时亦坐彩轿)。五圣之后有四人抬的香亭或台阁，上点香烛，供两旁百姓参拜，此是主队伍。主队伍后面则是走高跷、卖水果、卖梨膏糖、唱桃街、补缸、舞龙、打花鼓、摔小球、抛瓷瓶等民间艺人化装，做各种即兴表演。最后是身穿红衣裳，颈上套白线(象征铁链锁身)，手执香烛还愿的“罪人”队伍，他们都是曾经患重病，因祈祷五圣而病愈者，现在趁送大暑船时前来“谢罪”的。

迎圣会队伍从五圣庙出发，锣鼓喧天，鞭炮齐鸣，浩浩荡荡，煞是壮观。此时观者人山人海，万人空巷。队伍先缓缓两行去栅浦，然后折回向东，行至前周、东岸、闸头等地，进入葭芷大街，返回五圣庙。

迎圣会以后是送大暑船，此时迎圣会队伍自动散开，一字儿排列在江堤上。时辰一到，为首者一声号令，鞭炮齐鸣，江堤上善男信女，手握香烛，口念佛号，磕头遥拜，目送大暑船起航，顺江直下海门关口。

送走大暑船后，五圣庙戏台即开始演戏，少则三五天，多则七天、十天甚至半月，以示喜庆。葭芷街上上下下，喜气洋洋，热闹非凡。

2006 年 6 月，送大暑船被列入台州市第一批非物质文化遗产名录。2009 年 6 月，送大暑船被列入浙江省第三批非物质文化遗产名录。

清音寺庙会

仙居县清音寺庙会是依托民间陈十四娘娘的传说，在农历七月初七前后举办的延续多天的较大型的佛事活动与民俗表演。其主体内容有：朝拜、祈福、还愿、看演出、人会等等。

仙居县清音寺庙会的历史比较长久，据寺庙碑文记载，清音寺的前身为金竹岭寺，始建于明初，重修于清康熙年间。仙居县清音寺经过多次修缮后，现有前后两殿，占地面积3000平方米左右，并拥有广阔的表演场地，非常适合大型民俗活动的表演与展示。

据老人们回忆，庙会活动始于明朝中期，成型于清初，并一直延续至今。仙居县清音寺庙会有活动时间长、辐射范围广、表演节目多等特点，庙会的活动时间为农历七夕前后三天，远至永嘉、缙云，近为邻近村民，云集参与人员多达几千，表演人员也在200—300。穿插其间的民俗表演与展示，有列入省级非物质文化遗产名录的十八罗汉、列入市级名录的三十六行说唱与表演，还有地方戏曲、曲艺及游艺活动。

仙居县清音寺庙会与其他传统节日一样，是传承一个地区或一个民族饮食文明的重要平台，是传承原生态服饰文明的重要载体。仙居县清音寺庙会具有自己的特色，包含了丰富的地方文化、七夕文化，延续了原始的表演风格、历史风貌。

2009年6月，清音寺庙会被列入浙江省第三批非物质文化遗产名录。同年，清音寺庙会被列入台州市第三批非物质文化遗产名录。

二月二灯会

二月二灯会是黄岩西部宁溪镇一带民间传统节日，相传始于南宋，至今已有800多年的历史。

全国各地的灯会一般都在正月十五元宵节举办，而宁溪的灯会活动却在二月初二举办。“二月初二”是中国许多传统节日集中的好日子，比如北方的春龙节、南方的花朝节等，它也意味着南方农村农事活动即将展开。宁溪选择在“二月二”办灯会既有祈祷风调雨顺，有一个好收成的意思，又不与元宵节重叠在一起，集聚更多人气，吸引更多人参加活动的动机。

宁溪的二月二灯会不仅时间上与各地不一样，而且活动形式比较独特。它既是一个规模盛大的民间庙会、灯会，又是一个集民间歌舞、民间音乐、民间戏曲、民间杂耍、民间游戏等民间艺术活动的一次大会串。更是一个融文化交流与商品交流为一体的综合性大型活动。

古宁溪街分为八宅，每年举办灯会活动都要召集八宅首事，商讨灯会活动的时间和内容，并对各项活动做出具体安排。八宅每年轮换首事，由当年首事负责确定并通知今年二月二的上、下灯时间。确定上灯后，各宅都要在自己宅的中心地段竖立“九连灯”。每宅都建有一座“虚空亭”，灯会期间将本宅的“保界爷”或“神”接到这里，旁边筑一鼓手亭，邀请鼓手班在亭子里从早吹到晚，一来为了热闹，二来为了迎接客人。

灯会期间，家家户户门口都要贴春联、挂彩灯，而且每夜都要迎灯。第一夜叫闹街，八宅各自组织锣鼓队进行沿街演奏，或在自己住宅的“虚空亭”内敲锣鼓，表示今年“二月二灯会”活动今晚开始，但这一夜不“迎神”，其余各夜都要“迎神”，按当地“神道”的大小，先小后大顺序每夜迎灯。一般选定在初四夜进行大迎，因为初四是宁溪市日，四周边境的群众借到宁溪赶集之机来看灯，或借此走亲访友。是夜，各宅都要组织一支几百人的队伍参加迎灯，每支队伍都由两个敲十三响大锣为前导，接着是长方形“高照”，“高照”后面是各式各样的彩灯，接着是锣鼓队、乐队，最后面是“神”。迎灯队伍以宅为单位，按照街上各宅商定的迎灯顺序沿街缓缓地游一周。迎灯一周需要两三个小时，迎灯队伍一边游一边表演节目，热闹非凡。

初四夜迎灯结束后，还要组织“作铜锣”。“作铜锣”是宁溪“二月二灯会”活动必奏音乐之一，宁溪人称之为“粗吹”，它是打击乐器和丝(弦)管乐器组成的民间大型吹打乐。夜深，当迎灯后的人们在家里还沉浸在欢乐的气氛中，此时，那“作铜锣”悠扬的乐曲声，由远而近，又由近而远，缓缓地流过街头。

宁溪二月二灯会期间，家家户户除了贴春联、挂彩灯外，各宅还要组织吹鼓手、赛锣鼓、迎灯、演戏、舞龙、舞狮、迎神、作铜锣等等。同时，亦借此机会走亲访友，增进友谊。边境的小商小贩亦借此机会到宁溪开拓商机。

宁溪二月二灯会在台州具有很大的影响。新中国成立后灯会曾一度停止活动，至 1985 年，在宁溪镇政府的大力支持和文化站的精心组织策划下，这一传统节日得以恢复。之后，镇政府每隔几年都要组织举办一次二月二灯会，发动机关、学校、企事业单位参与，规模比较庞大。而宁溪街 6 个居委会，每年都要组织举办灯会活动，从不间断，但规模要小一些，灯会活动则基本上保持原有的历史风貌，并加入一些现代的彩车、彩灯和文化活动，从而拓展了原有的民间文艺活动，使原来只有农民参加的灯会活动发展到全民参与的群众性文化盛会。

2008 年 6 月，二月二灯会被列入台州市第三批非物质文化遗产名录。2009 年 6 月，二月二灯会被列入浙江省第三批非物质文化遗产名录。

石塘小人节

石塘小人节是温岭沿海的石塘、箬山一带,在七夕当日为16岁以下儿童向七娘妈祈愿的节日。该节日具有明显的闽南文化特性,与台南、高雄等地供奉织女"七娘妈"彩亭相类似。

石塘先民于300多年前从闽南迁入,此习俗随之落地生根,因当地相对封闭的地理位置,该习俗300多年来仍被民众完好保留。

小人节祭祀程序:初七凌晨至中午,有小孩的家庭在门口设供桌,摆彩亭、彩轿,点香烛,放七个酒盅、七色线及香蕉、西瓜、木耳等时鲜果蔬,还有糖龟、刀肉、索糆、粽子等祭祀七娘妈。祭祀结束燃放鞭炮,焚化彩亭、彩轿以献给七娘妈,中午宴请客人,热闹程度不亚于过年。

小人节的鲜明特征:一是祈愿内容的独特性,专为祈愿儿童健康成长。二是所用祭品的独特性,主祭品必须要有彩亭、彩轿和糖龟等物。在小人节到来前,石塘居民都要为自家未满16岁的孩子准备一座彩亭或彩轿(男童用彩亭,女童用彩轿,不过现在有的女孩子家庭也用彩亭了),彩亭和彩轿均是由当地民间纸扎艺人用竹条、彩纸、泥巴等原料扎制而成,二层或三层(年满16岁的孩子用的"满金亭"一般都是三层的,制作特别考究,底层还特别多插了一个上京赶考的纸人，它手拿雨伞，肩背包袱，价格也比一般的彩亭要高一些)，在彩亭内部，一般都贴有观音和七娘妈版画像，彩亭上还分层装饰了不少戏曲故事人物，如《白蛇传》《八仙过海》《哪吒闹海》《西游记》等，看上去色彩绚丽。三是主祭性别的独特性，主祭者一般为女性长辈。

小人节的主要价值：一是汉族传统节日演变的活化石，该节日将七夕的织女信仰与祭祀、摩喉罗的信仰与玩偶、求吉祥与民间扎制工艺完美地糅合在一起，成为研究民间节日文化传承演变的活化石；二是闽台同根文化的有力佐证，闽南与台湾部分地方依然保留着类似的习俗，足以证明闽台文化的同根同源；三是进入成人文化的分界线，之所以叫小人节，是因为 16 岁前年年过节，16 岁“满金亭”后不再享有，节日被赋予神圣的文化内涵。

但随着交通的改善和基督教信仰的冲击，小人节习俗逐渐面临濒危状态，亟须加以有效保护。

2006 年 6 月，石塘七夕习俗(小人节)被列入台州市第一批非物质文化遗产名录。2009 年 6 月，石塘七夕习俗(小人节)被列入浙江省第三批非物质文化遗产名录。2011 年 5 月，石塘七夕习俗(小人节)被列入国家级第三批非物质文化遗产名录。

海游六兽

海游六兽是海游镇元宵节出迎的民俗活动，以六种奇兽的巨灯出迎为主要内容，因此得名。

海游历史悠久，早在唐武德四年(621 年)曾被设置为宁海县治所在地，现为三门县城所在地。后梁时，有蒋王乾官居指挥使，屡立战功，后在与后唐军作战时失利，英勇不屈，自刎殉国，其五个儿子名为温、良、恭、俭、让，闻知其父亲身亡，亦投海游的眠牛潭自溺而死。后唐庄宗嘉其一门忠孝，追封其父为靖德侯，五子为太尉，下旨于潭边建“太尉庙”。庙成之日是古历正月廿七，海游章、蒋两姓民众迎神位巡游，巡游队伍中除“五兽”(狮子、白象、麒麟、梅花鹿、犀牛)外，另添“四不像”，合为“六兽”。海游六兽出迎起始于唐朝，盛于明末清初。“文革”期间六兽出迎活动一度停止，1990 年恢复六兽出迎活动。

每逢元宵佳节，现海游镇的城东、城西、城南、城中、丹峰等 5 个村的蒋、章两族的族人聚集在“太尉庙”，祭祀仪式后，将五位靖德侯王像请出巡游，后有六兽陪同出游。“六兽”是由蒋、章二族的能工巧匠制作的，先用竹篾、木头、钢丝等做成约 2 米高的狮子、白象、麒麟、梅花鹿、犀牛、四不像的形架、然后用彩布蒙上。

“六兽”出迎，伴有5个村的仪仗队、舞龙队、锣鼓队、纸古亭等，声势浩大。“六兽”中狮子乃兽中王，因此由它开道，白象代表吉祥，其身上坐着老王爷；麒麟代表子孙兴旺，其身上坐着男孩；梅花鹿代表和睦如意，其身上坐着女孩；犀牛代表万事一统，其身上坐着的是武将；而四不像代表五谷丰登、六畜兴旺，其身上坐着的是仙人。

海游六兽是三门重要的民俗活动。它体现了蒋、章二族对祖先民族气节的敬仰，同时在元宵节用六兽出游，祈盼新的一年能平安吉祥、风调雨顺、五谷丰登。

2007年6月，海游六兽被列入浙江省第二批非物质文化遗产名录。2008年6月，海游六兽被列入台州市第二批非物质文化遗产名录。

路桥开年节

古代路桥的民间风俗到宋代已基本定型，此后元、明、清各代，只是部分有所改变，有些礼仪习俗更加烦琐。如路桥的“开年习俗”，几乎每个商家，为求发财，多奉财神，甚至红烛昼夜长明，此习俗一直流传至今。

路桥习俗，年初三开市，必先祭财神，“金锣爆竹，牲礼毕陈”，以争先为利市，必早迎之。正月初二凌晨零时一过，路桥街的鞭炮声，就越来越响越来越密，各商家摆起“魁头蹄”，米糕做的元宝、鱼、肉等，点香烛，供奉财神爷。供桌前两只对称的高脚蜡签上点燃两支粗壮的大蜡烛，灯火辉煌，中间香炉里插上香。供品有三牲、水果和年糕等满满一桌。供桌上除香烛、供品外，还要放一把刀，刀上撮点盐，谐音“现到手”，意指现金交易生意没有拖欠。供桌前放一块供人叩拜的拜垫，按店里职务大小顺序排列，从老板开始到经理、账房、伙计。由老板叫名字，一个个向财神爷跪拜。如没有被老板叫到名字的，意味着不再聘用。为了不至于让不聘用伙计当面尴尬，一般都已事先通知当事人。

供奉财神，也称“开年”。开年是新的一年开始之意，照理应在正月初一这一天，路桥商人为什么放在初二夜？这是因为初一是全民休息的日子，人们都停止了工作，欢欢喜喜过新年，故推迟到初二夜。路桥商人初二夜接财神虽然年复一年，但没有一家开店门做生意的拖到初三，因为“三、八集市”，已有小部分开始营业。到了初八，大部分商家都开了店门，到了十三市，则全部开店门做生意。

2006 年 6 月，路桥开年节被列入台州市第一批非物质文化遗产名录。

天台抬阁

抬阁，是天台最具特色的民间艺术之一，流传已久，其源已无从考据。民间相传其一是源于肩抬诸神塑像的“扛神”的祭祀活动，演变为扛抬扮演诸神的人。其初为小孩，因易跌伤，后改为固定在铁杆之上，并给予适当的装饰。来源其二是为了适应庙会特点，使远处观众也能看到，由高跷演变为小孩骑在成人肩上的宁波“造夫”，相当于天台的“舞麒麟”，进而发展为抬阁。

所谓的“抬阁”，皆因四个人扛抬着一个阁子式的台柜而得名。台柜呈方形，底座是坚固的方形木架。台面约一平方米大小，四角各竖一根竹竿，饰以彩条，顶上覆以篷盖，披红挂绿，悬灯结彩。台上有一至数名长相漂亮的 6 至 8 岁儿童扮成各种戏剧人物或神话人物，如“何仙姑采药”“桃源仙子”“梁山伯与祝英台”等。

天台抬阁在清代时就十分流行，新中国成立后，每逢重大庆典，城关镇各村居都装饰几台抬阁,多时一次出动四十来台。看抬阁成了天台县民间传统的喜庆娱乐活动的重头戏。

天台抬阁一般由村居自行制作完成,所以抬阁也成了各村居之间竞赛的项目之一。

抬阁是手工技艺,其工艺制作传授全凭师傅的口传身授和徒弟的领悟。抬阁制作流程从原料的选取到工艺的制作都十分考究,融美术、音乐、舞蹈、文学、戏剧等艺术为一体。因为是手工制作,所以对从业者的技巧要求较高,不仅要有一定的文化水平,而且雕刻、油漆等都是手工活,劳动强度大,工作比较辛苦。一桌抬阁的制作首先要设计好内容,随后根据主题来选择"抬阁娘",选择小孩扮相是不是漂亮、符不符合抬阁的主题,确定以后以"抬阁娘"为中心,考虑人物造型、音乐搭配、布景设计等。其中制作环节中最为关键的是如何"发阁",因为抬阁的人物造型都是悬在空中,一桌好的抬阁要让人找不到破绽,这也是评价一桌抬阁制作水平高低的最重要因素。做抬阁其实是一边构思一边修改的过程,是众人智慧的结晶,需要一支组织严密、配合协调的队伍,从设计到完成一般要花费一个半月时间。过去抬阁表演时,常用汽灯照明,配以锣鼓。现在,改用灯光音响设备。

目前天台抬阁制作者多为老年艺人,年轻人中无人继承这一传统制作技艺,随着老一辈艺人的年龄不断老化,抬阁制作工艺面临断层,特别是受到现代娱乐方式多元化的冲击,抬阁这项天台民间传统艺术正在逐渐走下坡路,抢救、保护抬阁艺术已经刻不容缓。

2006 年 6 月,天台抬阁被列入台州市第一批非物质文化遗产名录。

温岭泽国三月三庙会

泽国三月三庙会，是温岭市泽国镇民众举行的迎神巡游庙会。据传明末崇祯年间，有舅舅周三行和外甥章良赴考途经泽国，夜宿惠通庙边的山东堂。拂晓，周梦见一恶人向井里投毒，惊醒后唤章提井水试鸡，鸡灌之即亡，二人大惊。天明，乡民来挑水，周、章极力劝阻无效，周跳井阻止，被拉上来时已是全身发黑中毒身亡，章见状面色赤红昏死井旁。当地百姓为纪念周、章二人，改惠通庙为“雄镇庙”，塑起黑脸舅舅与红脸外甥奉为周、章二神。清乾隆四十六年（1781年），泽国先贤戚学标进士及第回乡省亲，按当地习俗，既要祭拜祖先，又要到保界庙拜神灵。而周、章二人功名未就只能称相公。戚不能以臣拜民，故未参拜。戚返京后，举奏周、章功绩，皇上敕封周、章二人为元帅。从此，每年农历三月三日都举行“迎神赛会”，迎神队伍长达数里。

泽国镇的“迎圣庙会”，场面热闹非凡。史料载：“是日，抬二神出巡，先以小顺风开通十八响，鸣炮助威，大纛、彩旗仪仗列队先导，喜庆鼓乐随行，穿插杂耍、天皇花鼓、莲花、舞花棍、踏地戏、走高跷、千秋扛、立吊梗、坐台阁等应有尽有，人山人海，热闹非凡，遐迩闻名，不同凡响，迎圣队伍长达数里，为各地迎圣会之最。”因历史原因，自 1957 年最后一次举行过迎圣庙会后，停了近半个世纪。

2008 年，泽国当地群众自发组织恢复了三月三庙会，巡游队伍不仅有台阁、吊梗、舞龙、舞狮，而且还有天皇花鼓、木兰方队和健身体操队等其他民间艺术和群众体育项目。2008 年的“三月三庙会”，发起人吴仙春和其他一些热心人商议，把迎奥运的主题添加到巡游活动中去，有关的群众体育团队也加入其中。2009 年的 3 月 29 日，泽国镇的前炉、后炉、泽南等 7 个村联合牵头组织，再次举办“三月三庙会”民间文艺巡游活动，巡游队伍有：天皇花鼓、台阁、吊梗、千秋扛、闹湖船、排街、十里铺高跷、舞龙舞狮等，泽国镇的木兰协会、舞蹈协会、中老年健身队、太极协会、戏迷票友协会等文体团队的方队等也亮相于踩街队伍中。甚至还有台州三区、玉环、乐清及大溪、新河、松门、箬横等地的团队前来参与。2010 年是虎年，这一年的三月三迎神会时，组织者甚至把温岭动物园的东北虎也租来拉上街头。

2010 年 6 月，泽国三月三迎庙会被列入台州市第四批非物质文化遗产名录。2012 年 6 月，泽国三月三迎庙会被列入浙江省第四批非物质文化遗产名录。

三门讨小海

讨小海习俗是指三门渔民去海涂捡小鱼、小虾，到岸礁挖蛎、采紫菜；或者摇着狭小的舢板，在近海捕捞的生产方式。这种近海滩涂捕捞作业，劳动强度低，相对安全性较高，被称作“讨小海”。“三门讨小海”习俗分布在三门沿海一带广大渔村，进一步扩散到沿海各地，尤其以健跳镇外岗村最为典型。

根据作业水域不同，讨小海可分为滩涂、暗礁作业和浅海作业两类。经过多年生产生活积累，围绕“讨小海”，在健跳一带形成区域色彩浓郁的传统生产技艺，以及与之相关的生活习俗、社会习俗、民间文学艺术等。

讨小海生产技艺有夹港、放钓、隔岸扦等滩涂作业方法和溜网、拖网、放笼等近海作业方法。滩涂作业往往以杉木做的“泥马”代步，近海捕捞使用的是钓船、划具船、红头舢板等小型渔船及为讨小海所用制作的各种渔具。每年春夏之交是捉泥螺的最佳时机，“讨海”人一有空就去海涂上捡泥螺，那些看似不起眼的小泥螺被当地渔民称为滩涂上“三大海味珍品”之一。螺壳薄如蝉翼，螺肉通体透明，就像是一粒粒小琥珀镶嵌在蜗牛造型的薄壳中。泥螺个体虽然不大，但味道非常鲜美，深受浙江人的喜爱。

近海作业危险性毕竟还是存在的，于是，又衍生了各类民间信仰、祭祀活动及言语行为禁忌。健跳镇外岗村渔民信仰对象大抵有鱼司爷、平水大王等，在膜拜这些神祇的过程中，产生出祭海、祭网、祭船等多种祭祀仪式。在讨小海生产、生活实践中，健跳镇外岗村渔民归纳积累了大量与潮汐、气象、鱼类生活习性等相关的渔谚。同时，还产生了极富地方特色的渔民号子、渔歌和反映讨小海生活的海洋诗、渔民对联等。

2012 年 6 月，讨小海习俗被列入浙江省第四批非物质文化遗产名录。

温岭洞房经

温岭洞房经是流传在浙江温岭城乡的一种独特的婚俗文化现象。温岭洞房经的内容包括在婚礼中吟唱的祈福歌和进入洞房前后的嬉闹对歌。主要有“拜堂赞”和“洞房诗”两大部分，以吟唱与对歌形式伴随着整个婚礼过程。前者在婚礼起始阶段的拜堂仪式上，俗称“念傧相”，后者在进洞房前后，俗称“闹洞房”，内容包括“上楼梯”“打八仙”等40多项仪程。温岭洞房经的基本特征：一是吟唱中有对歌，吟唱与对歌贯穿整个婚礼的始终；二是仪式内容丰富，前后两个仪式的程序多达60项。三是持续时间较长，闹洞房吟唱对歌时间短则两三小时，长则五六小时。

对歌由洞房客和厨下倌对唱。洞房客也称弟兄客，人数少则6人，多则10至16人，必须成双。厨下倌则指洞房客之外的其他参与闹洞房或观看闹洞房者。入洞房时，洞房客在大堂中列队，主唱的洞房客在前唱仪式歌，接着是手提灯笼的一对洞房客。提龙灯者由新郎选定，也称伴郎。再是手捧托盘，盘中放着宫灯和金花的洞房客，然后是新郎和其他洞房客，新娘已被“关”在新房中。

“上楼梯”，每格楼梯一般由不同的洞房客来唱，都是喜庆吉祥的词，有的还唱一些戏曲典故。接着要“唱八仙”，有“小八仙”或“中八仙”“大八仙”之分。小八仙很简短，一般一个八仙唱一句就行了；大八仙则长得多，一个八仙要唱四句或更多句。接下去是开门开锁,有一版本的洞房经,将台州各地带有门字的地名都包含在唱词中,“…… 新人是金锁,新郎是玉锁,好年好月开金锁。有锁必有门,道士冠直进黄礁门。金清直出大港门,南田有个苍山门。葭芷对海门,乃庵直落是松门……”

接下去的一些环节,如讨凳头、讨茶、讨酒壶、讨酒杯、讨筷,都需要对唱,要里间的洞房客与外间朋友(厨下倌)对唱。

外间朋友常出些难题刁难洞房客,洞房客常常只得拿出香烟等解难题。后面的一系列环节,其中撒(方言读“扎”)炒米环节(有些地方是撒果子),有一个版本的洞房经是这样唱的:“果子撒(扎)凤冠,生儿做法院(指当院长吧)。果子撒布帐,生儿做宰相。果子撒皮桶(便桶),生儿做总统。果子撒眠床,生儿状元郎。果子撒大橱,生儿做财主。果子撒金桌,生儿做总督。果子撒落地,夫妻和合万年富贵。”这一撒果子或撒炒米,应当是旧俗“撒帐”之遗,在国内各个地方的婚俗中,都有“撒帐”的步骤,各地的县志等资料中,有相关记载。

相传“撒帐”风俗起源于汉武帝时,宋孟元老《东京梦华录》中也记载:当时人们结婚,“庙前参拜毕,女复倒行,扶入房讲拜,男女各争先后对拜毕,就床女向左,男向右坐,妇女以金钱彩果散掷,谓之撒帐”。顾颉刚著的《史迹俗辨》引用了某地的一段撒帐词:“撒帐东,床头一对好芙蓉。撒帐西,床头一对好金鸡。撒帐北,儿孙容易得。撒帐南,儿孙不打难。……五男二女。女子团圆。床上睡不了,床下打铺连。床上撒尿,床下撑船。”顾颉刚称,这是讨口彩,还有多子的祝祷。

温岭洞房经不仅是一种民俗活动,也是民间文学中的一朵奇葩,对吴歌的整理与研究具有重要的学术价值。作为汉民族独特的婚俗文化现象,具有原生态的文化功用目的和研究价值。

2009 年 6 月,温岭洞房经被列入台州市第三批非物质文化遗产名录。2012 年 6 月,温岭洞房经被列入浙江省第四批非物质文化遗产名录。

撒梁皇

撒梁皇习俗在仙居东部双庙、朱溪等乡镇广为盛行。源于南北朝梁武帝时代始兴的盂兰盆法会，在传承、融合、演变过程中，成了当地的民俗大会，俗称“撒梁皇”，是佛教中大型的佛事活动。“梁皇宝忏”缘起于萧梁武帝。相传，梁武帝皇后郗氏反对佛教，不信因果轮回，死后堕于畜生道，化为蟒蛇，备受苦难，遂托梦于武帝，哀求救拔。武帝求教于志公法师。志公曰：“须礼佛忏涤烟疑方可。”武帝遵其言，搜索佛经，录其名号，兼亲抒睿思，洒圣翰撰悔文，共成十卷，皆采撷佛语为其忏礼。其后不久，武帝又见郗氏化为天人而来致谢，言自己得到超度，已生忉利天。

和盂兰盆节相比，撒梁皇赋予习俗更多的时间和更大的空间。它保留和传承了“盂盆兰节”的“普度”活动与仪式，同时，增加了区域特色活动，如做宝塔、翻九台、烧宝船等。在举办时间上，由原来的农历七月十五变成了清明、冬至前后举办，撒梁皇习俗的历史比较长久，因未见于家谱、族谱，起始年代已无从考证。从传承的历史追溯活动的起始时间应该在500—700年前。此习俗主要有朝拜、制作花船、宝塔、翻九台、撒馒头糖果、烧花船、烧宝塔等内容。

撒梁皇习俗有自己的传承、演变、发展历史，是传统节日与区域文化、民俗融合成为区域传统节日的典范，是研究盂兰盆节在仙居传承历史的活化石。

2010年6月，撒梁皇被列入台州市第四批非物质文化遗产名录。2012年6月，撒梁皇被列入浙江省第四批非物质文化遗产名录。

白枫桥庙会

白枫桥庙会迄今有 650 多年历史。陈大元帅名陈仲广，峰江街道白枫居人，寿诞在正月初八，因其在保家卫国中的英勇表现为村民所敬仰。为表达对陈大元帅的敬意，村民们趁其寿诞之日进行祭祀，年年如此，逐渐盛行。相关的表演、各种传统美食也出现于人们视野中，最终形成庙会形式，后称白枫桥庙会。

全村或慕名而来的附近村落居民，无论男女老少，手执一支小旗。猪羊和其他祭祀品或扛或挑，伴随着敲锣打鼓声，舞龙舞狮队开道，民众兴高采烈地进庙。全场有 10 多班乐队和狮子滚龙花鼓等前来祭祀。

祭祀的过程有一定规矩：本庙主持及八个村的经事作为本村代表在祭中跪拜，聘请仪司、献司、祝司举行仪式。仪式中首先鸣炮奏乐，请神献酒，跪拜，再进行三献，献后乐队绕筵一圈。最后祝司读祝文，其内容大多为颂功颂德。

进献中各种祭礼均赋予美称，如：猪称“刚鬣”；鱼称“水梳”，意思鱼在水中游来游去，好像做布的梳一样，故称“水梳”；一般的粉面称“寿面”；桃称“仙桃”；等等。

结束后，进行滚龙、滚狮子、打八仙、花鼓等活动，非常热闹。庙会结束后，村民们回村中聚餐。

庙会伴随着大量的各色小吃、各种小商品和游乐项目。随着经济的发展，这种形式越来越少。路桥现存的庙会已寥寥可数，仅存的庙会也渐渐失去原先的意义。

2014 年 7 月，白枫桥庙会入选台州市第五批非物质文化遗产名录。

石塘元宵习俗

石塘元宵习俗是以原箬山镇为中心,正月十五前后渔区民众为庆祝元宵佳节,自发组织的抬火鼎、扛台阁等民间艺术巡游活动。

清康熙二十二年(1683 年)海禁开放,闽南惠安渔民相继在石塘定居,石塘扛台阁和大奏鼓、小人节等古老习俗一起,随渔民迁徙在石塘落地生根。扛台阁源于海边渔民献祭活动,是向海神赎买民众生命的古老仪式,抬火鼎是向神灵告知渔民旺盛生命力的古老仪式,以这两种活动为主要元素的石塘闹元宵,把民间信仰和渔区民俗传统文化结合在一起,如今已经演变为热闹、纯粹的民俗娱乐活动,展示了渔区百姓庆丰收的竞赛、检阅和狂欢。同时,正月十五为渔业生产年度的新开始,民心激动,举村共庆,祈盼渔业丰收。"文革"时期,扛台阁活动中止了十多年。"文革"结束后,便立即恢复,一直到现在。

该习俗具体过程为:正月十五之前由石塘某一村的发起人向本村所属的渔船、商店筹集活动经费。第一夜的游行队伍十分简单,一套锣鼓、一只火镬(放上炭火和火苗),由两个人抬着,两边由火镬公和火镬婆两人随行开道。第一个村的火鼎,必须坚持到最后,不许中途熄火。于是,每个村就立即起来响应,相互比赛。其间,如果爆了一口火镬,预示明晚再添一扛台阁,结果台阁越扛越长。游行队伍中的台阁类似于轿子,体积较大,四面透明。里面化妆好的并摆开各种姿势的儿童,打扮成民间流行的戏曲中的人物,如《白蛇传》《楼台会》《霸王别姬》等。台阁由十几个年轻力壮、热心群众文娱活动的渔民轮换抬着。队伍中,还穿插别的传统文化展示，如腰鼓、鱼灯、花棍、大奏鼓、踏地故事表演。活动持续多天才结束。

石塘扛台阁习俗具有以下特征：1. 源于古老献祭活动。扛台阁习俗在石塘已有 300 多年历史，这种民间活动最早源于古老的献祭活动，在民间故事和神话小说《西游记》中都有表现；台阁之中以白色为主，在中国民俗中代表着丧失生命和人们的祭奠；大奏鼓跟在台阁后面，原始意义是能够和神灵沟通的巫婆，由她们把台阁中的儿童献给神灵，并换取神灵对其他儿童保佑与不伤的承诺；献祭对象为海中的动物神，因而扛台阁要沿着海边走，结束在海边，然后熄灯，悄悄地回来。2. 这是渔民保持自我旺盛生命力的仪式。火鼎意味着生命和食物，当庆祝时，大家要齐心合力保住自己的生存地和生命力，因而也是一种检阅和狂欢。抬火鼎讲究的是第一个出鼎的村子，因为它必须坚持到最后，不许中途熄火，不然中途灭火是很不吉利的，意味着灭火绝后。3. 也是渔民庆丰收的检阅和竞赛。从第一夜的第一扛台阁开始，在挑战和应答中，台阁越扛越长，因而，该习俗在某种意义上是一种人情赛会。是发起村和各个响应村的较量，是一种村与村、人与人的挑战赛和娱乐赛，气氛热烈，响应者云集。该习俗是民间自发活动，持续时间长，遍布整个石塘渔区，规模盛大，吸引了周边几万观众前来观看。经常被省级媒体报道，曾经上过中央台新闻。

石塘扛台阁习俗具有历史文化的研究价值。扛台阁热闹的仪式掩盖了原始的意义，消失了哭声，从而使这种最早的献祭民间信仰活动演变为纯粹的民俗娱乐；火是人类生存的标志，抬火鼎就是合力保住自己的生存力和生命力，是人类征服大自然的崇高仪式。石塘扛台阁习俗是随着福建渔民迁入温岭石塘后成长起来的，有明显的闽南文化特性，是渔区的传统舞蹈、音乐、民俗等艺术形式的再现，通过这个平台，保护了渔区传统文化生态环境，也是展示的重要平台。渔民在大海中拼搏，重视精神上的力量，这种渔区自发、正面、积极的群众性娱乐活动，传承了古老文化，传递了古老的精神和力量。

但是，自进入市场经济时代后，群众性的文娱活动尽义务的传统消失了，自主参与活动的意识逐渐淡化。另外，台阁的形制变化削弱了手工特点和地方特色，需要政府引导和保护传承。

2014 年 7 月，石塘元宵习俗入选台州市第五批非物质文化遗产名录。

大溪四月廿三庙会

农历四月廿三庙会由来已久，据传四月廿三是镇东庙宋九尚书的寿诞，是大溪传统的一项大型民间文化活动。

该习俗起源于北宋靖康年间，每逢神寿诞日，家家户户买来祭品到镇东庙前祭拜，祈祷平安、丰收。随着年代变迁，太平盛世，祭神仪式也越来越隆重，方式也越来越多样化，到 20 世纪，祭神形式演变成“迎神胜”(迎神胜会)。

每年从四月廿二开始演戏，一直连演五天，家家接来亲朋好友过节，大溪、宜桥、水仓、后岸等有关村，集资编戏演出，组织队伍上街巡游。四月廿二日举行盛大的“迎神胜”，以村为单位，每家派出青壮年，组成村队，游行队伍长达一二公里。队伍中有抬阁、千秋杠、高跷、舞龙、舞狮等，各村都要在主要路道上摆四张以上八仙桌的祭品，表演队经过时都要展示身手，表演一番。游行从早上六七点钟开始，一直到下午四五点结束，全程约游十里。白天游后，傍晚要放烟火，请剧团演戏，周边群众都蜂拥而来，戏台前人山人海，狂欢活动一直延续到二十七日夜里结束。

大溪四月廿三庙会具有以下特征:1. 历史悠久。该习俗从北宋一直延续至今,有 800 多年历史,代代相传,形成了独特庙会风俗传统。2. 活动丰富多彩。有各项传统文化上街展示、巡游和邀请大戏演出。作为民间戏曲、民间舞蹈、民间音乐等文化展示平台,带动了温岭及周边的传统文化的交融发展。3. 持续时间长,影响面广。活动从农历四月廿二开始,大街小巷张灯结彩,到处喜气洋洋,持续时间六七天。

大溪四月廿三庙会是传统特色民俗展示平台。农历四月廿三庙会逐渐演变成一项传统的大型民俗文化活动,已成为展示大溪历史文化资源的一个窗口,庙会活动已经成为百姓娱乐、祈福和展示当地的经济、社会各方面形象的一个平台。该习俗既是民俗文化节,也是邻居节,体现了百姓祈求风调雨顺、国泰民安的愿望,同时,也是百姓追求清廉公正、建设和谐社会和邻里关系的心理需求的反映,体现了新时代百姓精神风貌。庙会期间,除了文化交流发展,还带动了商贸交流活动的繁荣,处处呈现喜气洋洋、欣欣向荣的节日气象。

但是,目前传统表演项目都是周边地方引进过来的,地方特色的传统文化尚有待发掘和扶持,使之成为展示的平台。

2014 年 7 月,大溪四月廿三庙会入选台州市第五批非物质文化遗产名录。

妈祖信仰习俗

妈祖文化发祥地是福建莆田湄洲岛的湄洲妈祖庙，该庙有着千年历史，在20多个国家和地区的6000多座妈祖宫庙中被尊为祖庙。

妈祖，原名林默，又称天妃、天后、天上圣母、娘妈，于宋建隆元年（960年）农历三月二十三日诞生于福建莆田湄洲岛，是历代船工、海员、旅客、商人和渔民共同信奉的道教神祇。她洞晓天文气象，熟习水性，平素精研医理，教人防疫消灾，终生以行善济人为事，被称为“神女”“龙女”。987年农历九月初九，林默羽化升天，年仅28岁。作为我国地位最高的海神，妈祖信仰自宋经元、明、清等几代传播迄今已历千年以上，影响极为广泛。

在玉环县，妈祖信仰主要分布于坎门镇。明嘉靖二十四年（1545年）福建莆田、惠安渔民来钓艚岙、应捕岙随鱼汛做季节性或搭寮定居，1669—1683年，闽南渔民陆续来玉环县集居，妈祖也从湄洲祖庙分灵，在坎门校场口立行宫，几经毁坏重修，至今该庙已有三百多年历史。妈祖信仰也在玉环县落地生根，不断传播。坎门渔民为祈求渔业丰收，经常来妈祖宫烧香祭拜。农历二月惊蛰开始为休渔季，于是妈祖宫在三月廿三妈祖诞生日举行“迎猪头”活动。

农历三月廿三的妈祖诞辰日，农历九月初九的妈祖羽化升天日，各地的信众都会涌上妈祖宫来。铜号向天而鸣，礼花一齐燃放，主祭人和副祭人带头船老大一起向妈祖像敬献花篮。随后，带头船老大、各渔村渔民和老渔民代表相继奉上高香。紧接着，向大海、妈祖神像敬五谷、五果、三牲等。30 名渔家汉子高举海碗向大海、妈祖敬酒喊颂：“一敬酒，感恩海洋；二敬酒，波平浪静；三敬酒，鱼虾满仓。”热闹欢快的舞乐响起，30 名渔家小伙和姑娘满怀虔诚跳起了祭舞……最后，当地的鱼灯、马灯、百兽灯欢快地舞了起来。在锣鼓声中，人抬阁、铁梗、小荡船、八蛮、腰鼓队、锣鼓队、花扇队、彩旗队的游艺队伍把祭海活动推向了烧香祈福拜谢。

2014 年 7 月，妈祖信仰习俗入选台州市第五批非物质文化遗产名录。

清港二月十九庙会

玉环清港镇二月十九庙会有着二百多年的历史，源于清港娘娘宫寿日，始于农历二月十五，止于农历二月十九。庙会每年一度，每三年举行一次娘娘巡游活动。

清港娘娘宫的主人公为陈十四娘娘，相传陈十四原是观音手指上的三滴血，后化为红雨降世为民女，美丽热情，豪爽刚强。因遇雌雄二蛇显化作怪，残害黎民，她激于义愤，乃上芦山学法，并广交天下英豪，立志为民除害，经过层出不穷、千姿百态的惊险搏斗，终于除灭了罪恶累累的雌雄二蛇。但由于违反玉皇旨意，触犯“天条”，最后陈十四不得不含冤离开人间。后人建筑娘娘宫，为祈雨遣灾，保一方平安，又称陈圣母庙。清港娘娘宫最初建成于嘉庆年间，后历经多次损毁、重建、迁址，现址位于清港镇清港村中心位置，为当地地标建筑。

每逢庙会，附近善男信女云集，人声鼎沸，热闹非凡。三年一度的娘娘巡游保界活动，更是让当地百姓像过年一样隆重对待。娘娘宫的保界为清港村、烧瓦村、塘头村、王家村、翻身村、坦浦村、垟心村、鹤新村、双郑塘村、夏岭村 10 个村。巡游时，队伍由清港娘娘宫出发，在游行队伍最前面的是端坐在大花轿子里的“陈十四娘娘”，娘娘由村姑扮演，寄托着当地百姓最神圣的祝福，娘娘在各村道里一路前行，保佑一方平安。每个村都精心打造自己的游行队伍，人抬阁、铁梗、小荡船、八蛮、腰鼓队、锣鼓队、花扇队、彩旗队、舞龙队等花样繁多，无不展现着民间文化的悠久历史与智慧。浩浩荡荡富有民间特色的游行队伍穿街走巷巡游各保界一遍，引来无数村民热情的目光，这是一场丰富的民俗文化盛宴。

近年来，传统民俗受到了经济大潮的冲击，清港娘娘宫庙会却以自己独有的方式存在着。在清港镇以及各界有识之士的共同努力之下，目前庙会及巡游活动均每年如期举行。

2014 年 7 月，清港二月十九庙会入选台州市第五批非物质文化遗产名录。

高迁婚俗

高迁隶属仙居县白塔镇，是国家级历史文化村镇，以古民居为主要内容的庞大的古建筑群就坐落在这里。淳朴的民风、良好的生态环境，使这里的古建筑仍保存完好，民俗也一直在延续。

高迁婚俗从广义上来讲，包括了提亲、相亲、小定头(订婚)、发聘、送娶头、送嫁资、暖房、迎亲、上花轿、下花轿、婚礼(拜堂、洞房)等，以及一些中间环节，如看八字、择日子、各类禁忌等等的民间风俗。从狭义上来说，就是结婚当日所举行的各类仪式。

高迁婚俗发展于唐朝，盛于宋、明。各个环节的送、请、穿、择时等都非常讲究，有一定的规矩，嫁、娶、吃等有一定的规模。

男方看上喜欢的女子，如果对方愿意，就要先托媒人请道士先生进行“合八字”，也叫“年庚百帖”。即男方、女方各自把自己年庚及出生时辰写在红纸里，由媒人交道士先生进行合配计算，是否和合。“合八字”，就是十二生肖配合十二时辰、天干地支，及六十甲子相生相克，如：肖猴忌配虎、猪，宜配龙、鼠；肖猪忌配蛇、猪、猴，宜配兔、羊，等等。地支相冲则是子冲午、丑冲未、寅冲申、卯冲酉等等。如果八字能合，则由媒人约请双方父母、亲戚讲好礼金、定亲日子。如果一方到时反悔,罚唱戏三天,并到对方家道歉。女方反悔则加倍奉还男方礼金,男方反悔则女方没收礼金。古代悔婚是很不光彩的事,很少发生。许多男女由于“八字”不合,或双方父母悔婚,往往出现了许多悲欢离合。经双方同意,约好日子,男方备好现金、聘礼,果子包两只,加花生、红枣、莲子、喜糖及铜钱、铜板(现改为各种面值现金),上午双方媒人在男方家吃早饭,在规定时间到达未来老丈人家吃饭。礼金只收一半,另一半给女婿作见面礼。饭后女方父母到男方家吃晚饭,男方请当地长辈、头面人物来作陪,女方回家时男方父母送上两倍于老丈人给女婿的红包,并约定大喜日子,俗称小定头,仙居至今流行。女方父母在嫁囡时由当地族长至祠堂宣读祭文,告之先祖。男方在大喜时也由族长到祠堂宣读祭文。结婚前三天,男方要杀猪、包粽、做馒头,还要请行堂吃饭。结婚前,男方到女方家拉嫁妆,带上一百二十个馒头、一百二十个粽、一爿猪肉、两箩米面及羊、酒、五谷杂粮,同媒人一起到女方家,女方家把送来的米面的一半还给男家,晚饭回男方家,称暖房。

结婚这天,媒人到男方家,吃过早饭,在选定时间出门放炮仗。新娘上轿时,母亲要哭轿,其中唱道:“脚踏楼梯步步高,娘家还是夫家好。囡吾啊!高高山头一株草,风吹两面好。高高山头一株葱,风吹两面通,囡吾!早点把外孙抱回来。”古代接新娘次序有:一是三请三轿;二是讨上轿银;三是上轿;四是哭嫁;五是送嫁;六是落轿进门。路上接新妇彩包有:城门包、过船包、过桥包(没有多少规定)。其中轿夫包两钱四分、灯夫包五十六文、鼓吹包一十六分。新妇下轿时,鞭炮齐放,要过火盆、踏升、斗、勾后由新郎抱进房。

2014 年 7 月,高迁婚俗入选台州市第五批非物质文化遗产名录。

上洋节

上洋节是三门沿海民众于每年农历五月十三为纪念感恩戚继光在三门湾抗倭而举行的民俗活动。主要在三门健跳、横渡等沿海地区流传，距今有四百多年历史。

明史记载，嘉靖四十年(1561 年)四月，倭寇大肆进犯浙江台州，三门县健跳、小雄、浬浦等地皆遭遇倭寇侵袭。同年五月，戚继光亲率戚家军在横渡铁场，击溃倭寇数百，并擒敌酋，平息三门境内倭寇之乱。三门县沿海民众为了纪念戚继光，在每年农历五月十三——渔民出海休渔归来之日，举办民俗庆典活动。俗称“上洋节”。

上洋节由祭祀戚公仪式和与之伴生的民俗活动、饮食文化组成。

每年农历五月十三日，三门渔民为保护海洋资源休养生息，自发上岸休渔。五月十三日上午，健跳村民及周边民众自发前来朝拜戚公祠，举行祭典仪式。并举行龙舞表演、高跷踩街、说唱表演等民间艺术，有民众围坐聆听戚继光抗倭故事，晚上，恭请戚公像观看当地民众举行的五天传统大戏。此日，沿海民众都吃戚继光抗倭流传下来的特定饮食习俗和传统食品——麦焦、糟羹、扁食。

2014 年 7 月，上洋节入选台州市第五批非物质文化遗产名录。

状元游街

状元游街，是三合镇灵溪村欢度元宵节的一项传统民俗活动。灵溪村位于天台县的东南，与临海的岭景乡毗邻。自唐天佑年间起，这里就是奚姓族人聚居之地，村子以环流的灵溪得名。

相传，清乾隆年间，在朝为官的灵溪人奚际享回乡省亲时，从皇宫带回“状元游街”曲谱，由此，灵溪村就有了元宵节“状元游街”的习俗。奚氏族人希望用这样的一种方式，延续古村的耕读文化，激发孩子们发奋读书，成为国家的栋梁之材。

每年的正月十四晚，灵溪村的奚氏宗祠里，灯火通明。子夜时分，祠堂门口点燃炮仗，灵溪村传统的状元游街也就开始了。锣鼓队后，是旗幡队，接着村里俊俏后生扮演的文、武状元出场。“武状元游街”洋溢着动感和刚烈之气，彩旗飘扬，敲锣打鼓、舞狮舞龙、打拳耍刀、车灯表演……大都是村里民间喜庆必上的节目。“文状元游街”则充满柔情和文雅，用二胡、三弦、笛子、琵琶、古筝等乐器演奏状元游街曲。为了使人们更清晰地欣赏这首雅曲，演奏人与前面的“武状元游街”表演队伍要拉开一段距离。

状元游街的队伍从祠堂出发，缓缓地在村道上绕走，曲调也在村落上空回荡。早些年，若是村里人家有喜事，状元游街会进去热闹一番，以示祝贺，有喜事的人家也会捧上一些花生、糖果，以表谢意。若是村里有喜事的人家多，等到状元游街的队伍回到祠堂时，东方既白，雄鸡也啼了。

几百年来，出游演奏状元游街曲的，都是灵溪村民，从没请过外村的人。“文革”时期，祠堂不能祭祖，戏台不能演古装戏，状元游街停了三年。

状元游街是灵溪村过元宵节的古老习俗，表现了民间百姓对祖先的敬仰，对文化的追求，具有一定的历史价值。它的内容丰富多彩，它既有皇宫的典雅之音，又有民间的表演艺术，是一次民间艺术大会串。它用民间体育、民间舞蹈、民间音乐、民间戏曲等形式，表现了乡村文化的生存与发展，为研究民间信仰提供了依据。

2009年，灵溪村两委多方筹资，购置了二胡、琵琶、三弦、笛子、长箫等乐器，置办了表演服装，组织村里50多位妇女成立演奏队，集中学习演奏，默记曲谱，流畅地演奏了状元游街。灵溪村的状元游街表演队，除村里的元宵节演奏外，还参加了县、市等重大活动的表演，成为一大文化亮点。

2008年，灵溪村被列为台州市首批传统节日保护基地。2008年6月，状元游街被列为台州市第二批非物质文化遗产名录。

摆看桌

摆看桌，也称“灯祭”，是天台老城区元宵节宗祠祭祖的一种礼仪。

摆看桌源于明代初年，开始用于城隍庙祭祀，并供人观瞻，后传至民间，成为各宗祠元宵祭祖礼仪。新中国成立后，原来祭祀的世传珍贵之物，在“破四旧”中散失殆尽，仅剩下食品的陈列。2008 年正月，赤城街道妙山社区陈氏族人根据陈氏宗谱记载挖掘、整理，制作了 200 余种祭品，使摆看桌在中断了半个多世纪后，又得以恢复。

农历正月十三下午 2 时，在吹吹打打的鼓乐声中，陈氏宗祠的摆看桌祭祖活动开始。祭礼由族中辈分最长者主持，分迎献、初献、亚献、终献、送神五套程序。横案上摆有六只瓷酒盅、六双筷子、两把锡酒壶。祭祖的序列先酒后菜。祭祀程序完毕，人们涌进祠堂，观看摆看桌。夜晚，摆看桌在大红灯笼的映衬下，更显得光彩夺目。

高堂上方悬挂祖宗像，下设供桌，呈一字形纵向排列，桌上摆放着璀璨夺目的各种祭品，有本族所珍藏的宝物，也有制作的奇馔异品，陈列在祠堂里，既用来祭祖，又供人们观赏。祭品有本族世传珍宝和祭馔两大类。有些贵重的菜品，如黄鱼膏、燕窝等，由族人无偿提供。有些祭品则用丝绸、面粉、瓜果等制作，活灵活现，栩栩如生。

陈氏宗祠举办的摆看桌，其祭馔有左右汤各九盏、铸山十六碟；八热炒、八点心、二十碗、十六盘合食、八卤盘、十五碟头、八水果、四糖食、四柱糖、八粉食、八剥果、十穿菜(五荤五素)、五动物、十铸果、五烧、二大盆、二小碟、金猪、金羊，共达二百多种。分为熟食十多种，糕点六十多种，水果二十多种，蜜饯八种，汤类十八种等，也有分支族人带来的祭品。

“十三上灯，十八落灯”是天台元宵灯会的习俗，故摆看桌要摆到正月十八日才能撤去。

2008 年 6 月，摆看桌被列为台州市第二批非物质文化遗产名录。

十六会馔

十六会馔，是天台民间最为隆重、最为丰盛的宴席。它源于南宋，据《天台赵氏宗谱》记载，十六会馔为宋太宗六子、八子迁居天台后，根据宗室御馔，结合天台当地饮食特色而创，曾用于庆贺有成学子的宴请，后渐渐流传于民间，成了天台民间宴请贵宾的习俗。20世纪上半叶最为兴盛，成为大户人家宴请宾客规格最高的宴席。

十，指“十全圆满”之意；六，为“六谷”；会，会见，会客之意；馔，食物。十六会馔，即为天台民间菜种丰盛、礼仪周全、充满喜庆的宴请习俗。山珍海味，咸酸甜辣，搭配齐全，集南北佳肴之大成，一桌“十六会馔”准备时间要三至五天，所有菜肴要做出花样，特别是十二道点心更是精致。

十六会馔共有十类、四十八个菜种。包括四水果：苹果、梨、石榴、橘子；四剥果：瓜子、花生、核桃、金杏；四糖食：冰糖、金豆、山楂糕、冬瓜糕；四咸食：皮蛋、火腿、金钩（虾仁）、时件（多用油煎馒头切片）；大菜分上四碗下四碗：上四碗为燕窝、鱼翅、全鸭、羊肉，下四碗为海参、全鸡、蹄膀、鲍鱼；热炒分上四碗下四碗：上四碗为蹄筋、银耳、蘑菇、烧鸡，下四碗为干贝、鸭掌、鱼唇、岩衣；四点心：苔饼、细沙合、眉毛酥、三角酥；四夹食：洋糕、荷叶包、小花包、猪腰包；四蒸食：方切蛋糕、斜切蛋糕、烧卖、汤面饺；四盏茶：杏仁茶、鸡丝茶、胖大海、清茶。

十六会馔的上菜顺序有着严格的规矩。每道菜上来搭配成一组，组成了一种固定的程序。上四碗大菜上来，必定跟随两盘热炒、点心和茶。具体是：燕窝跟蹄筋、蘑菇，上点心一蒸一煎及茶一道。全鸭跟干贝、银耳，上点心一蒸一煎及茶一道。鱼翅跟烧鸡、鸭掌，点心和茶同上。羊肉跟岩衣、鱼唇，其余同上。下四碗上来时，只跟点心，如蹄膀跟小花包，全鸡跟猪腰包。

十六会馔宴席，自始至终体现着儒教的礼仪。邀请客人预先要发大红请柬，入席时有礼宾同仪。席间，伴以江南丝竹演奏。菜上齐后，用馒头当主食，宴后，以热水毛巾净脸、净手，并饮天台山云雾茶。宴毕，主人在丝竹声中恭送，极显典雅豪华。

十六会馔蕴含着我们民族的饮食文化，具有深厚的历史价值。十六会馔的各道菜肴制作十分讲究，其刀工、火候、配料，特别是十二道点心制作更是精致绝伦,为我们研究古代的菜肴制作和点心制作,提供了第一手资料。

十六会馔由于制作程序烦琐,耗资巨大,在民间的普及并不是很广,其传承也面临困境。

2008 年 6 月,十六会馔被列为台州市第二批非物质文化遗产名录。

街头元宵迎会

街头元宵迎会是街头镇元宵节的传统民俗活动。街头镇古称窦湖镇，是天台西部的商贸重镇。自清末开始，每年正月十四日，街头镇都要举办民间“迎会”活动，当地的王、蔡、夏、俞等“四扇”轮流做东。1944 年，省政府浙东行署迁驻街头镇，辖浙东 18 个县市，指挥浙东抗日，改名嘉图镇。在不足一公里长的古街上，挤挨着 500 多个店铺。商贸的繁荣，也带来古镇文化的兴盛。

正月十四黎明时分，传来敲锣声。当锣敲过三遍时，人们从财神殿将“财神爷”抬出来，然后沿着古街缓缓地行进着。锣鼓开道，清道旗，香案、财神轿，后有称为“大吹细打”，即打集锦、莲子行、舞马、舞狮、舞龙，沿途商铺的主人早已开门等候，备好祭礼，依次放炮仗，烧香跪迎。从古街东头到西头，鞭炮声此起彼伏。中午时分，“财神老爷”到了古街西头茶亭地方停了下来，“财神老爷”坐西向东，10 多张八仙桌摆上全猪、全羊、水果、干果，四方百姓和商贩都涌来朝拜。

元宵之夜古街两旁彩灯闪烁，男女老少如潮水一般涌到古街赏灯，在茶亭的“财神爷”前拜上一拜。子夜时分，炮仗声起，“财神爷”起驾回殿。这一日是“财神爷”走下神位与百姓同喜同乐的日子。

从 20 世纪 50 年代开始，古街上店铺日渐冷落。财神殿在 1958 年被拆毁，街头镇的迎财神民俗活动中断。2007 年，街头镇文化协会着手这一民俗活动进行史料整理，并募捐资金，重雕财神像，置办街头元宵迎会的服装、乐器等，2008 年元宵节恢复出迎活动。

街头元宵迎会以街头镇集镇、街一、街二、街三、街四、叶宅共六个村作为活动中心。

2010 年 6 月,街头元宵迎会被列为台州市第四批非物质文化遗产名录。

做山福

做山福，又称开山做山福，是天台山区百姓在长期的生产劳动中形成的一种敬仰山神、土地的祭祀活动，早在清末就已经在民间兴起。

开山，即开山造路、开山种果树、上山大规模地伐林、砍柴等林事活动。“做山福”是山民在开山前做的一项民俗活动。一般在上山伐木的前一天，具体时间由“日子先生”择定，选山脚路口开阔地举行。

祭祀活动前，必须先摆放祭品，俗称“三头六眼”，即猪头一个，放中间，必须同时有猪尾巴，以示有头有尾。猪头上放刀盐（菜刀上放盐），右为全鸡一只，左为全鱼（或白鲞）一只、豆腐一块、豆面一小捆、馒头八个，并有一小碟茶叶、一小碟白米、红烛一双、清香一捆，酒盅、酒壶等。

做山福仪式活动，由开山头主持，请道士做祭。

鞭炮响，做山福开始，开山头带领众人来到祭桌前，点烛、焚香，说明开山缘由，如开山修路、开山种植果树、开山伐木、砍柴等，请求各路神明保佑平安，希望本次开山一帆风顺，大吉大利，上山的山民无灾无难。尔后，由道士做祭，祈祷神明保佑村里众生平平安安，祈求全村风调雨顺，丰收在望，祝福家家户户财源茂盛。村民们虔诚地点香跪拜,道士做祭祷毕,将茶叶、白米掷向山上,盐米撒向空中,香烛捅至山脚,放鞭炮,送山神土地。村民们诵经、折麦秆焚烧。然后,开山头宣告“开山做山福”结束。

做山福是古代农耕文化的代表,它是天台山民在生产劳动中形成的一项祈求山神、土地的民俗活动。体现了纯朴而古老的民风,表达了山民对山神、土地等神灵的敬畏,对祖祖辈辈生死相依的大山的热爱,具有广泛的群众性和民间传承性。

做山福反映了百姓的精神文化追求和生存意识,以及对美好生活的祈愿。它包含了历史、宗教、民俗、商贸等诸多文化。通过祭拜活动,在虔诚地祈求神明保护的同时,也唤起百姓对自然资源的保护意识,以至达到保护山林、保护自然环境、保护家园的美好心愿,体现了人与自然的和谐。

做山福没有固定的传承模式,随着社会的发展,人们意识的更新,做山福原有的神秘和庄严在年轻人的心里慢慢淡化,这项民俗活动传承面临着严峻考验。

2010 年 6 月,做山福被列为台州市第四批非物质文化遗产名录。

囡节

天台人称女儿为“囡”,囡节即女儿节,每年农历五月十三日,是天台县雷峰乡的“囡节”。活动主要流传于雷峰乡的潘岙杨村、里翁村、后坑王村、王浪树村。

雷峰乡的囡节流传已久,但究竟始于何时无文字记载。关于囡节的来历,民间流传着两种不同的说法。其一,有一户人家女儿出嫁后,在夫家生活很不理想,经常回娘家,父母劝她回夫家,她却赖在娘家,不肯回夫家。于是娘家决定选一个日子,好好招待女儿,然后打发她回夫家。其二,潘岙杨村有位老母亲疼爱女儿心切,想了个办法,择定五月十三日让女儿回娘家探亲。

每年农历五月十三日,已经出嫁的女人携儿带女,兴高采烈回到娘家。女儿给娘家的老老少少送上礼物,过去是带布料、衣裳、布鞋,如家境贫寒的就亲手做几双鞋底垫,或是虎头帽、肚搭等,与娘家人坐下来,叙叙心里话。如女儿在夫家有什么不如意的事,娘家人会在囡节后去调解一番。中午,娘家准备了一桌丰盛菜肴,主食则是新麦粉做的馒头,近年来也有做饺饼筒、扁食的。下午回去时,娘家将馒头装篮,给女儿带回夫家,如果夫家家境贫寒,会多带些。

天台囡节是民间以女性为主体的节日，在当地已有多年的历史，而且一代代地传承着，彰显了对男女平等的追求，以及对亲情与孝心的坚守。其独特的民俗，体现了当地百姓丰富的情感。它以女儿回娘家的形式，逐渐演变成家家户户约定俗成的节日，对于当今孝道的回归、和谐社会建设都具有一定的作用。

2009 年 6 月，天台囡节被列为台州市第三批非物质文化遗产名录。

范增庙会

天台县西南九遮山有一座亚父庙,俗称"仙皇佛殿"。亚父,就是帮助西楚霸王项羽打天下的范增。相传,公元前 2 世纪,在这僻静的山涧小径上,出现了一位银髯飘拂的陌生老者。在后来的传说中,这位老者就是西楚霸王项羽的亚父范增。西楚霸王在乌江自刎之后,老者也消失了。

亚父庙始建于后周显德四年(947 年),供奉亚父范增,民间俗称"仙皇佛祖"。每年农历二月十四日,相传是范增诞辰。这一日,山民们会像过节一般,穿鲜戴新,自发地从四面八方涌到亚父庙,举行声势浩大的范增庙会。

这一日,亚父庙红灯高挂,彩旗招展。庙会主要活动是"迎佛",也称"迎会"。一大早,村民们把范增像请出来,供在轿内,抬出巡游。从范增庙出发,外至张家桐村,内至明堂村,途经 10 多个村,全程约 5 公里。

迎会队伍的顺序:清道旗开路,接着依次是大锣、头锣、头牌、直示、大号、大鼓、五彩龙旗、八马队、梅花、香炉;接着是人们扛着的范增佛像,随后是莲子行、舞龙、舞狮、三盘铳、吹打乐(新中国成立前还有火枪队、滚钢叉),最后是各村的锣鼓队、彩旗队。每行走到三岔路口或各个村头,当地百姓均摆设旗头、香案迎接"仙皇佛祖",案桌上放满各类蔬食、瓜果等供品。等到将范增像送回亚父庙,祭拜结束后,溪岸的戏台上锣鼓就响起来了,一出大戏正准备上演。

2002 年举办的范增庙会增加了"范增文化研讨会",邀请安徽巢湖范增故里的人前来参加庙会,戏台连日演戏,参与的百姓多达上万人。参与者不仅有来自天台本地的群众,也有仙居县、磐安县、永康市、东阳市、新昌县、临海市等地的百姓。四方赶来参加庙会的人,以祭拜范增为主题,以进香走会为形式,赶庙会的百姓大都有祈求之愿。他们有的进香还愿,有的求子求财,有的祈祷平安;有求签问卜的,也有建房、造宅、婚姻嫁娶择日子的。同时,范增庙会展现众多古老而具有乡土气息的民间艺术表演,如舞狮子、莲子行、骑马、三盘铳、吹打乐等,为研究当地民间艺术提供了生动的资料。

范增庙会规模大,组织比较困难,而且投入的精力与经费也比较大,随着外出人口的增多,范增庙会活动的传承也受到很大影响。

2009 年 6 月,范增庙会被列为台州市第三批非物质文化遗产名录。

传统技艺

天台山干漆夹纻髹饰

夹纻漆器，亦称脱胎漆器，是我国传统漆器品种之一。夹纻漆器以泥胎加层层麻布、漆料，待漆干凝固后取泥胎而成。因去泥胎后变成中空，故又称“脱胎”或“脱空像”。作品柔和逼真，质地轻巧，方便转动，又称“行像”。夹纻漆器是继承我国古代优秀髹漆文化发展起来的一种制法独特的漆器工艺，具有独特民族风格和浓郁地方特色。在众多漆艺技法中，夹纻是一种较深奥的工艺，与北京景泰蓝、江西景德镇瓷器并称中国传统工艺“三宝”，享誉国内外。宋雍熙元年(984年)，天台张延皎、张延袭兄弟用此法制成的一尊伏填王释迦瑞像由日僧带回日本，现仍供奉于清凉寺。相传，明代天台人张文郁(工部左侍郎)奉命督造北京故宫建造时，曾将天台一批精通干漆夹纻工艺的工匠请去，为宫殿的藻进、柱、梁等进行外表装饰。夹纻漆器工艺品深得社会各界喜爱，被广为收藏。

夹纻漆器制作技艺主要有两种：一是脱胎，即以泥土、石膏等制成胎胚，生漆为黏剂，后用纻麻布(或绸布)在胚胎上逐层裱褙，待阴干后去原胎，经上灰底、打磨、髹漆研磨、推光，最后施以各种装饰纹样，即成光亮如镜、绚丽多彩的夹纻漆器；另一是木胎或其他材料胎，以硬材为坯，不经脱胎直接髹漆而成。夹纻漆器制作工艺十分复杂，从选料、塑胎、髹饰至成品，每件成品均需经数十道工序。

“髹饰”一词中的“髹”字，本为名词。《周礼·春官》：“駹车……髹饰。”郑玄注：“髹，赤多黑少之色。”后来，“髹”字作为漆艺的专有动词使用，颜师古：“以漆饰物谓之髹”，我国民间则把以漆饰物的动作也称为“漆”，而把漆树液称作国漆、大漆、土漆或湿漆、生漆、金漆。《汉书·外戚传》：“其中庭彤朱，而殿上髹漆。”古人言漆工,或言漆器,常用这两字来概括。

漆器的髹饰技法大体分为髹涂、描绘、填嵌、堆饰、刻画、雕镂和雕漆等几类。髹涂是将漆涂于漆胎上,此方法为最古老的方法,是一切漆器髹饰的基础。描绘是一种用笔蘸漆或油在器物上画花纹的装饰方法。填嵌是一种将金、银、螺钿等自然美材利用漆的黏性粘贴于漆面上的一种方法。堆饰是一种用漆或漆灰堆出不加雕琢的漆器髹饰技法。刻画是一种用金属刀或针在尚未干透的漆膜上,镌刻出阴文,所刻花纹线条细于游丝,有的再填入金、银或彩漆的一类技法。镂是一种在漆胎上雕刻出花纹的图案,然后髹漆,使其具有立体感的髹漆技法。雕漆是在堆起的平面漆胎上剔刻出花纹。

2006 年 5 月,天台山干漆夹纻髹饰技艺被列入国家首批非物质文化遗产名录。2006 年 6 月,天台山干漆夹纻髹饰技艺被列入台州市第一批非物质文化遗产名录。2007 年 6 月,天台山干漆夹纻髹饰技艺被列入浙江省第二批非物质文化遗产名录。

皤滩盐埠商号和民居建筑

皤滩在历史上曾是一座繁华的古镇，位于仙居境内五溪汇合之点、水陆交汇之地，曾是浙东首选的食盐贸易中转站。这条“食盐之路”风风雨雨走过千年，始于唐朝、兴于两宋的皤滩食盐贸易终于 20 世纪上半叶。现在，古街上还保存了 260 家店铺，较完整地保留了明清时代商业文明的痕迹。

皤滩古镇的“龙形”古街，是一条有三华里长，由鹅卵石铺成的商贸街。整条古街按龙之形状延伸，西为龙头，东为龙尾，中段弯曲成龙身。龙头正好处在五溪汇合点上，溪水如练，满目银粼粼的波光雾气恰似腾龙在云；龙尾处，飞檐马头墙、砖雕牌坊鳞次栉比，特别是那座气势恢宏，高 3.5 米、宽 8 米的砖雕坊，门罩上玲珑剔透的一组组龙凤呈祥、麒麟献瑞、鹤鹿祈福以及花卉人物等雕塑，更使龙尾平添了一份灵气和动感，再加上黄澄澄、光亮亮的鹅卵石有规则地排列分布，使古街看上去就像是一条鳞光耀眼、逶迤而去的巨龙。街面石板柜台比比皆是。除“水埠头”外，镇内还分布着“埠头”五处：武义埠、东阳埠、缙云埠、永康埠和公埠。古镇区集中大量明清古建筑群，丰富多样，有商家老店、民居古宅、妓院赌场、书院义塾、祠堂庙宇。

龙形古街是怎样形成、由谁设计、倡议的，至今还是个谜，即便是古街上几个年岁最大的老人，也只能用大概或也许来说明，相比之下，以地势、风水之说最为可信。因为，皤滩既是一个商贸的水陆中转埠头，又寄托着商贾与民众谋求人财两旺、船运顺畅的愿望。按照阴阳风水之论，山之南为阳、水之南为阴，而皤滩在永安溪之南，实为“阴”地，想达到“大胜”，就必须以阴合阳。因此，当时的修建者给皤滩铺上一条极阳之龙街，再配上至尊之九曲逶迤，从而达到阴阳调和，人财两旺，而立于不败之地。

2007 年 6 月，皤滩盐埠商号和民居建筑艺术被列入浙江省第二批非物质文化遗产名录。2008 年 6 月，皤滩盐埠商号和民居建筑艺术被列入台州市第二批非物质文化遗产名录。

临海古长城建筑

临海古长城始建于晋，成于唐；北枕龙固，南接巾子。灵江汇永安、始丰之水绕城而过。城倚山，山傍水，水抱城；山、水、城相融，独具特色。尤以北部最峻，倚山就势，曲折逶迤，犹如蛟龙飞舞，人称“江南八达岭”。两山相峙，两水相依，群城群塔，构成古城独特的风格。古城除用于防御外，还兼具防洪功能，四个城门及瓮城结构别具一格。城内风景秀丽，环境优美，古迹众多，文化底蕴深厚，人文景观和自然景观都很丰富，又称“江南古长城”。建造原因是为了抗击倭寇而建，每隔一百多米就有一座方形城台。在长城中端，还有一座望天台。

临海古长城有着悠久的历史。自晋代开创以来，已有 1600 余年，迭经唐、宋、元、明、清诸朝不断修筑增扩，其主体部分一直保存到今天。古城墙沿江修筑而上，依山就势，雄险壮观。尤其是北固山一段，建于危崖之巅，飞舞盘旋，敌台林立，雉堞连云，城楼高峙。更独特之处在于，临海古城墙两侧，古木参天，常年苍翠，城墙掩映在青绿丛中，更增添了一分灵秀。

临海古长城除了御敌的功能之外，还有一个十分重要的作用，就是防洪的功能。城墙有三分之一的长度是沿着灵江修筑，台州府城正位于灵江入海口近处，江水与潮水相碰，水位升高，时常漫上城来。城墙有如大堤，千余年来抗击着洪水的冲击。为此，临海城墙在修筑设计上，采取了特有的措施，把瓮城修作弧形，特别是把“马面”迎水的一方修作半圆弧形（其余一方仍为方形），在全国古城墙中，十分罕见，目前所知尚属孤例。由于城墙的抗洪作用，在元朝灭掉南宋时，元帝曾下令拆毁江南所有古城墙，以利其铁骑长驱直入，而临海城墙却因其无法替代的防洪功能，得到了特旨免拆。

更值得一提的是，有“江南八达岭”之称的临海古城，在明代抗倭斗争中做出了巨大贡献。抗倭名将戚继光在临海八年，会同台州知府谭纶改造了临海古城墙的结构，将其加高加厚，并创造性地修筑了十三座二层空心敌台，极大地增强了防守能力。戚家军以临海古城为据点，策应闽浙沿海守防，屡败倭寇，九战九捷，洗雪国耻，扬眉吐气，大振国威。后来，由于北方长城防务的需要，朝廷特将戚继光、谭纶调到北京委以重任。戚继光在任蓟镇总兵时，将他在临海修筑城防的经验，运用到北方长城的增扩加强上。今存蓟镇、昌镇、宣府、大同、山西等镇的长城，都是按他的规划设计加以改进增筑加强过的。为了满足他改建北方长城的需要，特抽调了曾经参加改建临海城墙的三千“江东子弟兵”充任领工、监理和技术指导。

现在北京八达岭、慕田峪、司马台、古北口、天津黄崖关、河北山海关附近的老龙头、角山等处长城的雄姿，均是经戚继光改进之后所留下来的。可以说，临海古城墙堪称北京八达岭等处长城的“师范”和“蓝本”。

2007 年 6 月，临海古长城艺术被列入浙江省第二批非物质文化遗产名录。2008 年 6 月，临海古长城艺术被列入台州市第二批非物质文化遗产名录。

台州玻璃雕刻

台州玻璃雕刻技艺起源清代末年，在路桥、海门和天台等地独树一帜。

玻璃雕刻是一种特殊的技艺，属冷加工。在坚硬的材料表面上进行创作，工艺流程达二十多道。题材扩大至鸟兽、山水、人物和肖像等各个方面，采用特殊的用刀章法，突出材料的内在美质，以刀法的变化丰富玻璃造型语言。技艺特点明显，内涵丰富，有工艺研究价值。

台州玻璃雕刻技艺的代表作是吴子熊玻璃艺术馆。占地 15 亩、建筑面积 7000 多平方米的新馆，馆内珍藏着 3000 多件晶莹剔透的雕刻作品，在这里可以了解到 2000 多年前黄河古道边我们祖先所创造的“玻璃文化”；可以看到吴子熊雕刻的一系列以生命为主题的作品，如《生命的旋律》《生命的渴望》等极具中国文化内涵的作品。

馆内可以看到国内唯一一件长达15米的大型凸浮雕艺术作品《87神仙卷》；可以看到全国唯一的玻璃书法长廊，数百位政治家、书法家的墨宝全部采用凹凸雕刻的技巧雕刻在玻璃上。长廊内，有吴邦国委员长书赠吴子熊先生的《黄鹤楼》以及中国驻国外30多位大使题写的墨韵；可以看到独特的彩色凸雕玻璃画。在“国外馆展厅”中，吴子熊将20幅外国名家的绘画，在玻璃上做了重新刻作，活灵活现地再现了原画的风韵和神采。还有“水晶象棋”和“玻璃报纸”。它是当今世界首张最大的玻璃报纸，是1949年10月1日的《天津日报》，反映当年开国大典的盛况，为庆祝新中国成立55周年而作。按原版6倍放大，由两块高2.2米、宽2.6米的“版面”组成，重125公斤，原版的印刷体楷体、行书及领袖像全部采用陶瓷艺术点击镂刻技巧，结合玻雕技艺刻成，已申报上海“大世界吉尼斯纪录”。

2006年6月，台州玻璃雕刻技艺被列入台州市第一批非物质文化遗产名录。2007年6月，台州玻璃雕刻技艺被列入浙江省第二批非物质文化遗产名录。

温岭石雕

温岭石雕是指分布于浙江温岭，以花岗岩、青石为主要材料，以仿古建筑和大型建筑为主要内容的一种传统民间手工技艺。在长期的发展过程中，温岭石雕形成了自己独特的艺术风格，具有浓郁的温岭人文气息和强烈的时代精神。

《温岭县志》载：温岭石矿开采约有1500多年的历史，石雕艺术早在宋代就已兴起，明嘉靖年间为鼎盛时期。民谣传颂："黄岩蜜橘天台钟，太平石工雁荡松"，说的就是当时温岭石雕的盛况。现存的还有南宋名臣王居安墓前的石虎、石羊；明代兵部尚书赵大佑墓前的石柱、圆雕石虎等雕塑，造型逼真，雕工细腻，堪称中国石雕艺术中的精品之作，《台州地名通览》称其具有相当的艺术价值。

温岭被称为"中国石雕之乡"。艺人主要分布在温岭城东、松门、箬横、城南等地，除当地的一批石雕工场外，石雕工人组成的建筑队还遍布全国各地。温岭石雕艺术大体有装饰石雕和建筑石雕之分，反映在一些大型的石建筑中，石雕作品有牌坊、牌楼、塔、亭、廊以及巨型的石雕像等。最有代表性的传承基地为中国古今建设集团有限公司,其代表作品有:雁荡山景区“全系石结构古建筑”系列,中国四大九龙壁之一的普陀山天然大理石浮雕九龙壁,杭州市临安钱王陵园的石牌坊等。

2006 年 6 月,温岭石雕被列入台州市第一批非物质文化遗产名录。2009 年 6 月,温岭石雕被列入浙江省第三批非物质文化遗产名录。

松门白鲞

松门白鲞，生产于温岭松门镇，是由新鲜大黄鱼做原料精制而成的黄鱼鲞。松鲞肉质结实，色白味鲜，营养丰富，蛋白质含量极高，并含有脂肪、钙、磷、铁、维生素等物质，对人体有开胃、清火、生津、养血之作用。

黄鱼鲞的记载，最早见于周敬王十五年（公元前505年）。据清人王克恭引《吴地记》记载："吴王归，思海中所食鱼，问所余，所司云：'并曝干。'王索之，其味美，因书美下着鱼，是为鲞字。"据张聘文《台州府志》载："松门岛在海中，屿上生松，通小洋，产鱼，曝之为鲞，极为佳品。"明嘉靖《太平县志》载：甲鱼、鲛鱼皮、鱼膘等被列为朝廷岁贡。永乐年间，松门制鲞业益盛，南北渔船、客商皆云集交易。尤其黄鱼鲞、乌贼鲞、虾米、海蜇等品质最优，指为宫廷贡品。据《浙江工商年鉴》载：1946年，温岭（主要在松门）水产加工品中有黄鱼鲞1411.5吨。历史上大黄鱼居浙江四大经济鱼类之首，黄鱼鲞也以其产量高、品质优、销路广而居鲞类制品之首。松门白鲞为黄鱼鲞中之精品，加工历史悠久，加工工艺讲究。其之所以区别于普通黄鱼鲞，是因为松门白鲞从选料到剖、腌、洗、晒、包，每个工序都有严格要求，因而名扬海内外。

松门白鲞基本特征：一是色泽白净；二是刀口光滑；三是头壳完整；四是唇连尾弯，体呈圆形；五是肉质坚硬无油斑，鲞面为丝状。

20世纪60、70年代以后，由于对大黄鱼资源保护措施不力，加上近海环境污染，近30年来，大黄鱼已不能形成汛期，很难有大批量黄鱼捕上来，充当加工黄鱼鲞的原料。加上目前很多加工户，为了追求利润，基本上没有按照松门白鲞加工的工艺要求操作。松门白鲞加工工艺这一非物质文化遗产，处于濒危状态。

随着政府对水产资料采取种种保护措施和人工养殖大黄鱼的兴起，大黄鱼这一珍贵的海水产品，有可能恢复昔日的荣光。

2008 年 6 月，松门白鲞制作技艺被列入台州市第二批非物质文化遗产名录。2009 年 6 月，松门白鲞制作技艺被列入浙江省第三批非物质文化遗产名录。

卵石镶嵌

仙居地处浙东南山区，母亲河永安溪有众多表面光滑，图纹、颜色和形状均不相同的河卵石。仙居古代劳动人民就地取材，创造性地把河卵石运用到了古建筑装饰艺术之中，深浅相间的石子图案与古民居的建筑色彩非常吻合，在仙居整个古民居的建筑中起到了画龙点睛的作用。河卵石镶嵌的墙体、门堂和道路不仅起到了美观实用的作用，而且不变形、不变色，方便修理，还起到了坚固、防滑、耐晒与保健等作用。

仙居的卵石镶嵌可分为墙体卵石镶嵌、门堂卵石镶嵌和道路卵石镶嵌三大类型。卵石镶嵌的选材十分精细，卵石镶嵌技艺比较复杂，以石子门堂为例，主要工序有选、定、平、画、铺、压、固七道。卵石的铺法主要有：直铺法、横铺法、横直综合铺法、排列铺法、扇形铺法。卵石镶嵌的几何图形有：正方形、长方形、三角形、圆形、菱形等。常见图案有：日常用品图案、植物图案、动物图案及图腾图案等。

仙居卵石镶嵌工艺是江南卵石镶嵌文化的活标本，具有重要的文物史料价

值，对研究吴越文化和江南美术史具有重要学术价值，是江南镶嵌技艺的活化石。它融绘画、建筑、镶嵌等艺术为一炉，充分表现了仙居的特定风俗与人文，具有很高的审美观赏价值、保健价值等。

2009 年 6 月，卵石镶嵌技艺入选浙江省第三批非物质文化遗产名录。同年，卵石镶嵌技艺入选台州市第三批非物质文化遗产名录。

金漆造像

五代　金漆铜铸　阿弥陀佛　高24.5厘米

金漆铜铸　十一面观音像
公元951年造　现藏于京都六波罗密寺

金漆彩绘木雕　如意轮观音像
公元9世纪中期造　现藏于日本大阪观心寺

宋代　金漆彩绘木雕　观音菩萨坐像
高141厘米　美国波士顿美术馆藏

元代　金漆木雕　十八罗汉(部分)　高186厘米×宽90厘米　天台山国清寺藏

元代　金漆木雕　海岛观音　通高3.4米
天台山国清寺藏

宋代　金漆彩绘木雕　菩萨像

天台山金漆造像技艺是天台传统手工技艺,已流传2000多年。天台山是佛宗道源发祥地,道教南宗祖庭,是中、日、韩三国佛教天台宗发祥地,对中外金漆造像艺术曾做出重大贡献。金漆造像技艺是综合体现雕塑艺术、金箔工艺、大漆技艺、彩绘为一体的特种工艺,历史上认其为“民族造像艺术之瑰宝”“中华一绝”。

自东晋起始,天台山就采用金漆造像技艺,历经千年传承与发展,在唐宋时期形成金漆造像技艺这一独特手工艺门派,在明清时期趋于成熟。唐鉴真大师将天台山的金漆造像技艺传播到日本并在日本发扬光大。清代康熙皇帝和乾隆皇帝时期的承德外八庙里,五百罗汉像和其他佛像,就出自天台山金漆造像艺人之手。

由于天台金漆造像技艺只限于艺匠师承相传,历史上未能形成较大的制作规模。加之战乱不断,民不聊生,金漆艺匠纷纷改行,使这门技艺濒临失传。20世纪60年代,天台对散落在民间濒临失传的金漆造像技艺进行挖掘、整理,同时采用"金漆木雕造像"与"天台山干漆夹纻法技艺"相结合的方法,使这一古老的传统技艺焕发出新的生命。

2009年6月,金漆造像技艺入选浙江省第三批非物质文化遗产名录。

王氏大花灯

石桥灯彩是指分布在温岭石桥头镇上王村、后林村、石桥街、后台门村一带，富有江南特色的彩灯。其中最有代表性、最具特色的是王氏大花灯。勤劳聪慧的当地能工巧匠既能制作各类小巧玲珑的花灯和有祈福色彩的八蛮兽灯，也能创作出“高、大、精”的王氏大花灯。

王氏大花灯始于康熙二十年(1681 年)。石桥灯彩特色鲜明，融合了当地民间多种手工制作技艺之精华，造型独特，外观高大、巍峨，工艺精良，中央二台、浙江卫视、市电视台都曾做过详细报道。特别高大的灯体，从设计、选材到加工，技术性、艺术性、团体的合作性要求非常高。制作工序共有几十道，讲究工艺效果，任何一个环节都不能马虎，否则前功尽弃。制作工程浩大，全手工制作，其间需要 30—40 个有相应技术的工匠花费几个月的时间共同合作才能完成。

石桥灯彩表达了民众贺太平庆丰收的喜悦之情和庆祝国泰民安的良好愿望，由此形成了当地富有特色的元宵文化，成为和谐社会的一道亮丽的风景。

2006 年 6 月，王氏大花灯被列入台州市第一批非物质文化遗产名录。2009 年 6 月，王氏大花灯被列入浙江省第三批非物质文化遗产名录。

拷绢手工技艺

《黄岩县志》记载：南宋嘉定年间，黄岩丝织品有罗、绫、绢、纱、绉、绸。并以“台绢”为名产，与玉版纸、台柑、台蕈、姜干并列为朝廷贡品。拷绢坚润胜于纺绸，绢面光滑，质硬挺刮，为夏暑避热之上品。拷绢穿在身上，既不沾汗，又能透风，十分凉快，而且牢固耐穿，不易损坏。其技艺从原料加工到做成拷绢几十道工序全由手工完成。染绢用荠莨的根块，呈暗红色，其浆特有黏性，纯天然原料，无污染，无毒素。

加工拷绢流程：煮茧→抽丝→调丝→纺虚→穿扣→进绢→上机→织绢→软化→染绢→拷绢→拷绢衫。妇女调丝、织绢，商贩们收买的白绢，送到拷场拷染。先以白绢浸于“田青”水染成宝兰(拷底)，再浸于已煎成的浓荠莨汁中(荠莨为专产于山里的一种藤状植物根块，形同现时人们当菜吃的莳药。荠莨呈暗纸色，其浆特有黏性，放入大锅里煎熬 90 分钟左右成糨糊状，其比例：100 斤荠莨需 500 斤水。然后变成青黑色染料水一同放在大木桶中，再将宝蓝色的绢放在其中伴染)，伴染多次后，绷晒于离地一尺高的木桩上，燥后再涂以少量菜油，上甑炊好即成拷绢。

拷绢生产工艺流程复杂，每道工序细腻、要求高，难以被现代技术所替代。它蕴含着丰富的科学技术基因，拷绢的生产具有重要的文化价值，产品的出口进一步促进与东南亚各国的文化交流。2008 年,有关部门根据拷绢第六代传人罗华荣老先生的回忆并挖掘整理,多次与中国丝绸博物馆专家研讨,使这一濒临失传的手工技艺得以恢复。

2008 年 6 月,拷绢手工技艺被列入台州市第二批非物质文化遗产名录。2009 年 6 月,拷绢手工技艺被列入浙江省第三批非物质文化遗产名录。

沉香木雕

仙居为“八山一水一分田”的山区县，属亚热带湿润季风气候，非常适合香柏、香樟、香榧等树木生长。同时，仙居在历史上处浙东南盐道的水陆交汇处，经济、文化交流频繁，商号、民居建筑极具特色，依托于古民居建筑之上的木雕技艺更是融贯各地的精华，所有的这些都为仙居沉香木雕的发展提供了必要条件。

沉香木雕是利用沉香木的特殊材质，综合运用木雕与根雕的技艺而产生的一门独特的雕刻技艺，它兼具根雕的奇异古朴，木雕的形象生动，同时又以其清幽诱人的芳香，彰显出了自己独有的魅力。仙居沉香木雕的主要工序有：材料处理、构思构图、凿粗坯、凿细坯、修光、打磨、上漆、安装底座。仙居沉香木雕在材质上有自然本性特征。芳香类植物因山洪暴发、泥石流、地震等自然灾害及伐木开山等人类行为而掩埋于土层、河床，是积久而成的一种半矿质化的材料，其木质坚韧、纹理细密、奇香芬芳。在干燥处理上按形成材料的环境不同，方法也不同。仙居沉香木雕使用的材料大致可分为“土沉”和“水沉”两大类，对“土沉”材料，处理的方法为浸泡、清洗、去除泥沙与表皮，后自然晾干；对“水沉”材料，则需先自然晾干，再去除腐败霉变部分。

根据原材料的外观、形状、厚薄，进行构思并创作作品。它既要有粗糙的大刀阔斧的裁劈，又要有细腻圆润的雕琢，木雕上的点睛之作，如人物、动物则充分运用了圆雕与浮雕等手法，在表现衣着、动物皮毛上则使用阳雕、阴雕和线雕，有时候为了表现一些细节甚至使用了透雕。

沉香木雕是在工具制作、家具制作和古民居装饰木雕的工艺上发展起来的，其作品除了一般木雕的艺术、文化、历史、研究等价值外，还存在着观赏、收藏、市场等价值。

2009 年 6 月，沉香木雕被列入浙江省第三批非物质文化遗产名录。

路桥盐业

路桥盐业生产历史悠久，自乾元元年(758 年)，在章安之西的黄礁附近设有亭场，为海盐集中转运之所。到五代天福八年(943 年)，筑堤围涂后，路桥沿海一带就出现了盐业由分散生产进入盐场规模生产。据史料记载，当时晒的盐粗且色黑味苦，煮的盐细且色白味佳。每灶一日一夜可出盐六七担，贩往境内零售于食户，贫民恃此为生计。

在盐业生产体制方面：旧时一直到新中国成立后的初期，都是一家一户自发生产的。自从 1952 年以后，逐步走上集体生产、集体经营、集体管理。

在盐业生产规模方面：1954 年以后的老金清盐管站，管辖金清全区六个乡镇的盐场(即蓬街、浦北、新市、百步、腰塘、分水等盐场)，共有盐田 5000 余亩，盐民 1000 余人。旧时的生产用人工刮土、淋卤，人的体力劳动负荷相当大；大锅烧盐，大都是又黑又脏的细盐。新中国成立后把“大锅烧细盐”的方法取消了，采用“风车洒水”和“枝架喷水”的方法，提高海水咸度。1962 年至 1967 年采用比较先进的“流子滩”方法。

自 1967 年开始，采用“格子滩”一直到现在。海水的咸度本身只有半度至 1 度。通过“格子滩”，一格一格地流过去，到第九格为止，基本上达到 8－9 度时，采用抽水机和电动机抽灌到“调节池”，经过日晒蒸发到13度左右，再灌到“汀清池”中，作用是：既汀清，又蒸发，提高了卤水咸度。大约增到23.5度时，再后灌到“结晶池”中日晒蒸发，结晶原盐。卤水的规律：23.5度已经达到饱和，24度开始落盐结晶。随着“结晶池”的科技改革，原盐产量质量不断提高。过去采用“坭场结晶”，晒起来的原盐既黑又脏。后来采用“缸爿池结晶”，比起“坭场结晶”质量显著提高。

自20世纪80年代开始直到现在，都是采用“黑膜池结晶”的方法。这样晒起来的原盐一是产量高，从过去一个劳力一年只晒20—30担盐到现在一个劳力一年能晒400—500担盐；二是质量好，就是氯化钠含量高，色泽白净。

2008年6月，路桥盐业生产加工技艺被列入台州市第二批非物质文化遗产名录。2009年6月，路桥盐业生产加工技艺被列入浙江省第三批非物质文化遗产名录。

枧桥鼓制作

鼓很早便在我国运用，并与劳动人民生活密切相连。枧桥鼓历史久远，世代相传，是源远流长的鼓文化在古城临海的遗存。

据现年八旬的枧桥村制鼓老艺人董丕足说：他蒙鼓的手艺是从他爷爷手中传下来的，而他爷爷的手艺是从他爷爷的老太公手中传下来的，可谓是五代相传。如今，枧桥村的枧桥鼓都挂出祖传鼓业、制鼓世家的称谓，还保留着传统家庭作坊，并遗存着传婿不传媳、传儿不传女的习俗。

枧桥鼓传统制作工艺烦琐、周期长，一般一只大鼓需耗时6—7个月，其工艺工序为：一选材，选优质松木、樟木或楝树木，根据鼓的大小，锯成弧度，烘干木材围成鼓身。二选皮，选优质的牛皮或羊皮，放在水塘浸泡，使至脱毛，然后刮刨，至厚薄均匀。三蒙鼓皮，先将皮压在鼓身两端，用棒绳牵引使其皮面平整紧绷，并用铜钉、铁钉固定。四涂漆，先用纱布包绷鼓身，用水泥与胶水披灰，等干燥后磨光、上漆。

枧桥村现能制作出各种大小平面鼓、牙鼓、手鼓、腰鼓、货郎鼓、战鼓、大鼓、排鼓等十多种，最大的直径有3.35米，高2.65米。

2006年6月，枧桥鼓制作技艺被列入台州市第一批非物质文化遗产名录。2007年6月，枧桥鼓制作技艺被列入浙江省第二批非物质文化遗产名录。

蓝花布印染

蓝花布印染在仙居县具有悠久的历史，是一门融生活与艺术为一体的技艺。蓝印花布源于秦汉，兴盛于商业发达的唐宋时期，《古今图书集成》中记载："药斑布，以布抹灰药而染青。候干，去灰药，则青白相间，有人物、花鸟、诗词各色，充衾幔之用。"《古今图书集成》物产考曰："药斑布俗名浇花布，今所在皆有之。"《仙居县志》就有记载："种蓝成畦，五月刈曰头蓝，七月刈曰二蓝，甓一池水，汲水浸入石灰，搅千下，戽去水，即成靛，用以染布，曰小缸青。"

蓝花布印染在汉晋期间就传入仙居，经历唐、宋时期的孕育，到清末至解放初发展至鼎盛时期，蓝印花布品种花样达 200 多种，已搜集建档的有 30 多种，抢救保护花版 9 种。

蓝印花布是传统的镂空版白浆防染印花，俗称"药斑布""浇花布"。蓝印花布用石灰、豆粉合成灰浆烤蓝，采用全棉、全手工纺织、刻版、刮浆等多道印染工艺精心制成。具体操作步骤：从蓼蓝草中提取蓝作染料（靛蓝），把镂空花版铺在白布上，用刮浆板把防染浆剂刮入花纹空隙漏印在布面上，干后浸染靛蓝数遍，晾干后刮去防染浆粉，即显现出蓝白花纹。这些花纹蓝白相次，蓝得浓烈、白得纯洁，花型轮廓整畅划一，线条朴拙醒目，图案吉祥喜庆。

蓝印花布一般可分为蓝地白花和白地蓝花两种形式。蓝地白花布只需用一块花版印花，构成纹样的斑点互不连接，例如梅、兰、竹、菊。白地蓝花布的制作方法，常用两块花版套印，印第一遍的叫“花版”，印第二遍的叫“盖版”。盖版的作用是把花版的连接点和需留白地之处遮盖起来，更清楚地衬托出蓝色花纹。另一种印制白地蓝花的方法，是以一块单独的印花版衬以网状物，花版的纹样无须每处连接，刻好后用胶和漆将花版粘牢在大面积的网状物衬底上，然后再刮印浆料。有的蓝印花布还是双面的，这就需要在正面刮浆干透后，利用拷贝桌在反面对准正面纹样再刮浆一次，这样染后就可得到双面的蓝印花布。

蓝印花布是土生土长的农家一宝，选料独特。布坯为俗称“家机布”的农家自织的土布和俗称为“湖布大布”的机织粗布(湖北产)。面料布质厚重，坚固耐用，用它制成棉被或衣服等越用越软，冬暖夏爽，旧时农家嫁女儿，蓝印花被是必需嫁妆。

仙居蓝花布印染的图案充满浓郁的乡土气息和民族风情，柔切、自然、清新、美观、秀气、典雅，具有鲜明的地方色彩和民族特色。仙居蓝花布印染有独特的工艺价值。其所采用的矾浆压印防染法是中国传统的印染技术的一大杰作，融合了美术、雕刻、印刷、染色化工等技艺。

2007 年 6 月，蓝花布印染技艺被列入浙江省第二批非物质文化遗产名录。2008 年 6 月，蓝花布印染技艺被列入台州市第二批非物质文化遗产名录。

临海根艺

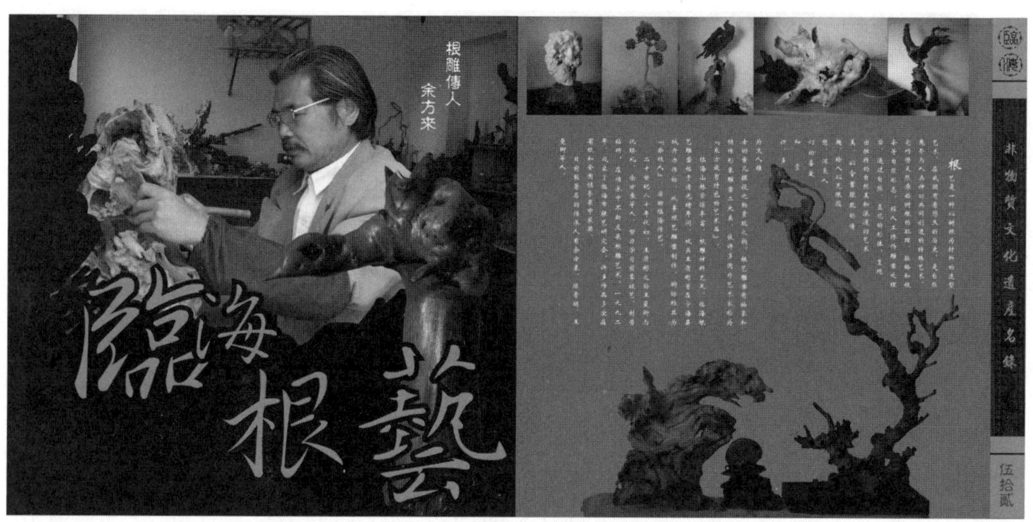

根艺是一种以树根为材料的造型艺术，在我国有着悠久的历史，是自然鬼斧与人类神工共同创造的特殊艺术。它巧借天然原始树根的肌理、脉络和枝条等自然形态，经人工修饰雕琢处理后，通过自然、直观的形体，呈现出独特的自然美和浪漫的艺术美，以含蓄朦胧的情趣，给人以无限遐想，深受人们的喜爱和赏识，多为文人雅士的案几摆设之物和赏玩之物。根艺雕琢有抽象和稍作形象雕琢两大类，被许多国外艺术家称为“东方最有特色的艺术品”。

临海山林资源丰富，根雕材料充足。临海根艺雕琢始于清光绪年间，城关王质彬曾在宁海县城开办作坊，从事根艺雕琢制作，街坊称其为“柴株人”，后回临海传艺。

20 世纪 80 年代初，王质彬之孙王曼卿与沈臻礼、余方来等人，努力学习前辈技艺，刻苦钻研，在传承中不断发展根雕艺术。1992 年，成立了临海市根艺研究会，许多作品多次在省级和全国性展览中获奖。

目前较著名的传承人有余方来、陈贵明、王曼卿等人。

2006 年 6 月，临海根艺被列入台州市第一批非物质文化遗产名录。

罗氏犀皮漆器

罗氏犀皮漆艺，是我国数百种髹饰漆艺中独具特色的一种，是传统的髹饰漆艺在临海的遗存。从元、明至清道光年间，临海犀皮髹漆工艺盛极一时，深受文人士大夫阶层的喜爱。据《嘉定赤城志》《临海县志》记载，南宋时期，台州、温州是当时髹漆的流传区域。

“犀皮”其实又被写作“西皮”或“犀毗”，这里所谓的“犀皮”并不是犀牛皮，根据书籍所载，是因为这种漆器表面的纹样像犀牛肚脐眼周围的皮，故名犀皮。它主要先将不同颜色的漆料堆涂在高低不平的器胎上，构成不同漆层的花纹，漆料干燥后再经打磨，从而产生出色泽亮丽、光滑异常、自然生动的艺术效果。

罗氏犀皮漆艺是以红、黑、黄数色互换融入表面髹饰，以磨显填漆、髹漆装饰的一种传统漆艺。20 世纪 80 年代初，从小就酷爱民间漆艺的罗献兵依据祖传手艺波罗漆艺工艺，结合明代漆艺名著《髹饰录》记载的传统工艺，到鄂、滇、苏、闽等地拜师学艺，经数十年的艰苦挖掘探索，终获成功，使失传百余年的犀皮漆艺昭扬于世。它不仅是古城临海的宝贵财富，也是我国髹饰漆艺中的瑰宝。

犀皮漆艺制作工艺烦琐，大致需耗时 6 至 8 个月，分制胎、灰坯、制漆、设色、起纹、填漆、黍包漆、研磨、推光、揩清十道工序。罗氏犀皮漆器现有三大类三十多个品种，魔盒类有首饰装饰盒；文房类有印鉴盒、笔洗、茶叶罐、漆盘、笔筒；碗具类有漆碗、漆盆等。传承人罗献兵，现为中国工艺美术学会会员、中国漆艺专业委员会会员。

2006 年 6 月，罗氏犀皮漆艺被列入台州市第一批非物质文化遗产名录。

苎布制作

天台境内气候温和，雨量充足，山地众多，有着“八山半水分半田”之说，历来以产优质苎麻著称。“南山苎麻”更以纤丝长、韧性好而闻名遐迩。拈苎布丝——绩，自古就是天台民间妇女必做的手工活；很多村庄做苎布，由于它与棉布相比制作成本低，用途广泛，而且耐磨、吸湿、透气性强，因而深受百姓青睐。自20世纪80年代末以来，由于苎布市场需求减少，苎麻种植量锐减，制作苎布作为产业也在渐趋萧条，至90年代基本上停止生产。

苎布，是以苎麻为原料生产的粗布，又名麻布，还由于过去专用于制作夏令服装和蚊帐，故又称夏布。

苎布的制作需由家庭妇女的手工拈绩，与织苎布的工匠共同完成。苎布制作分前期准备和制作两大块。前期准备主要是家庭作业，包括收割、浸泡、取骨、去壳、晒干、拈绩等工序。

后期苎布制作，包括经布、营布、做布三大工序。苎布的制作技艺大都依靠师徒之间的言传身教、学徒的悟性与长期实践才能掌握。作为民间的手工技艺，苎布制作有着上千年的历史，在它身上折射出劳动人民的聪明才智，也承载了百姓生活的历史和民间习俗。

苎布常用来制作蚊帐、口袋(用来装粮食)、夏衣(称“苎布褂”)、围裙,以及丧礼的冠服(苎布衣裙、苎布帽)。同时,苎布还是“干漆夹纻技艺”(一种用于柱梁等木制品髹饰、佛像髹饰的技艺)的必需材料。所用原料苎麻均是自己种植为主,苎布的成本与棉布比较,显得经济实惠,虽然手感粗糙,但经久耐用。民间用较为廉价的苎布充当棉布、绸布。

苎布以价廉、耐磨的优势一直在民间百姓生活中占有相当的位置,在市场交易中,也曾兴盛一时。在人们追求返璞归真、绿色环保的今天,苎布的制作有其开发利用的前景。

随着物质生活水平的提高,机织麻线的发展,手工苎布的市场逐渐萎缩。涤纶布、纯棉布、绸布等品种丰富,光鲜舒适,纱线和尼龙蚊帐价廉物美,导致苎布及其制作的衣裤遭到冷落,苎布蚊帐、苎布口袋的销售也日趋萎缩。苎布制作技艺面临濒危状态,天台县人民政府和有关部门已开始采取措施着手保护。

2008 年 6 月,苎布制作技艺被列入台州市第二批非物质文化遗产名录。2009 年 6 月,苎布制作技艺被列入浙江省第三批非物质文化遗产名录。

龙头山竹编

竹编是用山上毛竹剖劈成篾片或篾丝并编织成各种用具和工艺品的一种手工艺。明《台州府志》记载：临海有毛竹、笙竹、雷竹、石竹、斑竹、紫竹、水竹、苦竹、淡竹、箭竹、方竹、佛面竹、桃丝竹、山竹、凤凰竹、花竹、凤尾竹、花节竹 18 个种类，可以作为生活和生产的原料。临海竹编的元宵花灯、龙灯和走马灯之类竹编工艺灯，早在宋代已闻名四方。明清时期，竹编技艺发展迅速，竹编工艺品的艺术性与实用性进一步紧密结合，上至送往京城皇亲国戚的“贡品”，下到寻常百姓的家常生活用品，比比皆是。工艺竹编不仅具有很大的实用价值，更具深厚的历史底蕴。

竹编行业历史上多以作坊形式，世代相传或以作坊依托的师徒关系，学徒学成后，自立门户，再招徒弟，口传身教。一般做生活用品、农业用具，竹编实用产品有篮、盘、包、箱、瓶、罐、家具等 20 多种；动物竹编产品有鸡、鸭、鹅、兔、狗等，形象夸张生动。龙头山竹编较精细的作品，可在手掌大面积内，用 120 根细篾丝编制，因而造型生动，富于变化。

2006 年 6 月，龙头山竹编工艺被列入台州市第一批非物质文化遗产名录。

坦头木珠

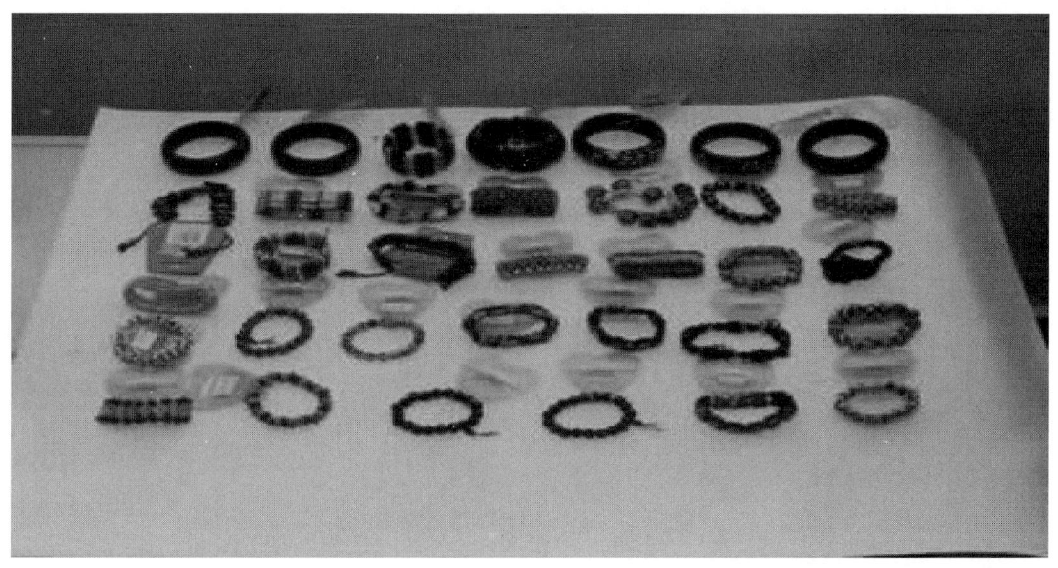

天台素有生产木珠的传统。早在魏晋时期，印度僧人来天台游化，受到民众的款待，梵僧便以印度特产菩提树籽来报答。由于受佛教传说中释迦牟尼在菩提树下成佛的影响，用菩提树籽制作的佛珠深为佛教徒所珍重。

《台州府志》记载：天台菩提树“状如杉桔，生子可为念珠。旧惟东茆有之，今各村颇有。土人珍之，携贩远方，获利颇大”。可见天台早有木珠制作和贸易的历史。

坦头镇与天台山国清寺相临，佛珠的广泛使用，启发了该镇上宅村村民生产佛珠的创意，少数村民开始用脚踏搓机制造佛珠，并将念佛珠推销到省内外各寺院。20 世纪初，上宅村村民徐增新将木珠运至广东檀香山，与东南亚佛珠客户建立了固定的商贸往来。随后，木珠产业延伸到下宅村。新中国成立前，搓木珠是上宅、下宅村的特色产业。新中国成立后，坦头镇的木珠制作由佛珠生产改为制作算盘珠。随着全国中小学普及珠算教育，算盘珠需要量大增，木珠工艺扩展到大王、东陈、西陈、牌门、下李、市山、瓶窑等村，形成一定的制作规模。

20 世纪 70 年代末，坦头镇建立了木珠工艺厂，用木珠穿编窗挂、门帘，开始将木珠工艺推向国内外市场。到 1990 年，整个坦头镇 80%以上的人从事木珠加工和采购业务，成为全省闻名的“木珠之乡”。

坦头木珠产品以竹、木为材料，木材料有枫树、木胡树、松树、木荷、香樟、花梨木、檀香等质地坚韧、花纹细密的硬树。经过搓机而制成各种形状的木珠，经过蒸煮、曝晒、漂白、油漆等二十多道工序，使其玲珑圆润，光泽如玉。木珠制作的工具有：脚踏搓珠机、双人大锯、树段固定脚架、搓珠刀、卡尺、各种不同用途的锉刀。到21世纪初，坦头木珠生产经营逐渐由家庭作坊式向工厂化、集团化、规模经营方向发展；产品由单一品种逐渐向多样化发展，历经佛珠、算盘珠、门窗帘、木珠坐垫、木珠相关产品等发展阶段后，现有1700多个品种；在市场开发上逐渐转向内外销并举，小小木珠跻身国际大市场。

2006年6月，坦头木珠工艺被列入台州市第一批非物质文化遗产名录。

方炳青根雕

盘古开天,“水从源,木从根”。根雕艺术在我国有着悠久的历史。仙居根雕制作起源较早,从民间遗留的根雕作品看,仙居根雕应该成熟于唐宋时期,发展于明清时期。

方炳青根雕技艺世代相传,得益于他们的家传手艺:木刻与木雕。根据方氏现在传人方炳青回忆,他们家族于清中叶开始根雕制作,后传至祖父与父亲,现已拥有一套完整的工艺流程,一系列完善的凿雕手法。大件作品规模空前、气势磅礴,如长 4.5 米、高 1.2 米的作品——《九龙图》在老艺人方炳青的雕琢下,九条龙神态各异、栩栩如生,风格古朴典雅、手法传统细腻。小件作品《达摩渡江》,则神形兼备、玲珑剔透、浑然天成。

方炳青根雕的选材有普通树根,但多为芳香类沉湮木,所以,方氏根雕又有“沉香木木雕”之称。雕琢的过程讲究“大处着眼、小处着手”,讲究“顺着纹理、留有余地”,而且每一道工序环环相扣。其流程大致可分为七道工序:画稿、凿粗坯、凿细坯、修光、打磨、上漆、安装底座。根雕使用的工具多达上百件。主要的雕琢手法有:深浅浮雕、圆雕、透雕。在表现细节部分还运用了阳雕、阴雕和线雕。

方炳青根雕的题材十分广泛,有表现当地故事的《中榜还乡图》,有表现神话传说的《悠然八仙》,有表现佛教人物的《达摩渡江》,有表现历史小说的《三国演义》。它是木雕刻技艺与根雕技艺的完美结合,既有根雕艺术的浑然天成,又有木雕刻技艺的古朴细腻,具有浓厚的文化底蕴和较高的艺术价值。

2006 年 6 月,方炳青根雕被列入台州市第一批非物质文化遗产名录。

长旗灯

长旗灯，分大长旗、小长旗两种。大长旗由70多盏无骨花灯组合结彩而成。中间竖一根9米长的大毛竹为旗杆，旗杆头顶竖一盏荷花灯，灯下用竹片做成一架弓形跳角，跳角是两条巨龙图样，龙嘴上悬空挂着两盏“无骨花灯”，旗杆中间缀11个八角形扁灯，高60厘米、厚20厘米，灯纸片分别刺有花鸟、狮马等图案。扁灯中间穿一根横木，横木两端各有竹片跳角腾空而出，横木和跳角上分别挂有品种各异的无骨小花灯。灯一亮，五彩缤纷，流光溢彩，远看宛若繁星点缀于旗上，银光闪；近观花鸟、人物飘游于旗上，万花似锦。前面有四块旗牌，上面写有“风调雨顺”“国泰民安”等字样，表示太平盛世、国强民富之瑞兆。但这种灯规模宏大，迎灯不便，或装在车上，或竖在一方，供人观赏。

另一种小长旗灯小巧轻便，则是灯会游行队伍中的排头兵。前面旗牌开路，接着就是小长旗灯飘扬前进。它由一根长竹竿和数根横木组成，横木两端各挂着六七盏无骨小花灯，竖着走，成串彩灯耀眼闪烁，宛若成串熟透大葡萄，放倒横着走，彩灯横挂疑似金燕闹春，列队飞翔。

可以迎灯的长旗灯自下而上也有五个部位。一为底座，以磨盘之类为托盘；二为旗扛，两根竹杠“十”字横穿其中；三为浪线台，供木偶表演；四为灯区，8层至10层不等，每层挑角挂各色无骨花灯；五为旗顶，上立“白鹤”。出游时，在动听的器乐声中前行，蔚为壮观。这种灯实可称仙居无骨花灯之集锦，参加台州市首届元宵灯会展被评为特别奖。

2006年6月，长旗灯被列入台州市第一批非物质文化遗产名录。

沿赤木雕

沿赤木雕工艺起始于清末,距今有200年历史。木雕制作工具:墨斗、角尺(测量制作尺寸)、锯(断取木雕材料)、斧、刨(木材光滑工具)、凿(木雕打洞)、美术画笔(绘画各种图案)、雕刻刀凿(木雕制作雕刻)、油漆工具(砂纸、石膏、油漆、添金)。

木雕制作流程:根据木雕制作内容,创意结构图文。根据雕制物品大小长短锯取需要的长度和尺寸,用斧、刨精制材料,大木雕再行拼接。根据图纸设计,用雕刻工具刀雕琢。对雕琢后的半成品木雕进行烘干,保证湿度14度以下,出烘房,并对作品变形部分再次修理,达到线条流畅、层次分明、物体表面光洁。砂纸打磨后,对雕琢的工艺品用瓦灰和本漆调成生漆灰,对产品结巴、裂缝进行填补,然后再用土布(麻布)贴在产品表面,再用漆灰刷上,把土布完全覆盖,等完全干燥进行砂纸打磨,然后水磨,再贴金,贴金后罩上清漆,一共四十余道工序。

艺人方才园为中国民间艺术家协会会员,他雕刻的作品远销美国、欧洲、加拿大等20多个国家和地区。2001年,他在三门开办了方园工艺画廊,到现在共传授木雕工艺艺人50余人,各种木雕工艺品现今保存极少,均已远销,只有照片留档。沿赤木雕在原有传统工艺的基础上,结合现代绘画特点,有了进一步发展与创新,并一直流传至今。

2006年6月,沿赤木雕被列入台州市第一批非物质文化遗产名录。

羊岩勾青茶

羊岩勾青茶是千百种华茶中一朵奇葩。羊岩勾青茶是江南传统制茶技艺在临海的遗存,它曾得到中国国际茶文化研究会会长王家扬"江南第一勾青"的评价,中国茶叶界首位工程院院士陈宗懋给予"羊岩勾青,香高味醇,实乃华茶之极品"的美誉。

羊岩勾青产于临海西北50里羊岩山,其山势巍峨雄奇、古树参天、林苍竹翠,泉水叮咚、山花遍野,山中云雾翻腾、低空细雨蒙蒙,年平均温度16℃,昼夜温差大。茶树为当地群体良种,茶师依据临海祖传种茶制茶技艺,结合传统制茶技术,经数十年的摸索实践,形成了一套规范的制茶技艺,包括采茶的选料、加工时间、温度掌握、揉捻的压力、形状的形成、水分的含量、杀青机内桶棱条角度、揉桶的安装角度等,使失传百余年的羊岩勾青茶制作技艺昭扬于世。

采摘鲜叶嫩度以一芽一叶开展为主,采后经摊放、杀青、揉捻、炒小锅、炒对锅等工序。制作生产的羊岩勾青茶,状如勾青,条索勾曲饱满、色泽翠绿、绿中透翠、幽香如兰、香高味醇,汤色嫩绿清亮,久饮耐泡,回味香绵。20世纪90年代初即成为浙江省绿茶名茶之一。2005年,羊岩勾青茶荣获国家质量监督总局原产地标志注册证书。

2008 年 6 月,羊岩勾青制作技艺入选台州市第二批非物质文化遗产名录。2009 年 6 月，羊岩勾青制作技艺入选浙江省第三批非物质文化遗产名录。

白水洋豆腐

临海白水洋豆腐及副产品豆腐干、油泡、豆腐皮、豆腐脑、豆浆等与白水洋狗肉、馒头并称“白水洋三宝”，是当地的名菜之一，在周边各县市享有盛誉。

白水洋豆腐手工制作历史悠久，多少年来人们对白水洋豆腐赞不绝口，但对其制作工艺却关注甚少。白水洋豆腐及副产品的制作是靠历代师傅口授身传给下一代，豆腐的好差在制作上主要靠师傅的经验，具有很明显的非物质文化遗产特点。白水洋豆腐滑嫩细剔、口感细腻、清口香润，含有丰富的蛋白质、氨基酸等营养物质。

新中国成立前，家家户户做豆腐的现象已很普遍。当时镇里已有许多豆腐作坊。新中国成立后，特别是“文革”期间，大家忙着“割资本主义尾巴”，豆腐作坊也随之关闭，可家庭制作仍然存在。由于豆腐制作每次都在 15 斤以上(一般又在 20 斤以下)，所以对于小户人家来说，无疑会几日都吃不完。于是，以“交换”为形式的“买卖”便在民间很是流行。“文革”后期，两块豆腐(一锅八块，每块重 0.6 公斤左右)换一升大豆(约重 0.75 公斤)。

当地豆腐采用优质的六月豆作为原料，有甘美的泉水资源，工艺上用盐卤点浆，这比石膏点浆的豆腐更为香、软、嫩，更具鲜滑的口感。近年来，用机械生产豆腐代替了手工制作豆腐，虽说在日产量上有了很大的提高，但口味却有所影响。手工制作豆腐及豆腐干、油泡、豆腐脑、豆腐皮，工艺要求高、时间长、体力消耗大、环境差、利润又薄，现在很少有年轻人从事这一手工技艺。抢救白水洋豆腐的手工制作技艺已迫在眉睫。

2009 年 6 月，白水洋豆腐被列入浙江省第三批非物质文化遗产名录。同年，白水洋豆腐被列入台州市第三批非物质文化遗产名录。

仙居豆腐

仙居豆腐为卤水豆腐，口感细腻、嫩滑，味道鲜美。仙居的豆腐制作者遍布江南城市、乡村。

仙居豆腐能这样广受欢迎，关键取决于它选取原料的特殊、工具的特殊和工艺的特殊这三大特殊性。原料特殊分三方面，一是水的选择，俚语中有“豆腐是水做的”一说，所以，水必取优质井水或山泉水。二是豆的选择，豆则必选当地的大豆——六月白，六月白颗大饱满，豆味香浓，出浆率高。三是使用新鲜的盐卤为打浆剂。豆的磨制工具为仙居本地出产的青釉石石磨，青釉石石质坚硬、结构细密，使用青釉石石磨磨出的豆浆特别细洁。

仙居传统豆腐为纯手工制作过程，可分为“拣、沯、浸、磨、沥、煮、捞、打、裹、翻”十道工序。豆腐有很多的系列制品：豆腐锅巴、豆浆、豆腐脑、油泡（别的地方称油豆腐）、豆腐干（一般有两种：熏制与卤制）、千张、豆腐浆咸、霉豆腐等。仙居本地著名的豆腐菜肴有：大片豆腐烧法、豆腐圆烧法、做羹烧法、青菜豆腐等 20 多道。仙居人喜食豆腐，用豆子换回热烫烫的热浆豆腐后，就用手掰开，倒上一点酱油，谓之吃“豆腐生”，清淡中藏着鲜美。豆腐还有不少衍生品，颇值一提的是豆腐渣、豆腐皮。豆腐渣向来是被视为喂猪之物的，因为这是做豆腐的下脚料，现在的豆腐渣却成了酒店里的一道特色菜。松散的豆腐渣沾上些薯粉，和上盐拌匀了，捏成一个个圆，放一点点油煎得两面松黄，就是全家人的美食天堂。仙居女人坐月子，一碗豆腐皮、金针、肉丝作浇头的米线，是每日必备的。

最传统的仙居豆腐的凝固材料选择的是盐卤，其主要成分是氯化钙及氯化镁，所以豆腐不但补充人体蛋白质，还是补充钙、镁的良好来源，豆腐还富含硒、维生素 B1、烟酸等人体必需的元素。

2009 年 6 月，仙居豆腐制作技艺入选浙江省第三批非物质文化遗产名录。同年，仙居豆腐制作技艺入选台州市第三批非物质文化遗产名录。

永利木杆秤制作

临海永利秤店始于清咸丰年间，至今已有140多年历史。永利木秤制作艺人经过长期实践、探索，凝聚数代聪明智慧，形成了独具特色的永利木秤制作技艺。它在江南木秤制作史上有着重要的位置。

永利木秤主要制作步骤基本可分七步：定秤杆：选用本地山区生长的山茶、山乌珠、岩红等硬杂木或东南亚进口的铜杪树，按称重等级不同来区分木秤长短，用木刨刨至椎体圆柱形。打光：用金刚砂轮摩擦木秤表面，再用细砂纸细细磨光。镪秤杆：将刨光的木秤用生石灰水反复摩擦后，镪入生石灰一天一夜，然后用金刚砂轮进行水磨，这样，木杆既凸显了美丽的黑色纹理，也增强了木秤的韧度。衡定刻度：遵循杠杆原理，先选定木秤的三大支点，即支点、立点、最大后点，然后利用砝码定好刻度，并在木秤头尾安装好铜皮和铜件。打秤花：在所定刻度位置打上小孔。钉秤花：往所定刻度小孔里塞入白铜丝固定。压秤花：用坚硬花岗岩石磨压秤花，最后配好秤砣、秤钩，擦抹菜油。就这样，一根乌亮、精美的永利木秤完工了。

永利木秤制作精巧细腻,工序合理严谨,做工精湛独特,凝聚着木杆秤传人的聪明智慧、匠心独运,是一份极其宝贵的传统技艺遗存。

2008年6月,永利木杆秤制作技艺入选台州市第二批非物质文化遗产名录。2009年6月,永利木杆秤制作技艺入选浙江省第三批非物质文化遗产名录。

竹纸制作

竹纸制作技艺在黄岩民间流传了一千余年，至今尚在宁溪、富山一带使用，是一项手工造纸技艺。

唐宋时期，黄岩已用青竹、桑皮、山麻与藤状植物等制造藤纸、玉版纸、花笺纸、小白纸、谱纸。黄岩的手工造纸，在唐代就负有盛名。北宋四大书法家米芾在《书史》中记载唐文宗李昂手诏，称赞黄岩藤纸："以台州黄岩藤纸捶熟，揭其半用之，滑净软熟，卷舒更不生毛。"盛赞其质地优良。后来，黄岩的竹纸生产逐渐转为生产千张纸。

千张纸的生产完全沿袭了世代传承下的竹纸制作技艺。它选用黄岩西部山区丰富的苦竹(青竹)为造纸主要原料。先将苦竹截成约3尺长，用水碓舂成碎浆，再用蛎灰水纳入窖中发酵；月余后取出，洗净灰质；然后舂成粉状落入槽中，用手抄成一张张，晒干后刀切成块，再两边交叉对切。因日捞千张，或千张成"一作"(意为体积)而得名。生产千张利用水碓，引用山溪流水冲击水碓，自动捣舂。生产千张的都是家庭作坊，20世纪上半叶遍及家家户户，是黄岩富山乡半岭堂村一带农民经济收入的主要来源。

竹纸制作工序流程：竹纸制作工序要经斫竹、砍料、捣料、浸料、腌料、燥纸、晒纸等 15 道工序，每道均精工细作。准备约料分为段料、捣料、浆料、堆烘、起料冲洗、捣浆 7 个过程。抄纸分为搅料、捞纸、压干、起纸折纸、燥干收纸 5 个过程。一块千张分为 16 陌，每陌有 60 多张，加上两头的千张板头，约有一千张，所以叫作千张。千张的两边错开打上裂缝，可以扯开拉长，便于焚烧。要经过洒水、切纸、打纸、系块、打印 5 个过程。

由于手工制造竹纸生产条件差、劳动强度大、销路有限，效益较低，年轻人不愿继承祖父辈的技艺，目前尚在制作竹纸的大多是 70 岁以上的老年人，竹纸制作技艺面临后继无人的困境。

近几年，当地政府把竹纸制作技艺保护工作摆上议事日程，区政府制订了竹纸制作技艺保护计划，纳入当地国民经济和社会发展、城乡建设规划。安排资金，积极扶持。政府建立了竹纸制作技艺保护专项资金，同时，鼓励和支持社会资金参与竹纸制作技艺保护，旅游部门还准备在富山半岭堂村建立竹纸技艺生态保护区。

2008 年 6 月，竹纸制作技艺入选台州市第二批非物质文化遗产名录。2009 年 6 月，竹纸制作技艺入选浙江省第三批非物质文化遗产名录。

戏剧服装制作

元明清以来，戏曲活动频繁，特别是社会文化的兴旺给戏剧服装制作行业带来了生机和蓬勃发展。至清代，戏剧服装制作从刺绣行业中分离出来，成为融画、刺、绣、制衣为一体的一种独立行业。

台州路桥自宋时立街，至明清时已发展成浙东沿海的重要商埠。路桥戏剧服装制作，采用中国工笔画形式，以民族工艺将传统的天人合一理念和审美情趣表现得淋漓尽致。其刺绣粗细并用，采用打子、平金、盘合、堆绫、订线等多种手法。色彩分上五色、下五色，纹饰则有龙凤鸟兽十几种，每种又有多种表现形式。

路桥戏剧服装主要制作三个大类:戏衣、盔头和靴鞋。

戏衣，是戏剧艺术舞台上各行角色身上穿的衣服，包括蟒、靠、官衣、开氅、褶子等。蟒即蟒袍，是帝王后妃以及将相上朝、升堂、出巡时穿着的礼服，华丽而高贵;靠，是武将穿戴的盔甲式服装，威武而雄壮;官衣，是文官的礼服，庄重而豪华;开氅，是武将的便服，鲜艳而亮丽;褶子，是平民的服装，种类繁多，常见的为花色褶子和素色褶子。其他还有裙袄、宫衣、箭衣、太监衣、龙套衣等。

盔头，是戏剧艺术舞台上各行角色头上所戴的装饰物和帽子，包括冠、盔、帽、巾等。冠为帝王、贵族的冠戴，豪华而富丽;盔为武职人员的冠戴，英武而气派。帽的成分最杂，上至皇帝百官，下至兵丁百姓，形形色色都有，其中运用最广泛的是文职官员所戴的纱帽。而巾则多为软帽，属于便服的行列，运用最多的是书生所戴的文生巾。

靴鞋，是戏剧艺术舞台上各行角色所穿的鞋子，由于它位于戏剧服装之末，因此又称“末服”。根据角色的不同身份，靴鞋可分为“靴”和“鞋”两个类别。靴有厚底方靴、薄底方靴、清代官靴、朝方、花靴、豹皮靴、绣花快靴等。鞋有男子穿的云头鞋、便鞋、草鞋，女子穿的彩鞋和旗鞋。在制作戏剧服装的同时，台州戏剧服装企业根据客户的需求还兼制刀枪把子和道具。

黄岩十里铺汪家一家四代传承。1956 年，汪氏把分散在街巷里弄的家庭妇女组建成路桥戏剧服装社，组织勾勒图案、花样、线绣和盘金、上浆、裁剪、制作戏衣等合作化生产，一直沿袭至今。路桥十里长街的廿五间一带形成了台州最大的戏剧服装行业的集散地，商行商店多达 20 余家，戏剧服装除供应台州各县市的民间职业剧团和专业团体外,还远销昆山、苏州、无锡、温州、乐清、象山、奉化等地。这些店家沿袭传统工艺制服和绣图,品种多达50余种,为中国戏曲舞台美术增添了光彩。

2009年6月,戏剧服装制作技艺被列入台州市第三批非物质文化遗产名录。2012年6月,戏剧服装制作技艺被列入浙江省第四批非物质文化遗产名录。

台州府城传统小吃

台州府城传统小吃源远流长，根据三国吴国人沈莹所著《临海水土异物志》的记载，当时已出现炙和羹两种烹调方法。至宋，加工烹饪技术已日臻完善，已出现炙、脍、煎、卤、糟和盐腌、风干等方法。

台州府城传统小吃品种繁多，以面食为主，包括蛋清羊尾、麦虾、马蹄酥、羊脚蹄、乌饭麻糍、糟羹、麦油脂、垂面饭、核桃姜汁、青团、青饼等等。是临海百姓三餐主食之外的主要"接力"(点心)或早点，有的甚至成为主食。

蛋清羊尾是上了《中国菜谱》的地道临海菜，因其取材"蛋清"，形状似"羊尾"而得名。起源于我国浙南的古台州府临海，后由于满族入华而由厨师携带前往北方才成为清朝宫廷御宴上的风味食品之一。其口感绵软、香甜，且营养丰富。其主要原料有鸡蛋、豆沙、粉子、小麦粉等。手工制作每次只能制作一盘。而且必须现做、现炸、现吃。无论是高档饭店还是街头小吃都有它的身影，具有 1400 年的历史。

麦虾是最具代表性的临海小吃，也是很有"欺骗性"的一种小吃。"麦虾"不是什么虾，而是一种面食，很多不了解的人都会被这个名字所"欺骗"。麦虾是将麦粉搅拌成粉浆，然后用菜刀或筷子，将粉浆一刀一刀"割"下，故临海人称之为"割"麦虾，割下的粉浆不是细长如柳条，而是一小坨一小坨，状如弯曲大虾，故称为麦虾。其做法是:将麦粉加入清水，打上鸡蛋，搅拌成粉浆。不过这粉浆也有讲究，以筷子插入其中而不倒为准，徐徐注入少量的水，刚好淹没粉浆，谓之"养浆"。把萝卜、笋丝、香菇、肉丝一一下锅炒香，入水烧开后，左手稳端粉浆海碗，右手持菜刀或筷子，沿着碗口一刀一刀将粉浆"割"下锅。入锅后的粉条沸水里滚上一滚，顿时化为不似面条又不似粉疙瘩的白条条，其状如虾，也就是"麦虾"。盖上锅盖煮上几分钟，待麦虾熟透了，再依据口味加些虾、蛏、蛤蜊、荷包蛋作调料，最后再加入少许酱油、味精、葱和大蒜，再盛到碗里就可以上桌食用了。

羊脚蹄不是真正的羊脚做的，是一种面食，不过确与羊脚比较相像。把发酵过的甜面粉做成四周圆、底面平、上面分成四瓣的羊蹄形状，面上撒上芝麻，烘干烤成，香甜松脆，清香可口，为临海特色小吃之一，形状酷似羊脚蹄。据说羊脚蹄这味小吃的诞生和台州府城有关。相传唐尉迟恭在修建台州府城时，城墙屡建屡塌,不知不觉中已近元宵,一日天降大雪,满山皆白,这时只见一头麋鹿从北固山下向山上奔去,至山脊,停立稍倾,转身沿山脊疾奔而去,消失在山林之中。尉迟恭听闻大感惊奇,感似上天帮助,遂命士兵沿鹿足迹造城墙,不日,城竟成。尉迟恭感慨道:"此乃仙鹿也。"祭祀时由于冰雪消融,足印渐消,尉迟恭急命人用面粉拓下蹄印,焚香叩拜。传至今日,鹿脚蹄变成了羊脚蹄,成了台州府城的一道风味小吃。

糟羹又叫山粉糊,也叫咸酸粥,是浙江台州传统的汉族小吃,元宵节食品。糟羹以米粉、薯粉或藕粉为主料调制而成,分咸、甜两种。各地元宵吃汤圆,而台州则是吃糟羹。每年正月十四看过花灯之后,人们便会回家美美地吃起糟羹来。台州习俗是正月十四吃咸的山粉糊,正月十五吃甜的山粉糊。用肉丝、冬笋丝、香菇、木耳、豆干、油泡、川豆板、菠菜等炒熟,再加入少许米粉,煮成带咸味的糊状食品。正月十五喝的糟羹为甜的,用番薯粉或藕粉配上莲子、甜枣、桂圆等做成。

临海姜汁是将黄酒、核桃肉、红糖、鸡蛋一起炖的姜汁,在临海早些年只有坐月子的,家里干体力活的能吃到。其主要以老姜汁、里脊肉、核桃、鸡蛋,加大量黄酒炖成,地道的姜汁在蒸的时候是用小火隔水放在瓦片上蒸 3 小时左右,在没有滋补品的年代,姜汁就是最具代表的补品。

外地人来临海,总是对菜市场里一瓶一瓶的黄色液体感到好奇。那可不是果汁,而是鲜榨的姜汁。姜,性辛、温,发汗解表,温胃解毒,有驱寒之功效,所以按习俗该是在冬至吃的。姜汁可怎么吃呢,难道捏紧鼻子仰起脖子一咕噜喝下肚啊?那除非你想把胃烧穿。先把姜汁稍加水煮沸,撇去浮沫,加入肉末、蛋糊、黄酒、红糖,有核桃自然更好,隔水蒸熟。耐得姜汁的辣,吃出一身汗,寒气一驱而散,这个冬天也就没病没灾了。临海还有祖传的规矩:妇女做月里(坐月子)要吃姜汁。

2010 年 6 月,台州府城传统小吃被列入台州市第四批非物质文化遗产名录。2012 年 6 月,台州府城传统小吃被列入浙江省第四批非物质文化遗产名录。

延绳钓捕捞

延绳钓捕捞技艺(东海钓带)是东海渔民运用延绳钓作业的一种水产捕捞技艺。按捕捞对象的不同,可分为带鱼、黄鱼、鳗鱼、鮸鱼、鲨鱼、金枪鱼、梭子蟹等延绳钓作业。据有关史书记载,明嘉靖年间(1522—1566 年)在玉环坎门一带已有延绳钓捕捞作业,至今有近 500 年历史。

延绳钓是海洋捕捞作业中一种古老的作业方式。它主要以钓钩、干线、支线组成,延绳钓有定置和随流漂动两种作业方式。作业渔船有钓机、大钓、小钓。按作业渔船组合,可分单船式和母子式两种作业方式。

延绳钓主要用来捕底层鱼类,全年都可以作业,主要的捕捞时间集中在 3—12 月,使用延绳钓的渔船长度一般在 10—20 米。小型的延绳钓渔船 1 个人就可以操作,但是没有冷藏和加工的能力,捕捞上来的鱼需要尽快返回岸上售卖。中型的延绳钓渔船具备冷藏的能力,将捕捞上来的鱼冷冻起来,可以在海上持续作业 7—10 天。大型的延绳钓渔船可以在海上更长时间地作业,船上除了船长,还有起网人员、观察员、挂饵的人员和厨师等。

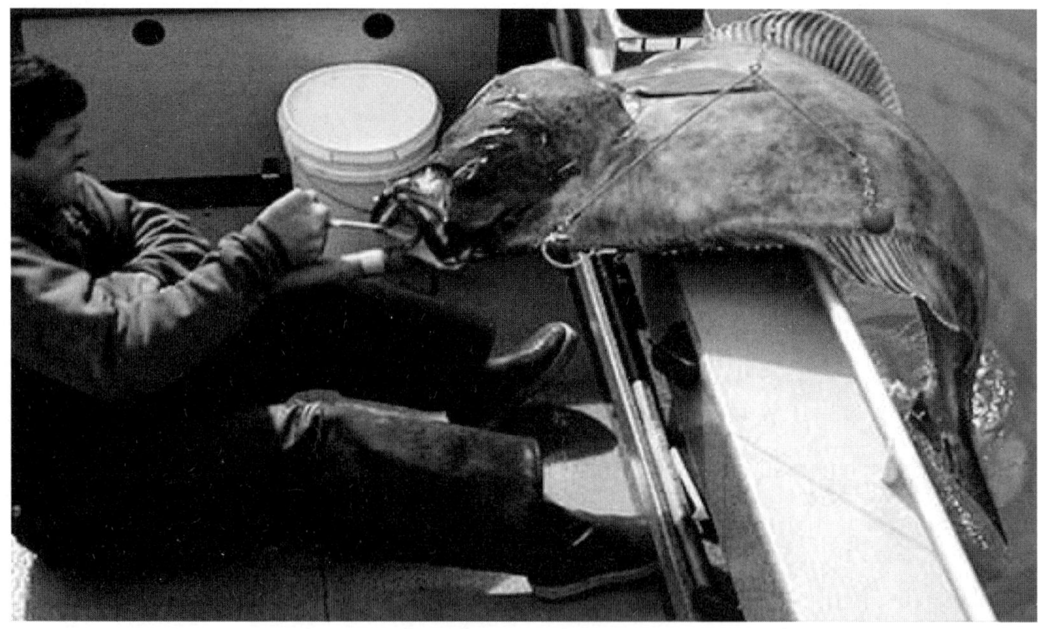

延绳钓的操作流程是先把连接沉子的浮子放到海里，沉子慢慢沉到海底之后会固定一个位置。连接沉子的绳子上绑着带有鱼饵的鱼钩，鱼就是通过这些鱼钩钓上来的。渔船慢慢往前开，带有鱼钩的绳子就慢慢沉到海底，最后再投下另一个沉子，等鱼儿们上钩之后，就可以把渔船开到第一次投下沉子的位置，将绳子拉上来，就可以收获了。

延绳钓的好处是可以将大鱼逐一捕获，捕捞上来后鱼依然存活，使用这种捕捞方法的鱼一般个头比较大，所以放网和收网都需要机械的帮助。

玉环的延绳钓分布在坎门的钓艚岙、教场头、车首头、岙仔底、同安坑、花岩礁、里岙、黄门等地。新中国成立后，这种钓业不断得到改进和发展，成为我国海洋捕捞史上的经典之笔。20 世纪 70 年代后，随着机帆船底拖网作业的兴起和现代化、掠夺性设备装备的无序扩张运用，钓船被迫转产。至今，东海区域延绳钓渔船仅存玉环坎门 5 艘，古老的延绳钓作业走向衰退，面临消亡。

延绳钓是凝聚着世代东海渔民智慧的传统捕捞技艺，从延绳钓产业发展历史我们看到了钓业衰退与海洋资源衰竭的趋同性，延绳钓亟须扶持、保护和传承。

2012 年 6 月，延绳钓捕捞技艺被列入浙江省第四批非物质文化遗产名录。2014 年 7 月，延绳钓捕捞技艺被列入台州市第五批非物质文化遗产名录。

戥秤制作

戥秤，一种小型的杆秤，是古时专门用来称量金、银、贵重药材和香料的精密衡器，是我国古代度量衡发展史中的一枝奇葩。因其用料讲究，做工精细，技艺独特，外盒精美，形似如意，寓意“称心如意”，也被当作一种品位非常高的收藏品。

据史料记载，我国古代杆秤最早出现在汉代，戥秤最早出现在宋代。1006年，宋朝内务府主管刘承规为了解决称量金银的精度问题而研制出一种精密杆秤，这就是最早以“戥秤”命名的杆秤。戥秤发展演变历经千年，至明、清两代制作技艺达到高峰。戥秤也由最初为官府专用，到民间流传；由木杆铜盘，到象牙制作秤杆；由无外盒到纹饰精美的外盒。直至清末时期，由于政局动荡，戥秤制作由盛而衰。新中国成立后，废除清16两一斤制度，戥秤从此退出了历史舞台。

戥秤制作工艺独特，一杆戥秤从选料、打磨、校准、抽线、打星眼、制作外盒、刻花等，前后要经120多道工序。制作成型材料，就涉及很多方面的知识，比如说牦牛骨头处理涉及的脱脂漂白的工艺；小的铜盘如何制作涉及的铜匠工艺；秤盒如何制作涉及木匠工艺；秤砣上还要刻上名字记号，涉及铜錾刻技艺手艺。工艺相当繁杂，历来由师徒相传，特别是校准、抽线、打星眼等工序要求工匠有高超的手艺，才能制作出一杆精准的戥秤。

叶永峰是现在仅存的温岭"戥秤传人"。

2009 年 6 月，戥秤制作技艺被列入台州市第三批非物质文化遗产名录。2012 年 6 月，戥秤制作技艺被列入浙江省第四批非物质文化遗产名录。

天台山云雾茶

天台山云雾茶产于天台山诸峰,天台山种茶历史悠久,闻名遐迩。明屠隆《茶笺》称:“天台山雾悠悠,大伏暑天如寒秋,四季云雾泛浪头。”故向有云雾茶之称。以最高峰华顶所产为最佳,故又名华顶云雾、华顶茶。

《天台山全志》载:早在东汉末年,高道葛玄“植茶之圃已上华顶山”。到了唐代,云雾茶已久负盛名,并东传日本。陆羽《茶经》称“生赤城者与歙同”,又称“石桥诸山亦产茶,味清甘,不让他郡”。《茶疏》中以为茶质可与著名的武夷茶“相伯仲”。

天台山云雾茶为半烘半炒型绿茶,系手工炒制,经摊收、杀青、堆凉、轻揉、初烘、烘干等多道工序,形成外形细紧圆直、白毫显露、色泽翠绿、香味醇郁的高品位眉茶,被列为“中国名茶”第六种。它较之庐山云雾茶则更多了一层醇香,是茶中精品,价格昂贵。

天台山云雾茶有着上千年历史,它在中国茶叶史上有着重要的地位,我国许多名茶都受其影响,故称之为“江南茶祖,韩日之源”。它是天台山的高僧、名道、山民共同创造的智慧结晶。天台山云雾茶,不仅是天台佛教文化、道教文化的一个组成部分,也是天台民间宝贵的文化遗产,具有深厚的历史价值和文化价值。

几千年来,云雾茶一直是石梁镇百姓的重要经济产业,在当地的经济发展中发挥了十分重要的作用。

自古以来,天台山云雾茶就是友好的使者。从唐朝开始,日僧、韩僧来到天台山学法,同时将天台山植茶、制茶、饮茶、品茶、以茶供佛的习俗传到日、韩。近年来,已有十余批日、韩茶道学者来石梁镇考察"茶叶之路"。天台山云雾茶,在中外文化交流史上有着极其重要的作用。

2008 年 6 月,天台山云雾茶技艺被列入台州市第二批非物质文化遗产名录。2012 年 6 月,天台山云雾茶技艺被列入浙江省第四批非物质文化遗产名录。

玉环竹篾编制

玉环竹篾编制是一种富有地域特色的民间工艺,由浙南地区传入玉环,距今已有200年的历史。

玉环竹编以编织精巧、工艺繁杂、花色丰富著称,包括有篮、盘、罐、盒、瓶、屏风、动物、人物、建筑物、家具、灯具、器具12个大类。

玉环竹编通常取料于当地盛产的各种竹子,如水竹、早竹、毛竹等。相关器具包括三脚马、锯子、圆凿、卷刨、钳子、剪刀、引针、木钻、篾刀、剑门、刮刀、系步钻、篾掭、雕工刀等。劈成的篾丝细如发,篾片薄如纸,可以编成各种各样的竹艺造型。其制作工艺较为复杂,一般要经过设计、造型、制模、估料、加工竹丝篾片、防蛀防霉、染色、编织、雕花配件、装配、油漆等工序。仅竹丝篾片工艺就有剖青、锯竹、卷竹、剖竹、开间、烤色、劈篾、劈丝、抽篾、刮丝、刮篾等众多步骤。编制技法更有龟背、插筋、弹花、穿丝等一百多种。

玉环竹篾编制传承人林世川,13岁跟随伯父学编竹篾,后师从温州南溪王定友。林世川在王定友那里学到了竹篾编制的精细技艺。林世川的竹篾编制工艺精细,将原为木制的器具用细蔑编制(如人情篮);能编织各类花形的篾席;能用竹篾编制书法作品等。

随着大量塑料制品替代了日常生活中的竹编制品,人们对这类工艺产品的需求量日渐减少,从早期的数百种竹编用具和工艺品到现在只剩竹箩等少数竹编制品,致使从事竹编技艺的人越来越少。

2010年6月,玉环竹篾编制工艺被列入台州市第四批非物质文化遗产名录。

宁溪糟烧

宁溪糟烧酿制技艺是以黄酒压榨后的糟板为原料，加入大米、小麦，通过二次厌氧发酵，经蒸馏得到白酒的技艺。

宁溪糟烧历史悠久，源远流长。唐景福年间，大理寺少卿王从德为避钱谬重聘，居家从杭州施水巷迁居宁溪"金山之脚"。他带来的贵族酒文化与当地的土著文化相结合，融合中原先进酿造技术（家酿黄酒、黄衣曲酒），经世代繁衍，逐步形成了宁溪特有的糟烧白酒工艺。用其技艺所生产的糟烧白酒口味醇厚柔绵，甘润清冽，谐调净爽，口味悠长。

宁溪金山陵酒业有限公司酿制的糟烧，选用优质新鲜糟板，采用宁溪金山陵地下优质泉水，以传统工艺结合现代科学技术酿制而成。产品具有"无色透明、醇香浓郁、柔和爽口、回味悠长"等特点，是台州百姓家喻户晓的地方名酒，被消费者誉为"台州茅台"，前后获得"浙江省农博会金奖""台州市农业龙头企业""台州市著名商标""台州市名牌产品""台州市消费者信得过单位"和"浙江老字号"等一系列荣誉称号。2010 年参加上海世博会国际信息发展组织评比中被评为"千年金奖——优秀奖"。

2014 年 7 月，宁溪糟烧被列入台州市第五批非物质文化遗产名录。

脱胎漆艺

台州盛产山漆、苎麻、香樟等夹纻脱胎漆艺所需的天然原材料。早在东晋时期，夹纻已在台州民间得到应用，经历代工匠不断努力，技艺逐步成熟。临海夹纻脱胎漆艺源远流长，早在唐代，龙兴寺僧思托追随鉴真和尚东渡日本，按照鉴真法身形象采用“脱胎”法制作一尊坐像，至今仍供奉于京都，成为日本国宝。两宋时期，脱胎技艺风行台州各县，明清两代广泛用于大江南北的宫殿及寺庙佛像制作。

夹纻脱胎，就是先做一个泥胎（或木胎）佛像，然后在上面用苎麻缠绕，再涂刷生漆，每一层都刷得很薄，大约要刷涂上百道生漆，放在潮湿的屋子里阴干；硬结以后再把里面的泥胎撤掉（现在一般在成型的木雕或泥塑的佛像表面进行工艺保护处理）；脱胎后的佛像还要进行漆金和彩绘才算最终完成。脱胎处理后的佛像永不变形，防水、防蛀、不开裂、防风化。

目前，位于杜桥镇的天弘精雕工艺厂，较好地传承了这一技艺，先后为省内杭州、嘉兴、台州、温州等地的寺庙以及辽宁的宝华寺、普化寺、崇兴寺，济南李炳南故居，河北峰峦寺等制作了许多道释人物像。代表作品有江西大正法寺“海岛观音”、河北省唐山兴国禅寺“千手观音”、台州灵庆寺全堂“生漆脱胎佛像”，同时还为台中佛教莲社制作了“李炳南老居士”人像，以及《自在观音》《弥勒佛》等；其中《自在观音》获得2013年“台州首届工艺美术节”金奖。

2014年7月，脱胎漆艺被列入台州市第五批非物质文化遗产名录。

明式家具制作

传统古家具制作技艺是基于传统文化的积淀和老手艺的口传身授，结合地方风俗和艺术审美而逐渐演变而成。元明时期，地处西北黄坦山区的李姓木匠们迫于生计，走出大山，在浙中、浙北一带从事家具制作，他们遍访名师，取长补短，人才辈出。

明式家具装饰手法主要通过木纹、雕刻、镶嵌和附属构件来体现。选料上，十分注意木材的纹理，凡纹理清晰好看的“美材”，总是放在家具的显著部分。雕刻手法主要有浮雕、透雕、浮雕与透雕结合及圆雕等，其中以浮雕最为常用。雕刻题材十分广泛，有卷草、莲纹、云纹、灵芝、龙纹、螭纹、花鸟、走兽、山水、人物、凤纹、宗教图案等。刀法线条流畅，生动形象极富生气。雕刻的部位大多在家具的背板、牙板、牙子、围子等处，常做小面积雕刻。

明式家具制作基本工序主要有：按木板宽厚选锯，拨料锉齿，锯成板材和腿框；用眼观测瞄视，刨削平直光滑，使各种零部件成型；画好吃线和留线，凿榫眼、锯榫卯，扎实卯鞘；拼板对缝（拼板，即把两块或两块以上的木板拼接配料）；对缝，即把木板刨削合对，结合榫眼、榫卯严实在一起，然后用鱼鳔或动物筋骨熬制的胶水将面板黏合加固；根据要求在特定面板上进行阴雕或阳雕，圆雕或透雕；

对雕刻件进行清底子，对家具正面部位进行磨光、抛光，使整件家具手感平整光滑。

2014 年 7 月，明式家具制作技艺被列入台州市第五批非物质文化遗产名录。

泽国粗纸

泽国粗纸制作工艺流传于温岭泽国地区，是以稻草、麦秆、络麻等多种植物或废纸为原料，经过制浆处理的植物纤维形成水悬浮液，在网上重新组合，初步脱水，再经压缩、烘干而成的传统造纸技艺。

泽国株松村源于三株松树，村里有王、叶、周三个大姓，其造粗纸已有200年左右的历史。据《周家渭金岙王氏宗谱》记载："嘉庆年间，(必宏)公肇粗纸之业，举族仿而效之。"20世纪70年代，浙江省从事做草纸的大约有2万多人，90年代以前，温岭泽国株松村等村因人多田少，为增加经济收入，农闲时便以传统造纸作为手工副业，一时全村人人撩粗纸，还出了名声，有"方堂粗纸"的美誉。泽国水澄、金樟、渚里、娄下、腾高、赵家洋等村，以及大溪镇下洋张村都有造纸工艺，从事这个产业的达到8000人，然而目前，仅剩很少的人尚会制作。

泽国粗纸制作包括备料、洗料、制浆、抄纸、压榨、晒干等程序。该项技术属于古老的传统手工艺，具有一定的操作技巧和难度。纸质粗糙，吸水、吸尘性强，有柔韧性，能防蛀，包装易定型，且产品绿色环保，价格低廉，甚至能再生循环利用，变废为宝。

泽国粗纸制作工艺具有一定的实用价值。使用无毒、无污染的自然生态纸张进行包装，既具有一定的地方风情，又能打造品牌，更重要的是倡导了一种低碳、绿色生活理念。此古老技法至今能较为完好地保存，其中包含着文化的脉络和历史传承痕迹，能够活态地予以展示，特别在当今这项技术即将消亡的时代，具有一定的传统文化展示意义。

目前，该项目已经濒临消亡边缘，仅剩的几家手工作坊因为产品销路萎缩，已经停止生产，并且在三拆一建中都被拆除。周妙富三代传承造粗纸技艺，本来粗纸销售情况良好，但因场地被拆除、无人学艺，这项技艺即将消亡。

2014 年 7 月，泽国粗纸制作被列入台州市第五批非物质文化遗产名录。

天台红曲酒传统酿造

天台红曲酒，又称自做酒、农家酒。它以糯米、山泉、红曲、白药为原料，在每年农历十月、十一月进行酿造。

天台红曲酒传统酿造的历史可追溯到宋代。当时，天台开采银铅锌矿，工人辛苦而以红曲酒补充体力。元代《居家必用事类全集》详细记载了《天台红酒坊》。后来涌现了许多制作红曲酒的酒坊。1935年《浙江省情》记载，当时天台一地的"天台红酒"的产量已经达到300吨。1958年，当时的天源、清溪、桥上、阜源、永源、后陈、蓝田私人酿酒作坊，全部合并成为天台酒厂。20世纪末以来，天台酒厂在红曲酒传统酿造的基础上，开发的"宋红""济公家酿"等系列红曲酒，在国内外市场上声名鹊起。2013年，公司成为国家文物局"指南针计划"项目落户基地之一。

天台红曲酒传统酿造主要有"水作酒""酒作酒"两种方法。水作酒即以山泉

水做原料,而酒作酒即用酿好的红曲酒与山泉做原料,进行二次加工,使酒味更加醇厚。

天台红曲酒传统酿造程序如下:浸米:糯米浸 24 小时。蒸饭:将糯米倒入饭甑内,放在锅中蒸熟。冷却:将蒸好的米饭,倒在大簟上摊开散冷。拌药:烧开水倒入缸内冷却,将采购的红曲、白药拌入缸中。入料:将糯米饭倒入拌有红曲、白药的酒缸中,用手上下翻拌,至饭块粉碎、沉积在底部,红曲浮于水面,饭层至曲层中间有一手指长的水层即可,俗称“一插”,如果想酒更甜一点,则饭层至曲层,刚容一只平摊的手掌,俗称“一搭”。开酒头(又称开耙):3－4 小时后,酒缸内饭粒吸水膨胀,将浮于缸面的红曲顶出缸口,表面微微裂开一粒米大小的缝隙,此时用手探入缸内,上下翻搅,将红曲混入糯饭,此步最为要紧,过早则酒未发,过迟则酒必酸,天冷时则需 4－6 小时。发酵:开酒头后,则热气腾腾,缸面有珍珠大小气泡不时喷涌而出,初时嗞嗞有声,继而嗒嗒声。翻酒醪:每天用酒板将酒醪翻起压下 2－3 次,10 小时后,酒已做成糊状。蘸酒品尝,2—3 天内酒体蜜甜,5—6 天酒体辣口,10 多天酒体苦口,20 多天酒体苦口消失,缸面渐清,酒香四溢。取酒:用桶将缸面清勺出,又将竹抽(过滤酒的一种竹制工具)放入,捣出酒醪中酒液,直至不能出酒,后用纱袋盛出酒醪,扎紧袋口,放在土制的木榨机中,添加压石,酒液从袋中压出,酒色虽混,酒力更醇。

近年来,受市场经济利益的驱动,许多制酒人未按传统技艺酿造天台红曲酒,使红曲酒原有的品质受到威胁,其酿造技艺也受到冲击。

2014 年 7 月,天台红曲酒传统酿造技艺被列入台州市第五批非物质文化遗产名录。

本山漆制作

街头镇地处半山区，属亚热带季风气候，森林覆盖率达80%，系天台县两大主要林区之一。自古以来，街头以漆树多，盛产生漆而著称。过去，制作本山漆是漆匠学徒的必学活，也是衡量一个漆匠水平高低的标准之一。20世纪五六十年代，当地许多人以制作本山漆为生。他们从采集原始桐油、生漆开始，到完成可以用于油漆的本山漆。

“本山漆”制作以原始生漆、桐油为原料，通过采集桐油、过滤、煎油、试油、起油、配漆、过滤、成漆等九道工序才能制成油漆木制品的本山漆。

当地有名的漆匠有王安金、戴正魁、杨国钢等。20 世纪 70 年代，王安金曾广泛招收学徒 10 多年，先后培训近千名工匠，推动了本山漆制作技艺传承和推广。从 20 世纪 90 年代以后，化工漆、调和漆等因快捷便利，使制作烦琐的本山漆受到很大冲击。由于本山漆制作要求高，使用难度大，漆匠们渐渐地对本山漆应用减少，本山漆制作技艺也渐趋冷落。加上近年来，漆树遭到大量砍伐。生漆总出产量从原来的每年 10 吨降到每年 1 吨。桐油的产量也迅速减少，导致本山漆技艺的传承面临更大困境。

2008 年，街头镇成立了本山漆技艺保护传承办公室，负责收集、整理传统的本山漆技艺相关档案材料。2009 年，街头镇人民政府对全镇各行政村本山漆技艺和相关作品进行了普查、收集工作。

2014 年 7 月，本山漆制作技艺被列入台州市第五批非物质文化遗产名录。

天台糯米蛋糕

修缘蒸糕，民间又称糯米蛋糕、水蒸蛋糕，即用糯米和鸡蛋、白糖等食材制作的蛋糕。相传，糯米蛋糕自南宋时就在天台民间流传。20世纪初，天台名厨李传希制作的糯米蛋糕，众人赞不绝口，因创办的“桃源春”与济公佛院相近，故取名“修缘蒸糕”。在西式糕饼传入之前，它一直是天台筵宴上最富特色的点心。水蒸蛋糕寓意“蒸蒸日上，步步登高”，故民间将它奉为吉祥食品，同时它也成为民间婚宴、寿筵等筵席上一道必不可少的佳品。

天台民间制作修缘蒸糕(糯米蛋糕)的巧匠很多。1958年公私合营，天台县成立“天台饭店”。李传希亲自将这一技艺传授给当时饭店的学徒。如今，天台民间制作糯米蛋糕的有上百家。2008年，天台县创立了“同记食品厂”(“台州御清斋食品有限公司”)，专门制作修缘蒸糕，组织人员搜集整理天台民间糯米蛋糕制作技艺，并在传统制作技艺的基础上，有所创新。2010年，该公司的“修缘蒸糕”在第11届中国美食节上获得“中华老字号百年名点”和“中国名点”荣誉称号。2011年在第22届香港美食博览会上荣获金奖，成为在点心领域唯一取得这一殊荣的国内企业，2010该公司荣获“浙江老字号”，并申报“中华老字号”。

修缘蒸糕原料为鸡蛋、糯米粉、白糖，按相等比例拌配，其制作程序如下。打蛋浆：先将鸡蛋打在面盆里，用筷子(或类似工具)打糊，需要不停地打上千下。如果打的时间不够，做出的蛋糕不松。拌糖：将鸡蛋浆与白糖一起，顺着一个方向搅拌。直至白糖均匀地溶化在蛋液中。拌糯米粉：蛋糖打发后，快速将糯米粉均匀地搅拌在蛋糖液中，一边加入一边搅拌，使其充分拌匀。蒸蛋糕：蒸锅加水，在蒸笼上铺上炊巾，将拌匀的糯米蛋糕泥粉倒在上面，一般性旺火，蒸 45 分钟左右，至蛋糕发到呈淡黄色松软状态即可。

修缘蒸糕具有细腻、柔润、甜糯、温润的特点，冷热均可食用。作为天台民间的一项传统的技艺，整个过程全是手工制作，而且每一道工序都有一定的技术要求，同时配有特殊的制作加工器具。在它身上折射出我国劳动人民的聪明才智，也透视出古代甜品发展的轨迹。作为婚宴寿宴的必摆食品，它也体现了天台百姓独特的情感和特殊的礼俗。

西式蛋糕深受年轻人的欢迎，但修缘蒸糕自身保质期不长，产业难以做大，其技艺传承面临困境。

2014 年 7 月，糯米蛋糕制作技艺被列入台州市第五批非物质文化遗产名录。

三门宗祠营造

三门宗祠建筑营造技艺是传承于三门民间的传统手工技艺。三门宗祠营造技艺可追溯到唐、五代时期。隋灭陈，陈皇帝后裔浮海至三门湾畔，隐居于五峰山下浮门村，修建陈皇家庙，供奉先帝遗像，这是最早记载的三门县家庙宗祠。大规模营造宗祠则在明清两代，明嘉靖时“许民间立庙”，各家族为团结族人，基本上每一姓都建有宗祠。

三门宗祠大都以传统木结构四合院为主，坐北朝南，依山傍水、粉壁黛瓦。包括影壁、门楼、戏台、庭院、两厢及大殿等建筑。宗祠一般采用中轴线东西对称的手法，一进高过一进，展现了严肃、方正、井井有条的传统风情。这种建筑格局不仅符合古代传统建筑的通风透光要求，也表达了族人企盼“步步高升”的良好心愿。

三门宗祠建筑营造安排巧妙，建筑布局井然有序，用材高档，做工考究，营造工艺集砖、木、石三雕艺术于一身，富丽而实。宗祠大殿构架用材粗大，追求高旷古朴，宽敞明亮理念；斗拱等工艺饰件雕刻讲究精致大方；大殿戏台设计精巧细致，藻井形状分别为六角形、圆形和四方形等，形制有镂空花桥层层盘叠，也有螺旋状，群龙层层盘旋而筑。

宗祠的梁枋上有彩画点缀，天井以鹅卵石镶嵌成各种对称图案或用石板均匀铺设，戏台和大殿两边建有两排厢房，根据天井大小确定间数，厢房有构成单间的，也有只设檐廊的，厢房多为两层结构，东西厢房与戏台后方楼上连接贯通，称为“跑马楼”。大殿上方屋栋一般以灰塑“二龙抢珠”为装饰，两侧墙顶建成马头形，称“挡风墙”。宗祠外墙并有石雕、砖雕和灰塑等工艺。

三门宗祠讲究整体景观和自然和谐的统一，艺人陈昌礼继承三门宗祠传统营造技艺，他新建宗祠的各种雕件等建筑构件，工艺水平和建筑设计传承了三门宗祠营建的高超技艺和艺术特色，为我们了解和研究浙东古建筑提供了有价值的实体，为我们研究富有地域特色的三门宗祠建筑及其演变轨迹，提供了活的标本，具有较高的历史价值和艺术价值。

目前，三门宗祠保存较为完整且最具地方代表性的有吴岙村吴氏宗祠、娄坑村俞氏家庙、祁家村祁氏宗祠、王家村王氏宗祠、路上周村周氏宗祠、任家村任氏宗祠六处古祠堂。

2014 年 7 月，三门宗祠建筑营造技艺被列入台州市第五批非物质文化遗产名录。

天台玻璃雕刻

天台玻璃雕刻是以玻璃(浮法玻璃、彩色玻璃、水晶玻璃以及器皿玻璃)为原料进行艺术创造的工艺,2005 年被列入浙江传统工艺保护项目。

天台玻璃雕刻是营造透明空间的艺术,对薄薄的有限的层面进行无限创意的艺术加工,在坚硬的材料表面上随心所欲地进行雕刻,犹如春牛耕地,刃具切开光滑平坦的表面。它因刀法变化而富有层次,用透明不透明半透明来表现不同的肌理,最大可能地发挥玻璃材料对于光的反映,以不同的刻面产生不同的反射、折射、漫射、散射等效应,它将二维转化为三维,将平面转化为立体的视觉效果,增加了它的表现力,使玻璃雕刻作品达到晶莹剔透的效果,广泛用于装饰品、礼品和环境艺术品。

玻璃雕刻的工艺流程有构思、设计、裁切、车边、拷贝、挖坯、粗刻、精雕、初抛、细捉、加保护层、切割、蒙砂、上色镶嵌、多层叠装以及黏合装配等二十道工序。

在雕刻手法上有平、方、圆、扁、斜、三角等上百种不同尺码的工具以及磨、铲、挖、镟、挑、弹、拖、切等适应表现需要的各种刀法,变化无穷。

1982 年,代表性传承人金全才创立了天台山艺苑有限公司。他在传统雕刻的基础上发掘整理,完成了“玻璃雕刻加工方法”,并研制了整套专用工具。1988 年他的“玻璃雕刻加工方法”获首届中国金榜技术与产品博览会金奖。1998 年 1 月,在杭州浙江省博物馆举办“金全才作品汇展”,并进行学术研讨会。2006 年金全才被评为中国工艺美术大师。

金全才以创作大型玻璃雕刻见长,其作品汲取绘画、雕刻的艺术表现手法,磅礴大气。他的作品《新竹》《天目劲松》陈列于北京人民大会堂;《团圆颂》陈列于全国人大会议中心;《埃及风情》陈列于埃及开罗国际会议中心;《海的女儿》陈列于十一届亚洲运动会主赛场,并被誉为“透明的画,立体的诗”。

1999 年,金全才创作的《团圆颂》在中国国家级工艺美术大师精品展中荣获金奖,2002 年《中国画大师齐白石》在杭州西博会第三届中国工艺美术大师精品博览会上荣获金奖,2005 年《天目劲松》在杭州西博会首届中国工艺美术大师精博会获银奖,《2008 北京圆梦 · 成功奥运》在第四届中国工艺美术大师精博会获金奖。2008 年,他为北京奥运会而创作的“中国奥运冠军壁”被定为中国体育博物馆新馆陈列品,宽 28 米、高 5 米,为当今世界玻璃雕刻作品之最。金全才在取得荣誉的同时,致力于玻璃雕刻的传承工作,1998 年创办了浙江现代艺术专修学院。

2007 年 6 月,天台玻璃雕刻技艺被列为浙江省第二批非物质文化遗产名录。

一根藤木花窗

一根藤木花窗制作是天台民间工匠在长期的实践中创造、积累的一项工艺，主要用于民间建筑、家具等装饰。

一根藤是天台民间常见的木花窗图案，由古代的忍冬纹、卷草纹、缠枝纹发展而来。明末开始，在江南地区，由缠枝纹演化的一根藤，开始应用于木雕、石雕，因此，有“北条南藤”之说。清代至 20 世纪上半叶，在天台及周边县市，家具制作追求一根藤成为一种时尚，大到千工床，小到装饰盒，制作一根藤的工匠也越来越多，其技艺也是精美绝伦，令人叫绝。它既体现出民间工匠的艺术才能，也反映了百姓对吉祥图腾的崇敬，表达了人们对于生命、家业、儿孙、家族等寄予的美好祈愿。

一根藤木花窗制作技艺以麻湖树、樟树为原料，这种树木不变形、不开裂、不虫蛀。一根藤又称“软藤拷条”，是一个个长长短短的木条，经过榫头镶接而成，有的弯曲处会用上五六个榫头，以保持线条弯曲的流畅，也是天台工匠的过人之处。

一般是工匠根据主人的要求，画上草样，得到主人的认同后，才制成样板，然后通过刨条、凿孔、锯榫头、镶图、复样、组榫头、锯内圆、锯外圆、修交接、修边角、锉光、打磨、兜框等多道工序才能完成，所有工序均需手工制作，步骤烦琐。

一根藤以写意抽象见长，它是中国古代民间抽象艺术的代表，也是现代抽象艺术的渊源之一。一根藤所表现的“如意”“仙鹤”“寿桃”“凤凰”“蝙蝠”“蝴蝶”等各种吉祥喜庆的图案，表达了民间对美满如意、吉祥平安的美好希冀。而它一通到底，头尾相合，也赋予了幸福无尽、和合圆满的寓意。

制作一根藤，要求工匠不仅有木匠的基础，还要有深厚的美术功底和艺术创造力。在传承中，工匠凭着自己对艺术的悟性，不断地吸收、改进、完善一根藤。

2013 年，浙江明丰汽车用品有限公司投巨资收藏天台及周边地区的一根藤精品，开辟一根藤艺术馆，同时聘请天台民间老艺人制作一根藤作品，推动了一根藤木花窗制作技艺传承和保护。

2008 年 6 月，一根藤木花窗制作技艺被列为台州市第二批非物质文化遗产名录。

棕榈丝加工

棕榈丝加工,是天台平桥镇古老的手工技艺,当地许多人以棕榈丝加工为生,并作为外出谋生的手段。

棕榈丝具有牢韧度高、不易渗透、抗腐蚀性能好等特点。棕榈丝加工,就是以棕榈丝为原料,制作生活、生产用品。主要有:棕棚线(也称棕榈绳)、蓑衣、笠帽、棕棚床。

穿棕棚床是平桥棕榈丝加工技艺最重要的体现。其主要步骤见下。打棕绷线:从棕榈片成为棕线要经过去边、撕松、搓枯皮、拔棕丝、摇棕绷单丝、合棕绷线等工序。剖棕绷挺、打棕绷架:框架一般用硬树做原料。钻棕线孔:棕绷挺上的棕线孔根据棕绷大小而定。拉对角拉索:在串制大棕绷前,必须用特制的对角绞索在棕绷背面把棕绷锁定,防止变形,确保平整。套环线:棕绷架放在专用的棕绷凳上,对角两头要悬挂磨盘石稳定棕绷。棕绷有正反两面之称,棕绷横头的左边称“正面”,右面为“反面”。根据棕绷床大小,大棕绷床挺上的孔眼每孔串 10 根棕线,小棕绷床每孔串 8 根棕线。串套线前必须定出中心线位置,然后从中心线开始两对角套线。套线是一上一下地连续穿入，套完一根棕线就要用榔头紧线法拉紧棕线，再用木枕同定，直到正面套线串遍同定。双连串线：套线是棕绷正面经过木枕紧线加同的基础连线，帛线是两个孔眼一组，"反面"用木枕同定帛制。串制：串线是从左上角的正面开始的，棕绷可以一人单串，也可以两人对角同串。帛制棕绷的基本手法是挑丝、侧翻、串拔钩、套钩、拉丝、爪平、紧线、同定等，最后穿入的是中心线，由四根棕线组成，两对角的两组中心线在正中垂直交会，棕绷帛制基本结束。整理：包括理匀人字花线、枕平眼孔等。使露在孔眼上的木刺全部消失，保证整体平整平直。经过整理后的棕绷床才算完工。

将南方的板床改进为以棕榈丝绳为主的棕棚床，堪称人类睡床史上的一场革命。

2008 年 6 月，棕榈丝加工技艺被列入台州市第二批非物质文化遗产名录。

天台箍桶

天台历来盛产优质树木，也涌现出许多箍桶工匠，一直到20世纪70年代，民间箍桶匠一直很活跃。

箍桶以杉木、扁柏、刺柏、马梧、松树、樟树为原料，以树形细密紧致者为优。主要用于生活生产用具、民间婚娶嫁妆等。箍桶的制作工序：根据所箍桶的不同种类、尺寸，选取不同质地、规格的材料。料一般比成品长10毫米，所取片数，按桶最大直径乘以3.14，除以板片平均宽度，即为所需的块数，再加余头数。劈板，又称“消洒水”：凡是用以桶墙直立的杉树原料，都可以用斧子顺树削劈。搭配桶板：很多木桶都有两个耳朵（端手的把手），它们必须在直径两头，才显得平衡匀称。做并缝线：边刨边用鲁班尺“搁尺”，刨要谨慎，看得要准，刨得要细。用定距尺画竹针篆打孔线：把一叠桶板前后序次排列，在上口2寸处用定距尺铁钉画线，再用牵钻打孔，然后用削好的竹针篆把它们连成圆桶。第一次套上样簌，钳平板口，用定距尺画出净长，裁去多余长度，用捏刨先粗刨木桶下半部分。编铁丝底样簌套入桶底，退去中间铁样簌，切去耳朵下凸出部分，刨桶体上半部分，打磨耳朵周边。套入固定上簌，退去底样簌，用专用刨细加工至外面光滑，然后加同定底簌。桶里面加工：先将里面刨平刨光，再用长推刨推平上下口，用内圆锯开底板口，斧头切削底板槽，完成底板凹槽加工。安装底板：要经过实践测量、拼板、合龙、圆板、刨板、压板等几个步骤。先劈篾，后用长度基本准确的篾片，从几个方向测量底口的实际直径，平面拼板，用绕锯圆板，

多面刨板,从上往下安装底板,脚手并用平实底板。修正:长推刨刨平上口,刨去不规则不圆滑局部,砂纸打磨,新桶完工。

箍桶整个制作过程全是手工操作,每一道工序都有专门的器械与技艺,从原料的选取、加工,到完工,程序复杂,每一道工序都有一定的要求。长期以来,该技艺在民间师徒中代代相承。箍出的桶不仅满足了当地群众的生产生活需求,也在当地的民俗中充当着不可替代的角色,天台民间做嫁妆,都要请箍桶老师傅箍大大小小的桶,以寄托对小夫妻美好幸福的祝愿。

2010 年 6 月,箍桶技艺被列为台州市第四批非物质文化遗产名录。

山笋传统制作

山笋加工,是天台县山区百姓一项传统技艺。相传,唐代名士罗隐踏访名山,来到石梁镇,吃到当地老百姓加工的山笋,赞不绝口。

石梁镇山高多寒,特殊的地理环境使这里的竹笋鲜脆味甘。过去石梁镇交通不便,每年春天,竹笋丰收却又苦于无法运出山外,因此,家家户户自己动手,加工山笋,不仅解决了鲜笋的堆积问题,而且成为山民饭桌上一道独特的美味,也成了山区百姓勤劳致富的一条渠道。近年来,山笋加工从原先的一家一户加工,逐步转向规模化加工,涌现出不少从事山笋加工的公司和基地,使山笋加工走向集约化、科学化。

笋茄是天台山笋加工中最主要的产品。笋茄基本加工一般选破土而出的鲜笋,太老或太嫩的笋,均不宜用来加工笋茄,其加工程序如下。剥笋:用菜刀从笋中间部位剖开,然后微边一撇,再削去笋脚的部分。煮笋:将剥好的竹笋放入盐水锅中,并在锅里放竹梢数根(防止笋焦锅),然后是封盐,一般 50 公斤笋放 9—10 公斤盐,煮 9—10 个小时。晾晒:一般在太阳下晾晒 2—3 天。烘干:放在“笋铳”中烘 7—8 小时。再晾晒:将烘过的笋摊在竹笷上晾晒 7—8 天。再烘干:再放入“笋铳”烘,直到笋茄没有水汽,起盐霜即可。整个加工一般需要 7—10 天。

一般 100 公斤鲜笋，只能晒 10 公斤笋茄。

从挖笋、剥笋、煮笋，再到反复地晾晒、烘干，最终成了口感鲜香的笋茄，笋茄的每一道加工过程都是手工完成，加工所用的工具（菜刀、竹簟）以及民间土制烘笋的“笋铳”等，也都是百姓自己发明土制的。

以天台山毛竹春笋为原料，加工成四季可食用的笋茄，表现了山民珍惜自然资源，利用自然资源的理念。它的每道技艺，如毛竹春笋的选择，放盐的量、煮笋的时间长短以及烘干的掌握等，都蕴含着百姓的智慧，它是天台山百姓长期摸索、总结出来的一套加工技艺。如今，笋茄已成为天台县“农家乐”的主打菜。当地政府建立了笋竹基地，确保每年笋茄产量，并按国家绿色标准要求，制作出优质的笋茄。全县年产笋茄 20 余万公斤。

2010 年 6 月，山笋传统制作技艺被列入台州市第四批非物质文化遗产名录。

天台乌药

天台乌药加工技艺,是天台民间传统加工中药材的一种手工技艺。

天台山是我国的名贵药材产地之一,也是省中药材基地之一。天台山独特气候环境和地貌,孕育了品质优异的天台乌药。天台乌药呈纺锤形,淀粉多,含乌药醚内酯高,因为品质超群,古代药典将“天台乌药”推为全国乌药之冠,据康熙《天台县志》载,从元代开始,天台乌药成为朝廷贡品。

乌药加工技艺一般都与中药经营相结合,全县药堂50多家,都各自加工乌药。2005年5月,天台乌药被国家质量监督检验检疫总局批准实施原产地域保护。2006年,天台被国家林业局命名为“中国乌药之乡”。

天台乌药加工程序:要选取无虫蛀、无霉烂、无枯干的纺锤形连珠状块茎,剪去两端残剩直根和周围须根后放在清水中冲洗,再用刮刀趁鲜去枯皮。切片:去皮的乌药要马上加工,因为这时的块茎水分多,里面的淀粉没有和根茎一起木质化,切片轻松快捷。去水分:这是保证片剂质量的关键一步。片剂是否透亮,色泽是否纯净,药效是否充足,外观是否圆润平直、不碎裂,全在脱水这道工序。脱水分五步,简称“二晾二压一翻晒”,最大限度地保存乌药的精华,水分含量低于8%的乌药,体轻亮泽,色香味形俱全,可长期储存。

天台乌药成品有如下特征:片薄如纸,平整不卷,色白无杂质、无虫蛀、无霉变,有清凉感,折断后香气浓郁。

天台乌药从采挖至加工成品，全由手工完成。天台乌药加工工序繁杂，每道工序细致程度要求极高。该技艺的代表性传承人陈方标，原为天台医药公司老药工。他在前人经验的基础上，总结出天台乌药加工的一套独特方法。2004年，浙江红石梁集团组建了天台山乌药生物工程有限公司，在传统乌药加工的基础上，生产乌药黄精颗粒、乌药精茶。

2009年6月，天台乌药加工技艺被列为台州市第三批非物质文化遗产名录。

传统体育、游艺与杂技

新前武术

黄岩新前武术活动源远流长,始于清乾隆五年(1739 年),至今已有 270 多年的历史。当时有一位深谙武术之道的游方和尚来到新前定居,并设帐授徒,代代相传。

新前武术经过初步挖掘和整理,有南拳、形意、八卦、少林、连步拳、罗汉拳、大洪拳、指日高升、金钩挂月、武松脱铐、五虎擒羊、八卦掌等 30 多个拳种,以及刀、枪、剑、棍、鞭、钩、锏、板凳、扁担等 70 多个器械套路。

新前百姓崇武习武之风历来兴盛。习武健身的群众约占人口的 25%,许多家庭三代同堂习武。在新前这片土地上,曾出现了许多武术名师。20 世纪上半叶,牟村的七老本为人急公好义,凭着一身武艺,打抱不平,乐为群众排忧解难,在方圆百里享有盛誉。其子戴贤江,继承父志,技击功夫上乘,新中国成立前曾任山东济南镖局镖师,闯荡江湖,主持公道,颇负盛名。被誉为"江南武林宿将"的七里村李元善师傅,是位有影响的民间武术大师,在 20 世纪的 50 多年中,曾授徒不下 3000 人,不收分文报酬。1984 年参加全国武术观摩表演获得一等奖,1985 年被评为全国健康老人,浙江省武坛不少名手均出自他的门下。李元善师傅的一套独特少林拳术被录成图像,被国家珍藏。门下还有李良柱、何利鲍、马友义、徐昌文等武术名师。徐昌文开办台州国际文武学校,培养了一大批武术人才,推动了黄岩武术的大力发展。

2008 年 6 月,新前武术被列入台州市第三批非物质文化遗产名录。2009 年 6 月,新前武术被列入浙江省第三批非物质文化遗产名录。

天台皇都南拳

皇都南拳，主要流传于天台皇都，起于抗倭，民间又称狮子拳。它将民间舞狮子、狮子盘洞等艺术表演融入拳术中，并在拳术表演中配以锣鼓伴奏。

皇都南拳主要包括徒手拳和武械拳两个部分，徒手拳有：小洪拳、角脚蹬、雪山拳、西川拳、宋江拳、醉拳、罗汉拳、嫦娥拳、猴拳、拼拳、操手、梅花桩等；武械拳有长棒、剑、双刀、樱枪、凳花、拆棒、扁担、四门棍等。它刚柔相济，气势如虹；重心低沉，步法稳固；发声催力，以力贯元；进退自如，拳法多变。既有南拳的刚劲，又有民间拳法的灵性。

皇都南拳是在皇都村这一区域产生、流传、发展的民间拳术，其传承和发扬，既体现了村里的习武风气浓厚，也得益于村里陈氏族人对祖先的敬仰，它历经600多年，并在新的时代大放异彩。

2008年6月，皇都南拳被列入台州市第三批非物质文化遗产名录。2009年6月，皇都南拳被列入浙江省第三批非物质文化遗产名录。

天台打油奏

天台人称蟋蟀为“油奏”，“打油奏”即为“斗蟋蟀”。蟋蟀，属于直翅目蟋蟀科，俗称蛐蛐，古称蛩，又名促织，其鸣声像又急又快的织机声，同时，蟋蟀鸣声响起，秋天将要来到，似提醒织者不要浪费时光赶紧准备寒衣，所以有“促织鸣、懒妇惊”的说法。每年农历的大暑至中秋，民间都有打油奏的习俗。

宋代，天台民间就有打油奏游艺活动，邑人南宋宰相贾似道就是一位打油奏的高手。历史上，贾似道是一代奸相，治国无方，斗蟋蟀却是专家，玩乐之余他还将天台的打油奏加以整理，撰写出世界上第一部昆虫学著作《促织经》。后有现代著名散文家、天台人陆蠡在他的散文《故乡杂记——蟋蟀》一文中对油奏也有着生动美好的描述。天台是济公的故里，济公惩恶扬善，好打抱不平，在他身上就有着许多打油奏的故事，甚至在油奏死后他还为其吟诗超度。天台百姓们为了表达对活佛济公的崇敬和爱戴，打油奏游艺活动一直兴盛不衰。

打油奏活动包括捉油奏、养油奏、打油奏、放油奏。捉油奏从大暑到处暑，一般到溪畔的芦苇丛中、沙石之间，通过油奏的鸣叫来判断其藏身之处；养油奏，捉来的油奏经过一段时间的饲养，使其更加的强壮；打油奏，有一对一在木制的盒桶中对打，一番打斗，如是一方逃避，则认输，此轮终止；换下一只，再斗。上世纪末，天台民间以团体组队的形式举行比赛，一场比赛双方各派出一定数量的油奏，比赛采取淘汰制，若是一方约定的油奏数全部打完，即为输；放油奏，中秋之后，人们将饲养的油奏全都放回到河滩草地，以便油奏入洞过冬，繁衍后代，来年再来捕捉。

打油奏也是天台百姓为纪念济公而兴起的一项民间游艺活动，它寄托了人们对济公的崇敬和怀念，同时也丰富了人们的文化生活，陶冶了性情，它不仅反映了百姓一种淡然生活态度和乐观精神，也表达了人与自然和谐相处的美好愿望。人们热衷于这项活动，历千年而不衰。

近年来，由于天台溪流改造，油奏赖以生存的空间缩小；其次是环境污染，油奏的数量也大为减少；再次是社会的发展，生活节奏的加快，打油奏不再受到人们的青睐，抢救和保护打油奏这项游艺活动迫在眉睫。

2009 年 6 月，天台打油奏被列入台州市第三批非物质文化遗产名录。2012 年 6 月，天台打油奏被列入浙江省第四批非物质文化遗产名录。

灵溪奚家拳

灵溪奚家拳是天台县灵溪村奚诚甫(1894—1964 年)在民间拳术的基础上整理总结而成,其拳术明显带有天台山民的生活气息。

灵溪村位于天台县西南,有 1100 多年历史,是奚姓族人的聚居地。由于地处偏僻山区,土匪经常侵扰,灵溪村民们为了保卫家园、保卫山林,习武之风一直颇盛。

灵溪奚家拳包括徒手拳与武械拳。徒手拳有:奚家选、十路潭腿、十二路猴拳等;武械拳有:凳花、奚氏武当剑、七星双刀等。在它的武械拳中,棍、棒、凳占了相当一部分,由棍、棒延伸而来的,是山民们日常生活常见的竹杠、扁担、短柱、柴棒、四尺凳等,这些随手可操的生活工具,成了他们手中的武械。

灵溪奚家拳注重"尚武崇德",讲究"内外兼修",强调练武修身与强身健体的统一,在它的徒手拳中,动作简洁,讲究实用,以防御为主,攻击为辅,体现了其纯朴之风和泥土气息。灵溪奚家拳集南北方拳术的优点,其套路舒展端正,动作简洁。其次还有天台民间武术的特点,如"十八路罗汉拳""十二路猴拳"都是汲取了天台民间拳术的要义,进一步深化与完善,形成了自己的风格。

奚家拳难易程度不等,有适合初学者的,如"十字拳""狮子小开口"和"十路潭脚"等,就是拳术的一些基本功,这类套路简单易学,并有口诀帮助记忆,作为当地有影响的民间拳术,灵溪奚家拳刚柔相济,动作洒脱,它既能强身健体,又能抗击对打,同时又具有很强的观赏性。它推动了天台民间拳术的发展,促进了对外文化体育交流,对于研究我国民间拳术有着较大的历史文化价值。

随着社会的发展与变迁,该村村民外出增多,灵溪奚家拳赖以生存、发展的社会环境发生了变化,传承人的培养成了当务之急,而且灵溪奚家拳的传承一直是师徒之间口传身授,至今,没有完整的资料记载,传承面临困境。

2010 年 6 月,灵溪奚家拳被列入台州市第四批非物质文化遗产名录。2012 年 6 月,灵溪奚家拳被列入浙江省第四批非物质文化遗产名录。

小坑七星拳

小坑七星拳与少林七星拳全然不同，王重阳在终南山甘河镇遇异人授以内炼真诀，出家修道。后在终南山住墓穴两年多而悟道，因出潼关传教。收弟子七人，号称“全真七子”，传“天罡北斗阵”。该阵法为“全真七子”集体御敌的阵法，以七人按北斗星座方位布阵，使用“七星拳”，以守为攻，为全真教中最上乘的玄门功夫。南宋末年，蒙古军铁骑南侵，大量北方难民南逃躲避战火，七星拳亦随之南传。至元代，江浙一带龙门派大盛，三门、宁海等地沿海居民师从龙门派真人，习练七星拳，以捍卫家园，抵抗日益猖獗的海盗、倭寇势力。

明代中期，受戚家拳沙场实战特点影响，小坑七星拳渐渐衍生出杀伤性招式，强化了杀敌制胜的实战功能。加之三门娄坑祖上与戚继光齐名的抗倭名将、武术大师俞大猷是罕见的剑术高手，又精于棍法，因而，小坑七星拳渐渐衍生出斗锤、缩腿、叉闹等杀伤性招式，在以往强身健体的功效上，强化了杀敌制胜的实战功能。至清末民初，宁海人文诚，在七星拳基础上研习成七星棒，成为依附于七星拳存在的衍生武术套路。上鲍鲍员外弟子、小坑村第一代七星拳传人奚熙龙，将七星拳改编发展，应用于民间舞狮活动，从此，七星拳带上民间娱乐表演特征。

小坑七星拳属南拳体系，与北拳有明显区别。其拳重心较低，门户严密，动作紧凑，杀伤力大，跨度小。特别重视下盘稳定性，讲究步法灵活多变，七星拳分解招式专有动作主要有 15 种，分别为：吊马、砍锤、挽手、正三拳、排马、跌落马、黄眉抱脚、里布、斗锤、起肘、叉闹、响脚、马头、缩腿、冲天拳。斗锤、缩腿、叉闹等为小坑七星拳中杀伤性较强的绝招。小坑七星拳有练头、大十字、小十字、大劈手、小劈手、靠子、伏地 7 个拳路，七星棒也有 7 个棒路，传统表演时，每人打一路。

2010 年 6 月，小坑七星拳被列入台州市第四批非物质文化遗产名录。2012 年 6 月，小坑七星拳被列入浙江省第四批非物质文化遗产名录。

缩山拳

缩山拳是现存最悠久的浙江地方代表性拳种之一。据传,为元末台州农民起义首领方国珍所创编,距今已有600余年的历史。台州民风彪悍,骁勇尚武。当地习武者常应召入营。自明代以来,倭乱频繁,朝廷设台州、海门、松门三卫,辖兵近两万。到了清代,台州尚辖兵万余。其中,熟谙武术的台州子弟兵占了相当数量。这些台州子弟兵“强者习弓弩,弱者习排枪;缓则修农,急则为兵”。这种“寓兵于农”的兵制,促进了台州军事武术与民间武术的相互渗透交融。

明朝嘉靖年间,浙江水师提督李长庚曾在台州地区招募了不少谙熟缩山拳的民众为水军,使该拳种流传于军营中。抗倭英雄戚继光编著的《纪效新书》中所记载的“三十二式击技法”,部分地吸收了缩山拳的拳步法。由于该拳以南拳中的桥、马为主要手段,以发声摧力,手形多变,又兼有北拳开架长打、柔绵劲力转换等特点,动作朴实,水陆兼用。

临海作为台州府所在地,是缩山拳流传的中心区域。据明万历年间(1573—1620)温州学者姜准所著的《岐海琐谈》载:“永嘉手搏之法,传自李克别,别号文皋,原籍临海,其法正反俱有七路,世所称‘李拳师’是矣!”据考,李克别所传乃“台州缩山拳”,特点是“刚柔相济、虚实相生、动静相寓”。

该拳在明清之际曾广泛流传于台州及金华、绍兴、宁波等地区。当时临海人朱琪昌擅长缩山拳,曾登光绪十七年(1891)辛卯科武进士。20世纪上半叶,缩山拳流传于以临海、天台为中心的台州地区,代表拳师为陈仕华(音),他少年时拜朱琪昌为师,学习缩山拳等拳械套路,后在宁波国术馆担任教练。新中国成立后,缩山拳主要在临海城乡相传沿袭。据1986年浙江省地方拳种普查,缩山拳仅流传于台州,尚存14种徒手套路、4种器械套路(长凳、叉、刀、棍)。

缩山拳的特点是连续发劲,以身带手,击中带缠,刚中带柔,威力极大。因台州古代先民好勇斗狠,故此拳有“胆为拳先”的鲜明特征。从劲力与技法看,缩山拳典型代表为“缩山步”。“缩山步”类似“陈式太极拳”的“大马步”,有“以刚为本,劲从刚生”的风格。该步以半马步为主要步型,低伏稳健,进退自如,慢时如千斤重坠、蹚泥而行;疾时猱身而上、快疾如风,变化无穷,极宜在舟船、山地间狭窄处施展腾挪。

由于现在的年轻人不愿意习武，一些老年人仅限于“规定套路”表演，把武术当成了健身，与传统武术的格斗精神大相径庭。加之传统武术靠老师口传身授，传承过程长，只在小范围内流传。目前，缩山拳的代表性传承人是马曙明、周志威。作为小众武术拳种的缩山拳濒危性集中表现为“传承危机”。

2014 年 7 月，缩山拳入选台州市第五批非物质文化遗产名录。

上山头棒术

玉环县沙门镇上山头村现存的棒术起源于明朝嘉靖年间,距今有 400 多年历史。那时浙江沿海一带倭寇猖獗,经常上岸烧杀掳掠,严重惊扰了百姓的生活,威胁着百姓生命和财产的安全。当时百姓们手上又没有什么兵器。为了抵御外敌、保卫家园、消除倭患,驻守在浙江沿海的民族英雄戚继光和他的将领们一起开创了一套广为流传的棒术。棒可以就地取材,十分方便。不管在家中休息,还是在田间劳作,遇到紧急事情,随时可以拿到扁担、木棍来使用。这套棒术不仅延续了传统的棍术,还融合了戚家军的大刀术、枪术,既有长兵器的威猛、刚劲,也有短兵器的灵活。

在明代,有位乐清的武术先师游历到沙门,见这里的练武之风很盛,就将这套他精通的棒术传授于玉环的武术爱好者。经过一代代先辈的不断改进、不断完善,这套棒术的招式更加简洁、更加直接、更加凌厉、更加实用,不仅更有实战的效果,也是强身健体的好方法。

全村 50 多岁以上的几乎人人都会几招,还引来别村的爱好者争相学习。目前流传的棒术单练套路有《梅花三剑棒》《独蛇游四门》《永青梅花棒》《大四门》和《小四门》等。对练套路有《戳头戳脚》《落地对子》等。

2014 年 7 月,上山头棒术入选台州市第五批非物质文化遗产名录。

天台山道家易筋经

易筋经，即变易筋骨的方法，通过修炼丹田真气打通全身经络的内功方法。

《易筋经》为明代天启四年(1624 年)天台山紫凝道人宗衡托名菩提达摩撰写，原系道家导引之术。2002 年，易筋经成为国家体育总局推广的四种健身气功之一。

中国道教南宗的始祖张伯端，在桐柏宫著《悟真篇》，追求内丹修炼。在天台山道教南宗祖庭桐柏宫，易筋经一直由道士代代传承，成为道士修炼的必修课。

天台流传的易筋经，桐柏宫有"紫微八势"，民间也存有多种版本，如奚氏易筋经(三节十四势)、弘道易筋经(三十六势)、左溪易筋经(三节二十二势)等，其传承多为师徒相传。民间流传较为普遍的为"天台十二式"，即势韦陀献杵(有 3 势)，第四势：摘星换斗势，第五势：倒拽九牛尾势，第六势：出爪亮翅势，第七势：九鬼拔马刀势，第八势：三盘落地势，第九势：青龙探爪势，第十势：卧虎扑食势，第十一势：打躬势，第十二势：掉尾势。

易筋经为徒手修炼的气功健身项目，招式易学，无须借助任何工具，不受时间、场地限制。入门容易，循序渐进，动作舒展，气韵贯通。通过修炼丹田真气而打通全身经络，内练五脏、外练筋骨，内外结合、吐纳相连、有开有合、刚柔相济、阴阳互通，以达到活动筋骨、强身健体、祛病延年的功效。

易筋经体现了中国道教南宗的“性命双修”。它在道家的吐纳炼化的基础上，融合了佛教的参禅、儒家的修身养气、医家的导引等养生之道。

易筋经在流传中，结合天台民间武术之长，呈现多种易筋经的版本。它体现着丰富的地域文化内涵，既能强身健体，又具有观赏性，已经成为天台较有特色的文化品牌。

2014 年 7 月，天台山道家易筋经被列入台州市第五批非物质文化遗产名录。

南太极拳

由徐昌文先生创编的“南太极拳”，是以王宗岳的“太极拳论”为理论基础，以“易筋经”为行拳养功的手段，以台州南拳为基本动作，通过阴阳均衡状态的自我修炼，丰富多变的手法，实现“以拳养功，以功健身”的修炼目标，从而达到“坚韧浑圆”的理想境界的新型拳术。

它具有台州南拳的重心较低，步伐稳健；动作工整，刚劲有力；气沉丹田，发气催力，以为贯原，进如利剑穿革，退则刚毅稳健，手法多变，利于短打的特点，更具有太极拳中舒展大方，柔和敦厚，技法突出，轻灵圆活，开合有序，刚柔相济，动如行云流水，连绵不断等特点。

在强调身法和内劲的基础上，通过身法和步伐的变化，更能体现出太极的盘、缠、擒、打的特点。因为它动作小，更能体现出其锻炼价值与内家拳讲究爆发力的特点。自创立以来，已在欧洲的荷兰、德国、俄罗斯、波兰、乌克兰和罗马尼亚，美国以及南美的古巴、阿根廷，非洲的贝宁，大洋洲的澳大利亚等国广泛流传，练习者超万人。目前，台州国际文武学校在董事长徐昌文先生的带领下，已在学校、机关群体普及教学，并成立黄岩区南太极拳协会，将南太极拳作为一种文化进行传播，遍及全国各省市。

2008 年 6 月，南太极拳被列为台州市第二批非物质文化遗产名录。

抢高台

抢高台，源于五凤楼，主要流行于天台平桥镇花市一带。据史料记载，明代当地有位在朝廷做官的人，名叫庞泮，以“弹劾不避权贵，直声动天下”而载入《明史》。他曾为朝中谏官，从京城告老归乡时，孝宗皇帝恩准他将宫中五凤楼的图纸带回故乡。从此天台民间便有了一座仿皇家建筑，五凤楼成了庞氏族人的骄傲。

庞氏族人依照五凤楼样式，建造了一座易装易拆流动的戏台。这戏台既能展现皇家建筑，又免去了各村建戏台置构件的开销。它高三层，约10米，台基长约10米、宽约8米，飞檐翘角，画栏雕梁，披红挂彩，气宇轩昂。因为它的台脚比一般的戏台要高，故称“高台”。

每逢村里演戏时，就将高台构件扛去临时搭建。因为它是仿制五凤楼，故又称“活动的五凤楼”“缩小的五凤楼”，它的制作是民间工匠智慧的结晶。平桥花墅庙里竖立着一块纪念重修“高台”而立的石碑：“台邑花墅高台，始建于明正德元年(1506年)，每逢秋后冬藏农闲之时，举行民俗庆典，公演祭告，四方乡邻云集，热闹非凡，历经四百余年。”

新中国成立前夕，庞氏宗祠里已有六套高台构件，可见抢高台之兴盛。百姓们还编出了民谣到处传唱。“文革”时，“高台”被毁，抢高台也由此停止。直至2001年，庞氏族人根据遗留下来的史料，以及新屋下村的两根高台柱料，重新制作。每年秋后，花市农村演戏都用“高台”，也恢复了抢高台的民间游艺活动。

秋冬时节，各村纷纷庆贺喜庆，演戏也多了，抢高台的场面也是高潮迭起。凡是庞氏族人聚居的村落演戏，就会从该村选出四五十个后生到庞氏宗祠搬来高台构件，搭建高台。每次演戏完毕，该村的后生进行抢高台活动，即卸拆高台(也称拆倒棚)。一声号令，后生们在响车、炮仗、锣鼓和众人的呼喊下，将拆下来的构件，以最快的速度扛到庞氏宗祠。最先扛到者，以“中头彩”为荣，为众人传扬。一般轮到哪个村演戏，就由该村的后生“抢高台”，哪位后生抢得快，得到的声誉也越高。

2008年6月，抢高台被列为台州市第二批非物质文化遗产名录。

主要参考文献

[1] 王文章. 非物质文化遗产概论[M]. 北京:文化艺术出版社,2006.

[2] 陈立旭. 中国现代历史文化遗产保护历程审视[J]. 中共浙江省委党校学报, 2003 (03).

[3] 台州市文广新局. 台州记忆——非物质文化遗产品读(上、下)[M]. 太原:北岳文艺出版社,2009.

[4] 姚文华. 非物质文化保护之我见[J]. 文教资料,2005.

[5] 台州地方志编纂委员会. 台州地区志[M]. 杭州:浙江人民出版社,1996.

[6] 李一,周琦. 台州文化概论[M]. 北京:中国文联出版社,2002.

[7] 叶哲明. 台州历史文化的背景、特色及产业化研究[J]. 台州师专学报,2000(02).

[8] 叶哲明. 台州文化发展史[M]. 昆明:云南民族出版社,2006.

[9] 林荫. 论台州非物质文化遗产的保护性旅游开发[J]. 经济研究导刊, 2011(17).

[10] 葛乾辉,杨供法. 台州文化产业现状、问题及对策研究[J]. 台州学院学报, 2007 (01).

[11] 胡平法,苏小锐,黄寅,等. 加快台州文化资源保护和利用研究[J]. 台州学院学报, 2011 (02).

[12] 林荫,汤蓉岚. 从台州乱弹看非物质文化遗产的保护和发展[J]. 四川戏剧, 2008(06).

[13] 卢珊,王茂焕. 为了文化遗产不再流失——台州国家级非物质文化遗产档案集记[J]. 浙江档案,2008 (10).

[14] 李湘满, 罗超英. 仙居唐灯千年闪亮 针刺无骨民艺奇葩[J]. 浙江档案, 2007 (05).

[15] 杨维平. 关于仙居无骨花灯保护传承的调查与思考[J]. 台州社会科学, 2006 (04).

[16] 李韵. 保护传承并举,名家传人并重[N]. 光明日报,2010-12-24 (11).

[17] 刘世锦. 文化遗产蓝皮书:中国文化遗产事业发展报告(2012)[M]. 北京:

社会科学文献出版社，2012.
[18] 庄孔韶. 文化遗产保护的观念与实践的思考[J]. 浙江大学学报(人文社会科学版)，2009 (04).